KB232854

기업 내부노동시장 연구

IMF 외환위기 전후 한국 대기업의 인사경제학

임금과 승진

내일을여는지식 경영경제 8

기업 내부노동시장 연구

IMF 외환위기 전후 한국 대기업의 인사경제학

임금과 승진

엄동욱 지음

한국학술정보㈜

■ ■ ■

"내부노동시장에서 기업과 근로자 사이에 항구적인 관계가 형성되면, 이윤극대화를 추구하는 기업은 매 임금지급시기마다 임금과 노동의 한계생산성을 일치시키려 하지 않는다."

— Doeringer and Piore(1971)

책머리에

이 책은 필자가 평소에 관심을 가져왔던 기업 내부노동시장(firm internal labor market)에 대한 연구의 결과물이자 최근 노동경제학의 한 분야로서 활발한 연구가 진행 중인 인사경제학(personnel economics)의 분석방법에 따라 우리나라 대기업 인사데이터를 활용하여 실증 분석한 것이다.

이러한 연구를 시작하게 된 계기는 Doeringer and Piore(1971)로 비롯되는 내부노동시장에 대한 논의 속에서 임금이 과연 어떠한 원리에 의해 결정되는가에 대한 의문을 갖게 되었기 때문이다. 경제학에서는 일반적으로 임금이 노동시장에서의 노동에 대한 수요와 노동공급이 일치되는 균형수준에서 결정된다고 알려져 있다. 따라서 경쟁적 노동시장이라면 임금은 근로자가 제공하는 한계생산물가치에 따라 결정되는 것이다. 그러나 과연 현실은 그러한가?

내부노동시장에 관심을 갖는 경제학자라면 아마도 현실의 임금결정방식이 기업이라는 특수한 공간, 즉 기업 내부노동시장에서는 경제학 이론이 제시하는 임금결정방식과 다른 형태로 나타난다는 것을 자주 발견하게 될 것이다. 이 원인에 대한 다양한 논의가 존재하지만, 필자는 인사경제학이라는 새로운 관점에서 기업 내부노동시장에서의 임금의 결정요인에 대해 설명하고자 한다.

　지난 수년 동안 필자는 경제학에서도 그다지 주목받지 못하고 주로 경영학의 인사관리 또는 인적자원관리론이 담당해야 한다고 여겨져 왔던 기업 내부노동시장의 작동원리에 대해서 상당한 관심을 갖고 있었다. 그러던 와중에 박사학위논문을 구상하면서 다음과 같은 주제를 선택하게 되었다. IMF 외환위기를 전후로 우리나라 기업 내부노동시장에서 임금과 승진의 결정구조가 어떻게 변화하였는지, 그리고 이 시기를 전후로 우리나라 기업들이 활발하게 도입하였던 성과주의 인사제도의 효과가 어떤 영향을 미쳤는지에 대해 연구하게 된 것이다.

　그 결과 필자는 지난 2006년 '내부노동시장, 인센티브 및 임금결정'이라는 제목의 박사학위논문을 제출한 바 있다. 이 논문은 외부 연구자로서는 접근하기 어려운 기업 인사데이터(1996년~2000년)를 활용하였고, 이 데이터의 특성을 십분 활용하여 임금과 승진 결정요인의 변화를 추적하게 되었다. 그 후 2년여간 노동경제제논집(2006), 노동정책연구(2007), 한국경제학보(2007) 등에 학술논문을 게재하는 등 추가적인 작업을 통해 박사학위논문에서는 미처 고려하지 못했던 수정사항을 보완하였고, 그 결과물들을 모아 이 책으로 출간하게 된 것이다.

　그렇다면 필자의 연구가 관심을 가져온 인사경제학이란 과연 무엇인가? 통상 기업 인사관리 또는 인적자원관리의 이슈들에 대한 경제학적 접근방법이며 최근에 와서 각광을 받고 있는 노동경제학의 한 분야라고 정의할 수 있는데, 좀 더 엄밀하게 정의를 하자면 다음과 같다. 즉 "계약이론의 이론구조와 계량경제학의 실증분석기법을 활용하여 기업 내 인사관리에 관한 다양한 문제를 분석하는 새로운 연구를 분야"이다. 최근 발간되는 노동경제학 교과서에서 경쟁적으로 다루고 있을 만큼 상당한 주목을 받고 있는 새로운 연구영역이 바로 인사경제학인 것이다. 특히 기존 경제학에서는 소위 블랙박스(black box)로 알려져 있어 논의가 어려웠던 기업 내부를 경제학의 논리 속에 투영시켜주는 중요한 역할을 인사경제학이 담당하고 있다고 해도 과언은 아니다.

필자가 생각하기로는 1991년 연세대학교 경제학과 김황조 교수님의 지도 아래 '한국의 개인별 근로소득결정요인에 대한 연구'라는 제목의 석사학위논문을 준비하면서 필자의 인사경제학에 대한 관심과 애정이 이미 싹터왔다고 생각한다. 당시 필자는 소득분배론의 입장에서 한 개인의 근로소득이 조직 내 위계구조(hierarchical structure)와 어떻게 연계되어 있는가에 관심을 갖고 있었다. 필자가 가졌던 문제의식은 기업성과의 분배결과로서 나타난 근로자의 임금분포가 위계라는 특수한 조직 내에서의 위치에 따라 어떻게 영향을 받는가에 초점이 맞추었는데, 생각해보면 필자가 박사학위논문에서 담고자 했던 문제의식이 그 연장선상에 있지 않았는가 생각해 본다.

그 후 필자는 1995년 삼성경제연구소에 입사한 이래 현재까지 경제학도로는 다소 생소한 영역인 인사조직분야에서 근무해 왔다. 경영학의 분야인 인사조직과 관련된 연구나 컨설팅 업무는 경제학의 논리에 비추어 기업 내부노동시장의 다양한 면모를 살펴볼 수 있는 계기를 필자에게 제공해 주었다. 그 와중에 필자의 관심을 끌었던 것은 과연 경제학의 논리로 인적자원관리의 핵심원리들을 어떻게 설명할 수 있느냐는 것이었다. 하지만 이러한 궁금증을 풀어주는 이론이나 연구를 쉽게 발견할 수 없었다.

그러나 1995년 스탠포드 대학교 경영대학원의 에드워드 라지어(Edward Lazear, Jr.) 교수가 저술한 『인사경제학』을 접하면서 평소 필자가 갖고 있던 관심사가 혼자만의 고민이 아니었음을 확인하게 되었다. 그 후 필자는 라지어 교수를 비롯하여 많은 경제학자들이 제시한 다양한 연구 성과를 접하면서 기업 내부노동시장의 작동원리를 경제학의 논리 속에서 확인할 수 있는 기회를 자주 갖게 되었다.

인사경제학의 창시자라고 할 수 있는 라지어 교수는 경제학에서 강조하는 합리성(rationality)과 균형(equilibrium)의 개념이 기업 내부 노동시장의 다양한 이슈를 설명할 때 매우 중요한 개념이라고 지적하고 있다. 특히 그가 지난 2004년 IZA(Das Institut zur Zukunft der Arbeit, The Institute for the Study of Labor)의 노동경제학상을 수상했을 때, 기념 연설에서 이 점을 특히 강조했는데, 경제학의 기본원리라고 할 수 있는 이 2가지 요소가 기업 내부노동시장의 작동원리를 모두 설명하는 것은 아니겠지만, 다양한 대안이 요구되는 기업 경영환경과 인사제도에 부합되는 훌륭한 분석 툴이 될 수 있음을 보여주고 있다고 하겠다.

이러한 인사경제학에 대한 관심과 기대 속에서 필자의 연구가 시작되었고 그 결실로서 크게 3개의 연구로 구성이 된 책을 마련하게 된 것이다. 3개의 연구는 기업 내부노동시장에서 임금 결정요인, 그리고 승진 결정요인을 살펴보며, IMF 외환위기를 계기로 본격적인 논의가 이루어지고 제도로 반영되었던 성과급제의 도입효과를 실증분석하는 것이다.

먼저 제2장에서는 기업 내부노동시장에서의 임금결정요인으로서 제도의 특성을 보여줄 수 있는 변수로서 직급(job level)에 주목하여 그 유효성을 검증하였다. 쉽게 말하자면 기존의 임금함수에서 직급 더미변수를 추가하여 설명변수로 활용하였고, 종속변수로서 월급여, 보너스 그리고 연봉에 대해 각각 임금함수를 추정하였다. 예상했던 것처럼 임금함수를 추정할 때 직급변수가 갖는 성격 때문에 내생성(endogeneity) 문제가 발생하지만, 직급이 근로자 개개인의 관찰되지 않은 능력편의(ability bias)를 보완할 수 있는 정보로서 활용된다고 가정하였다. 임금함수의 추정결과에 따르면, 기업 내 위계구조를 대표하면서 직급별 임금테이블을 통해 임금결정에 영향을 미치는 근로자의 직급이 중요한 임금결정요인의 하나라는 것이 확인할 수 있었다. 또한 패널데이터분석의 고정효과모형을 적용하여 임금함수를 추정하였는데, OLS 추정결과와 달리 인적자본 변수의 추정계수 값이 강화되면서 직급변수도 유의하게 나타났다.

따라서 우리나라 내부노동시장에서는 소위 한계생산성에 따라 임금이 결정된다는 신고전학파의 노동시장이론보다 내부노동시장이론이 설명하는 것과 같이 기업 고유의 인사제도 또는 관행이 반영된 직급변수가 임금결정요인으로서 그 역할을 담당하고 있다는 점을 확인할 수 있었다.

두 번째 연구는 제3장에서 이루어진다. 내부노동시장에서 특유의 인센티브 수단인 승진의 결정요인을 분석한 것이다. 필자는 간부 여부(직급구분)에 의한 승진개념을 적용한 기존 연구와 달리 기업 인사데이터의 패널데이터를 활용하여 보다 정확한 승진변수(직급변동에 의한 승진개념)를 정의하였고, 이를 활용한 프로빗(Probit) 모형의 승진확률함수를 추정하였다. 추정 결과, 인적자본변수들의 영향력이 통계적으로 유의미하게 나타나지만, 분석기간 전체적으로 매년 상이한 패턴이 발견되었다. 그럼에도 불구하고 승진의 결정요소로서 인사고과의 영향력이 IMF 외환위기 이후 점차 강화되고 있어 기존의 연공서열형 승진체계에서 성과주의형 승진체계로의 전환이 진행되고 있다고 판단할 수 있었다.

세 번째 연구는 제4장에서 기업의 인사제도 변화가 과연 소기의 목적을 달성하였는지에 관심을 갖고 분석하였다. 특히 본 연구는 IMF 외환위기 이후 한국 대기업을 중심으로 광범위하게 확산된 성과급제 도입에 초점을 맞추었다. 기업은 과연 성과급제 도입을 통해 의도한 대로 연공임금성을 완화시키고 성과에 따른 보상을 구현했는가? 이를 확인하기 위해 성과급제 도입 전후의 임금구조와 임금결정방식을 비교하였고, 그 결과 연공임금성 약화는 이루어지지 못했지만, 성과에 따른 보상이 인사고과에 따른 임금격차로 반영되어 지속적으로 확대되고 있다는 점을 발견하였다.

이상의 연구에서 필자는 임금과 승진의 결정요인과 임금체계의 변화(성과급제 도입)에 따른 임금효과를 살펴볼 때, IMF 외환위기 이후 성과주의 인사제도가 도입된 이후 기업이 의도한 대로 일정한 효과가 나타났다는 사실을 확인하였다. 그러나 이러한 효과가 존재함에도 불구하고, 아직도 기업이 연공임금체계에서 완전히 탈피했다고 판단할 수 없다고 판단된다. 이는 기업 보상전략의 기본이 되는 직급별 임금구조의 차이가 성과주의 인사제도의 도입에도 불구하고 여전히 유효하게 작동하고 있기 때문이다. 물론 본 연구는 특정한 우리나라의 한 대기업 인사데이터를 기초로 한 연구이기 때문에 이상의 분석결과를 일반화하기 어렵다. 그러나 이상의 연구를 기반으로 향후 보다 많은 기업 사례연구가 진행된다면 더 정확한 분석이 이루어 질 것으로 기대한다.

이 책은 필자가 박사학위논문을 준비하는 과정에서 채 포함하지 못했던 다양한 정보들이 담겨있다. 정제된 학위논문이나 학술논문의 형식에 맞추기 위해서 불가피하게 생략하거나 담기에는 소소한 내용들이 많았는데, 필자가 논문준비를 위해 검토했던 다양한 분야의 문헌들을 가급적 많이 소개하고자 노력하였다. 최근 인사경제학 분야의 논문들이 눈에 띄게 증가하고 있다는 점에서 필자는 이 책이 초학자들에게 징검다리가 될 수 있도록 참고문헌에 많은 공을 기울였다. 또한 이 책이 비슷한 관심사를 가진 연구자나 인사실무자들이 활용할 수 있는 참고자료가 될 수 있도록 많은 부분을 수정하였다. 실제로 전체적인 구조나 문제의식은 박사학위논문과는 크게 다르지 않으나, 학술지 투고과정과 검토를 통해 미흡하다고 여겨지는 부분들을 확인하고 보완하였기 때문에 내용면에서는 상당한 차이가 있다고 생각한다. 물론 필자가 예정했던 수정사항들이 모두 반영되었다고 보기에는 아직도 아쉬움이 많은 것은 사실이다. 하지만 필자의 연구가 상대적으로 새로운 영역을 다룬 것이고 앞으로 많은 관심과 노력이 필요한 분야이기 때문에 불가피한 측면도 있었다고 생각한다.

필자는 이 책을 통해 노동경제학을 배우는 학생과 기업현장에서 인사실무를 담당하는 인사담당자들이 쉽게 접근할 수 없는 서로의 영역에 대해 관심을 갖기를 기대한다. 기업 내부노동시장에 대해 관심을 갖는 경제학도에게는 인사경제학의 관점에서 경영학의 영역이라 치부되었던 기업 내부노동시장의 메커니즘을 이해할 수 있는 단초가 될 것이다. 한편 인사담당자에게는 기업 내부노동시장의 작동원리를 대변하는 기업 내 인사제도를 경제학의 관점에서 새롭게 조망하고 이해하는 데 도움이 되고, 엄밀하고도 다양한 통계분석의 툴을 갖춘 인사경제학을 활용하여 기존 인사제도를 검토할 때 또 다른 대안을 마련할 수 있는 계기가 되기를 바라는 것 것이다.

논문을 지도해 주신 연세대학교 경제학과 김황조 교수님께서는 필자가 논문을 준비하는 과정 중 연구자로서 성장하기 위해서는 남다른 노력이 필요하다고 강조하셨다. 특히 박사학위는 독자적으로 연구를 수행할 수 있는 자격을 인정받는 것에 불과하며, 학위취득 후에 어떻게 자신의 연구주제를 겨 확장시킬 것인가에 더 많은 고민과 노력이 필요하다고 하셨다. 또한 교수님은 필자에게 다음과 같은 구체적인 목표를 제시하셨다. 즉, 논문내용을 기초로 학술지에 발표할 기회를 많이 갖으라고 주문하셨다. 더불어 필자가 논문을 작성할 때 한 권의 책을 쓴다는 마음가짐을 늘 강조하신 탓에 한국학술정보로부터 출판의뢰를 받았을 때 선뜻 응하게 되었던 것이다. 아마도 교수님의 관심과 성원이 없었다면 이 자리를 빌려 조악하나마 자신의 생각을 밝힐 기회도 없었을 것으로 생각한다.

 많은 분들이 이 책을 준비할 때 물심양면으로 큰 도움을 주셨다. 가장 먼저 김황조 교수님께서는 노동경제학자로서의 모범이 되어 주셨고, 끊임없는 관심과 배려로 지난 20여 년간 교수님과의 인연을 더욱 값지고 빛나게 해주셨다. 또한 직장인 학생에게 아낌없는 격려를 보내주신 교수님들에게 감사의 말씀을 드린다. 인구경제학의 묘미를 일깨워 주신 구성열 교수님, 직장인 학생에게 따뜻한 가르침을 주신 정진욱 교수님, 노동경제학의 프론티어에서 앞선 연구자의 모습을 보여주시고 필자를 격려해 주신 최강식 교수님, 대학원 인적자원관리 수업에서 체계적인 접근방법을 가르쳐주신 경영학과 양혁승 교수님, 아울러 대학원 노동경제학 수업을 통해 최신 이론과 실증분석의 가능성을 열어주신 경제학과 성백남 교수님, 이 분들이 필자에게 보여주신 관심과 성원은 영원히 잊지 못할 것이다.

 또한 삼성경제연구소 정기영 소장님과 함께 장상수 실장님, 정권택 상무님, 류지성 위원님을 비롯한 인사조직실 선후배 연구원들에게 감사드린다. 이 분들의 배려와 관심 속에서 필자는 5년이라는 짧지 않은 시간 동안 직장생활과 학업을 병행할 수 있었다. 연구소라는 풍요로운 공간이 아마도 필자의 관심사를 꽃 피우게 하는 데 결정적인 요인으로 작용하지 않았나 생각해 본다. 여기서 풍요롭다는 것은 단순히 연구하기 좋았다는 것을 의미하지는 않는다. 연구원 선후배, 동료간 서로에게 지적인 충격을 주고 새로운 학문과 연구 성과에 대한 호기심을 끊임없이 주고 받는 과정속에서 필자에게 인사경제학이라는 새로운 학문세계를 접하게 해 주는 소중한 통로 역할을 해 주었고, 특히 기업 현장의 생생한 문제들과 직접 마주칠 수 있게 하여 학문하는 의미를 늘 되새기며 스스로를 성찰하게 만들었다는 의미에서 풍요로웠다고 할 수 있다.

 더불어 필자에게 그간 쉽게 접할 수 없었던 귀중한 자료를 흔쾌히 제공해 주시고 귀찮은 질문에도 항상 친절하게 답해 주신 류승모 그룹장님과 김정호 차장님께 깊은 감사의 말씀을 드린다. 아마도 이분들의 관심과 배려가 없었다면 필자가 구상했던 연구를 시작조차 못했을 것이다. 물론 채 정리되지 못한 연구결과들이 난삽하게 나열된 것 같아 당초 약속드린 만큼의 성과를 보여드리지 못한 것 같다는 생각에 아쉬움이 남는다. 하지만 이제야 본격적인 연구를 시작할 수 있었던 계기가 마련되었고, 이를 기반으로 계속 정진한다면 현재의 아쉬움을 떨쳐버릴 수 있을 것이라 기대한다.

필자가 갖고 있는 또 하나의 아쉬움으로 기업 인사데이터인 만큼 세세하게 소개할 수 없는 상황 속에서 조바심이 따랐다는 것을 들 수 있다. 책을 집필하는 시점에서 보면 연구에 활용된 인사데이터가 8년 이상 지난 자료이기 때문에 별 문제가 없다고 할 수 있다. 그러나 기업 인사데이터가 근본적으로 갖고 있는 성격상 외부 연구자들이 쉽게 접근할 수 없고, 따라서 다양한 이슈에 대해 분석을 시도할 수 없는 상황이기 때문에 필자는 항상 조심스럽게 자료를 다룰 수밖에 없었다. 그런 점에서 보면 필자가 이렇게 귀중한 자료를 접할 수 있었던 것은 큰 행운이라고 할 수 있다. 앞으로 이러한 기업 인사데이터의 세계를 접하지 못한 다른 연구자들에게도 많은 기회가 제공되어 필자가 경험한 고민과 성취감을 함께 했으면 하는 바람이다.

무엇보다 가장 큰 아쉬움은 2001년부터 시작된 뒤늦은 박사과정 5년 동안 직장인 학생이라는 이유로 사랑하는 가족과 함께 많은 시간을 보내지 못한 것이다. 직장과 학업이라는 두 마리의 토끼를 모두 잡을 수 없다는 변명을 할 수 있겠지만, 돌이켜보면 분명 최적의 해법이 있었을 텐데 하는 후회가 들기 때문이다. 미안하고 안타까운 맘 가득하지만, 필자가 학위취득 후 거의 3년 동안 연구를 계속 진전시킬 수 있었던 것 역시 가족의 든든한 후원이 있었기 때문이라는 것을 알기에 이 자리를 빌려 사랑하는 아내 장미와 아들 윤종이, 딸 혜진이에게 다시 한 번 고맙다는 얘기를 전한다.

또한 미흡한 연구이지만, 일반 대중에서 생소한 인사경제학을 소개할 수 있는 귀중한 출판 기회를 제공해 주신 한국학술정보(주) 채종준 대표님과 강태우 팀장님, 그리고 허점투성이인 원고를 완성된 책으로 만드는 데 고생하신 편집팀 여러분에게 심심한 감사의 말씀을 드린다. 아울러 학술지에 게재된 논문을 활용할 수 있도록 허락해 주신 한국노동경제학회, 한국노동연구원, 그리고 연세경제연구소에 감사드린다.

당연히 이 책에 남겨있는 모든 오류는 필자가 앞으로 계속 고민하고 해결할 몫이며 그 과정에서 필자도 계속 성장할 수 있으리라 생각한다. 앞으로 인사경제학에 관심이 있는 독자들의 질책과 지적을 고대한다. 또한 필자가 더욱 정진한다면, 조만간 필자의 또 다른 연구 성과를 가지고 우리나라 토양에 맞는 인사경제학의 나래를 펼쳐볼 수 있을 것이다.

마지막으로 2005년 뜨거운 여름, 예기치 않은 사고로 삶과 죽음을 넘나들만큼 혹독했던 투병생활을 슬기롭게 견디어 내신 어머니 정영자님과 누구보다 근심하셨지만 강건하게 아내 곁을 지켜주시고, 지금도 자식, 손주들에게 사랑을 보여주고 계신 아버지 엄만섭님에게 이 책을 바친다. 두 분의 끝없는 사랑이 천주님의 은총과 함께 더 멋진 미래를 만들 것이라 기원한다.

분당 서현동에서
2009년 4월
엄동욱

목 차

<표차례>

〈그림 차례〉

제 1 장

서 론

제1절 문제제기

　우리나라 노동시장은 1997년 IMF 외환위기 이후 과거 고도성장기에 경험하지 못한 엄청난 구조적 변화를 경험하였다. 우리나라 정부는 물론 기업, 국민들은 IMF 외환위기를 극복하기 위해 지금까지 다양한 노력을 기울여 왔다.[1] 그러나 이 과정에서 과거 기업들이 강조했던 평생직장이나 종신고용의 신화는 무너지고, 그 대신 평생직업 또는 고용계약이 강조되는 등 노동시장을 형성하는 토대라고 할 수 있는 기업과 근로자 간 계약관계, 즉 고용관계(employment relationship)에 있어 근본적인 변화가 초래된 것으로 평가되고 있다.[2] 이러한 변화는 그간 우리나라 고도성장기에 유효했다고 평가받고 있었던 기업의 내부노동시장(internal labor market; ILM)[3]의 실질적인 변화로 간주되었고, 그로 인해 우리나라의 내부노동시장의 존재나 그 유효성에 대한 논의가 재개되었다.[4] 또한 IMF 외환위기과정에서 그리고 21세기를 지

---

1) 최근에는 기존의 노동시장 유연성 논의를 발전시켜 노동시장의 유연성을 제고하는 동시에 유연성 제고로 야기되는 노동시장의 불안정성을 완화할 안정적 기제까지도 정책목표로 간주하는 '노동시장의 유연안정성(flexicurity)'에 대한 논의가 활발하다. 자세한 내용은 노동시장 선진화 기획단 편(2004)을 참조.

2) 이 당시 초래된 고용관계의 변화방식을 고용계약의 연성화라고 지칭하기도 한다. 조준모 · 김기호(2002) 참조.

3) 본 연구의 주제로서 언급되는 기업 내부노동시장은 일반적으로 알려진 내부노동시장과 개념적으로 약간의 차이를 보인다. 즉 기업이라는 공간에 펼쳐진 노동시장을 의미하며, 이와 대조적인 개념으로 직업 내부노동시장 등이 거론된다. 가령, 김상욱 · 서영준(2003)은 의료직의 의사, 간호사를 대상으로 기업 내부노동시장(firm internal labor market)과 직업 내부노동시장(occupational internal labor market)을 구분하여 직장이동과 직업이동의 차이를 규명하고 있는데, 본 연구에서는 기업 내부노동시장을 중점적으로 분석한다. 이하의 논의에서 특별한 언급이 없는 한 내부노동시장은 기업 내부노동시장을 지칭한다.

4) 우리나라 내부노동시장에 대한 연구는 이효수(1983, 1984)의 박사학위논문과 저서를 통해 본격적으로 시작되었다고 볼 수 있으며, 정이환(1992)은 1987년의 노동운동 시기를 거쳐 내부노동시장이 광범위하게 전개되는 양상을 분석하였다.

나면서 내부노동시장이 어떻게 변모해 가고 있는지에 대한 토론의 장을 마련하는 계기가 되었다.[5]

기존의 연구들은 IMF 외환위기를 통해 야기된 기업과 근로자 간 고용관계의 변화를 주로 노동시장의 고용유연화, 즉 인력구조조정과 비정규직 활용을 통한 수량적 유연화에 초점을 맞추고 있다. 이들은 기업이 정규직보다는 비정규직을 활용한다는 점 그리고 신입사원 채용보다는 중도 또는 경력채용이 많아지고 있다는 점 등 고용형태의 다양화를 비롯하여 정리하고, 고용조정 등 인력구조조정을 주된 노동시장의 변화로 파악하고 있다. 그러나 고용만큼이나 관심을 기울여야 할 노동시장의 가격변수인 임금이 IMF 외환위기를 거치면서 구조적으로 어떻게 변화되었는지 그리고 기업 내 임금결정방식이 어떻게 변화되었는지에 대한 분석은 미흡한 실정이다.

분명한 것은 IMF 외환위기 이후 대기업을 중심으로 도입된 연봉제, 이윤배분제(profit sharing) 등과 같은 성과주의 인사제도가 내부노동시장에서의 임금결정방식에 있어서 근본적인 변화를 모색하고 있다는 것이다.[6] 이러한 성과주의 인사제도는 과거 연공서열형 인사제도의 문제점을 극복하기 위해서 임금이나 승진을 결정할 때 성과에 따른 보상이라는 개념을 적극적으로 반영하고 있는 추세이다.[7] 그러나 기업이 성과주의 인사제도를 도입함으로써 의도한바 임금이나 승진

---

5) IMF 외환위기 이후 일련의 내부노동시장에 대한 논의는 정이환·이병훈(1999), 정이환·전병유(2001), 정이환(2002), 정건화(2003), 정이환·전병유(2004) 등을 참조.

6) 최근 노동부의 연봉제 및 성과배분제 실태조사결과나 연구결과에 따르면, 기업 내 임금이 '개인의 업적·성과'에 의해 결정되는 성향이 높아지고 있고, 내부노동시장에서 승진의 결정요인도 점차 '개인업적·성과'를 중시하는 방향으로 이동하고 있어 과거 연공서열형 인사제도에서 강조되던 '협조성·근무태도'보다 '개인의 업적·성과'를 중요시하는 방향으로 전환되고 있음을 보여주고 있다.(금재호(2003) 참조) 이 조사결과는 한국노동연구원의 기업 패널조사 데이터(사업체 인적자원의 운영실태조사)를 분석한 결과로서 기업단위 인적자원관리의 변화상을 살펴볼 수 있다.

7) IMF 외환위기 이후 도입된 성과주의 인사제도에 대해서는 박우성·노용진(2001), 유규창·박우성(2001) 등을 참조.

의 결정방식에 있어서 성과에 따른 보상개념이 제대로 반영되었는지의 여부에 대해서는 논의가 미진한 실정이다.[8] 따라서 본 연구는 기업이 도입한 성과주의 인사제도가 어떤 효과를 낳았는지를 살펴봄으로써 우리나라 내부노동시장에서의 변화를 설명하는 데 일조할 것으로 기대한다.

그러나 본 연구는 노동시장의 유연성 확보를 위해 시도된 기업의 다양한 시도들이 다음과 같은 전제하에 평가되어야 한다고 본다.

> (기업이 성과주의 인사제도 도입을 통해 임금유연성을 확보하려고 노력하는 것은 기업이) 기업의 생산성과 경쟁력을 향상시켜 기업의 지속적인 성장을 담보하고, 더 나아가 지속적인 국가경제의 발전을 뒷받침할 것이라는 기대를 전제로 한다. 기업의 경쟁력 확보는 근로자들에게 고용안정을 제공하고 새로운 고용을 창출함으로써 현재와 같은 실업 및 고용문제를 해결할 수 있으리라는 기대하기 때문이다. 이러한 기대는 기업의 합리적인 행동이 사회적으로 부정적인 외부효과를 가져오지 않는다는 강한 가정을 요구하게 되는데, 기업의 합리적 의사결정이 과연 사회적으로 고용과 실업의 문제를 해결하는 데 도움이 되고 서로 합치되는 가에 대한 판단이 중요한 이슈로 강조하게 되는 것이다.[9]

이러한 시각은 기본적으로 노동시장의 현상이 기업의 내부노동시장과 밀접한 관련이 있으며, 따라서 기업의 선택과 사회적 선택 간 조화와 균형이 필요하다는 점을 강조하는 것이다. 그렇다면 이런 관

---

8) 연봉제나 성과배분제에 대한 경영학 분야에서의 연구는 일부 있으나, 주로 연봉제 도입할 때의 유의해야 할 사항이라든가 개인효과나 조직유효성 측면에서 성과주의 인사제도의 문제점들을 지적하는 데 그치고 있다.

9) 내부노동시장에 대한 연구테마를 새롭게 설정하고 다양한 논의를 전개한 정인수 외(2003)는 서문에서 이러한 전제를 강조하고 있다. 필자는 이러한 주장에 전적으로 동의하며, 본 연구도 그 연장선상에서 연구를 기획하고 진행한 결과물이라고 할 수 있다. 한편 같은 문헌에서는 제도적 동형화(institutional isomorphism)의 관점에서 개별 기업이 합리적으로 선택하여 성과주의 인사제도를 도입했다기보다는 유사한 환경 속의 기업들이 유사한 제도를 합리적인 판단 없이 채택한 것이 아니냐는 비판적인 전망도 포함하고 있다. 정인수 외(2003), 서문과 pp.17 - 19 참조.

점에서 기업의 노동시장 유연성 제고를 위한 노력들이 과연 노동시장의 성과를 높이기 위해 적절했는가? 특히 기업 내부적으로 재량권을 가진 인사제도, 특히 기업 보상전략의 변화가 기업은 물론 국가경제 전체적으로 어떠한 변화를 가져다주었는가? 이러한 점들을 구체적으로 살펴보는 것이 필요하다고 하겠다.

그러나 노동시장에 대한 기존 연구는 기업 내부에서 일어나는 다양한 현상들을 추적하고 그 원인과 결과를 규명하는 작업에 대해서 그리 많은 관심을 기울이고 있지 않았다.[10] 이런 지적은 노동경제학에서의 내부노동시장에 대한 논의 속에서 일반화되고 있는데, 그 원인으로는 다음 몇 가지를 지즉할 수 있다.[11]

첫째, 전통적인 신고전학파 경제학은 노동시장 분석에 있어 임금이나 고용이 기본적으로 시장에서의 경쟁을 통해 결정된다는 시각을 견지하고 있다. 따라서 기업 내부의 인사제도나 관행 등으로 인해 변화될 수 있는 여지를 애써 부정하거나 수용한다고 하더라도 시장의 힘에 비해 보조적인 역할에 그친다고 생각하고 있다.[12] 둘째, 기존의

---

10) 전통적으로 기업은 다른 경제주체들과 같이 극대화 행동, 기업의 경우 이윤극대화를 추구하는 것으로 이해되고 있으나, 기업 내부에서 일어나는 다양한 행동방식이나 경제적인 이해관계의 조정 등은 여전히 소위 '블랙박스(black box)'로 여겨지고 있다. 경제학의 관점에서 이러한 기업 내부의 인적자원관리 메커니즘을 논의하는 연구들이 본격적으로 주목받기 시작한 것은 1980년대 말부터이다.(Mitchell, Lewin and Lawler Ⅲ(1989), Grunderson(2001), Gibbs and Levenson(2002)을 참조)

11) 이는 이미 1970년대부터 노동경제학에서 있어 신고전학파와 제도학파, 또는 급진적 경제학 사이에 이론적 논쟁점으로 등장하고 있다. 이중노동시장이나 내부노동시장이론을 지지하는 입장에서는 기업 내부의 인적자원관리 관행과 제도적인 측면을 중시하고 있고 그에 대한 경제학적 접근의 필요성을 강조하고 있으나, 신고전학파 경제학은 기업을 단지 이윤극대화에 충실한 경제주체로 간주하고 있어 소위 블랙박스로서 별도의 분석대상으로 여기지 않는다. 이러한 신고전학파의 주장에 대해 비판하고 있는 논지는 Lee(1987), 이원덕(1990), 이원덕 · 정진호(1999)를 참조.

12) 모든 경제학자들이 이런 견해를 견지한 것은 아니다. 우리나라 임금구조에 대한 연구를 체계화한 박훤구 · 박세일(1984)은 "본격적인 임금구조의 연구를 위해 개별 기업의 임금표, 임금관행, 승진승급관행에 대한 철저하고 광범위한 사례연구를 기초로 하여 우리나라 임금구조에 대한 이론화 작업을 시도"할 것을 주문하고 있다. 그 이유는 "우리나라의 제도적 풍토에 맞는 특수이론의 개발이 아직 일천한 단계"이며, 기업의 사례연

논의가 내부노동시장에 대한 정형화된 사실들을 정리하거나 이론적으로 정교화하는 데는 어느 정도 성공을 거두고 있으나, 엄밀한 실증분석을 하기 위한 데이터 확보가 어렵고, 실증분석이 이루어진다고 하더라도 단일기업 수준의 분석에 그치고 있어 경제학이 지향하는 일반성 확보가 어렵기 때문에 심층적인 연구가 지체되고 있는 실정이다.[13] 셋째, 내부노동시장에서 주목을 받는 인사관행이나 제도들이 주로 경영학의 인사조직 또는 인적자원관리 분야에서 주로 다루어지고 있고, 기업경영과 내부인적자원관리에 대한 경제학자들의 관심이나 지적 호기심이 그다지 높지 않았기 때문이다.[14]

본 연구는 그런 점에서 기존 노동경제학의 경계를 뛰어넘어 경영학의 인적자원관리론과 노동경제학의 학제적 접근을 시도한 인사경제학

구를 통해 "임금결정과정에 있어 우리나라 특유의 경제적, 비경제적 요인들이 보다 명확히 밝혀지리라 생각"하기 때문이다.(박훤구·박세일(1984)의 p.24 참조)

13) Baker and Holmstrom(1995)은 내부노동시장에 대한 이론적 접근방법의 다양성에 비해 실증분석이 미흡한 원인으로 기업 내부의 인사데이터에 쉽게 접근할 수 없다는 점을 들고 있다. 기업의 인사데이터는 대부분 對外秘적 성격을 갖기 때문에 쉽게 접근할 수 없을 뿐만 아니라, 접근한다고 해도 개별 기업단위에서만 분석을 할 수밖에 없기 때문에 일반화가 어렵다는 점도 함께 지적할 수 있다. 그러나 최근에는 스웨덴이나 덴마크와 같은 특정 국가에서 기업별 개인별 인사데이터가 축적되어 일반화가 가능한 실증분석결과들이 등장하고 있다. 스탠퍼드 대학교 경영대학원의 Lazear 교수는 최근 스웨덴 경영자협회에서 구축한 기업별 인사데이터를 활용하여 기존 이론의 타당성을 검증하고 있고, 덴마크에서도 유사한 데이터들이 구축되어 연구에 활용되고 있다.(Lazear and Oyer(2004) 등을 참조) 이들 나라에서 데이터 축적이 가능한 것은 유럽 일부 국가에서 노사 간 임금교섭이 국가 또는 산업단위에서 이루어지고 있어 협상을 위한 기초자료로서 기업 인사데이터를 수집, 관리하는 것이 가능하기 때문이다. 그러나 우리나라의 경우에는 아직까지 현실화되기는 어려운 작업이라고 판단된다.

14) Lazear 교수는 오히려 그런 점에서 경제학적 논리를 가지고 경영학적 테마를 다룬다면, 좀 더 의미가 있는 연구결과들을 축적해 나갈 수 있을 것이라고 주장하고 있다. Lazear(1995), *Personnel Economics*의 서론과 1장을 참조. Lazear 교수의 '인사경제학'에 대한 이론적 논의가 체계화된 것은 1995년에 출판된 저서이다. 그 이전에는 1992년 개최된 유럽 노동경제학회의 제4회 연례학술대회에서 발표된 내용이 Lazear(1993)이며, 인사경제학에 대한 초기의 논의라고 볼 수 있다. 한편 경영대학원 학생들을 대상으로 저술한 교과서로는 *Personnel Economics for Managers*(1998)가 있으며, 현재 시카고 경영대학원의 Micheal Gibbs 교수와 함께 개정판으로 최근 *Personnel Economics in Practice*를 발간하였다.

(personnel economics)의 관점을 지지한다.[15] 이상과 같은 학제적 연구를 통해 노동경제학의 측면에서는 내부노동시장의 운영원리를 이해하고 기업의 인사전략을 결정할 때 논리적 맥락을 제대로 집어 나갈 수 있을 것으로 기대된다. 한편, 인적자원관리론의 입장에서는 정교한 경제학의 논리를 빌려 기업의 인사제도나 전략이 경영환경에 부합하는 최적의 의사결정을 추론할 수 있는 이론적 토대를 마련할 수 있다고 판단된다.

제2절 연구의 목적과 범위

본 연구는 우리나라 내부노동시장에서의 임금과 승진결정에 있어서 기업의 인사제도가 차지하는 중요성을 확인하고, 실제 기업 인사 데이터를 대상으로 임금 및 승진의 결정요인이 어떻게 변화하였는지를 분석한다. 이를 통해 IMF 외환위기를 전후로 우리나라 내부노동시장이 어떤 방식으로 변화되었는지를 고찰하고자 한다.

이론적 차원에서는 먼저 미국을 중심으로 활발하게 전개되고 있는 내부노동시장이론과 실증분석결과들을 임금결정에 대한 다양한 접근에 초점을 맞추어 소개한다. 또한 기업 내부에서 관행화된 제도가 임금결정방식을 어떻게 규정하는지를 살펴본다. 또한 내부노동시장에서의 중요한 인센티브 수단인 승진에 대한 이론들을 정리하여 소

---

15) 최근에는 인사경제학이나 조직경제학이라는 분야가 각광을 받고 있는 추세다. 기업 인적자원관리 분야와 노동경제학의 연계를 통해 그동안 기업 내부의 영역으로 경영학에 의존하던 내부노동시장에 대한 연구를 본격적으로 진행하고 있으며, 그와 관련하여 다양한 이론들이 배출되고 있다.

개한다.

실증분석에서는 내부노동시장에서의 임금결정요인에 대한 실증분석을 통해 우리나라 내부노동시장이 갖는 고유한 특성을 파악한다. 특히 IMF 외환위기 전후의 변화가 어떤 방식으로 진행되었는지를 분석한다. 또한 승진의 결정요인에 대한 실증분석을 통해 학력이나 근속연수 중심의 연공서열형 승진체계에서 근로자 개인의 능력과 업적을 중시하는 성과주의형 승진체계로 변화했는지의 여부를 살펴본다. 아울러 성과주의 인사제도의 대표적인 제도라고 할 수 있는 성과급제 도입 전후의 임금효과 분석을 통해 임금유연성 확보를 위한 기업 인사제도의 변화가 의도한 대로 소기의 성과를 달성했는지도 가늠해 본다.

결론적으로 본 연구는 IMF 외환위기를 계기로 우리나라 기업들이 기울여 온 노동시장 유연성 제고를 위한 노력들을 평가함으로써 최근 우리나라 기업에서 일반화되고 있는 성과주의 인사제도의 강화가 궁극적으로는 경제의 효율성 제고, 더 나아가 국가경제발전과 지속적인 성장을 가능하게 하는 방향을 모색하는 계기를 마련하고자 한다.

제3절 분석방법과 대상16)

이상의 분석을 위해서 본 연구는 임금결정에 관한 연구에서 일반화된 계량분석방법으로 Mincer(1974)가 제안한 임금함수 추정을 기

---

16) 본 연구는 對外秘인 기업 인사데이터를 사용하고 있기 때문에 분석대상에 대한 구체적인 설명을 배제한다. 다만 30년 이상의 역사를 가진 대기업 제조업체라는 점만 명시한다.

본적인 분석방법으로 적용한다. Becker(1964)의 인적자본이론을 기반으로 실증분석에서 독보적인 연구를 수행한 Mincer는 인적자본의 투자수익률을 추정하기 위한 계량분석모형으로 소위 임금함수(earnings function)를 이론적으로 도출하였고, 이를 기반으로 다양한 임금결정요인들이 근로소득에 얼마나 영향을 미치고 있는지를 규명하는 데 기여하였다. 본 연구에서는 Mincer의 임금함수 추정을 기본으로 하되, 필요시 다양한 계량경제학적 이슈들을 함께 검토할 수 있는 방법을 모색한다. 특히 기업 인사데이터가 패널자료인 점을 감안하여 패널데이터 분석의 고정효과모형을 적용한 추정결과를 포함하였다. 또한 본 연구는 승진결정요인을 분석하기 위해 프로빗(Probit) 모형을 활용하여 승진확률함수를 추정한다. 대부분의 실증분석은 통계패키지 Stata 9.1버전을 사용하였다.

본 연구에서 특기할 만한 점은 그간 접근하기 어려웠던 기업의 인사데이터를 확보하여 분석자료로 활용했다는 점이다.[17] 분석범위는 IMF 외환위기 이전, 이후의 변화를 살펴보기 위해 1996년 이후 2000년까지의 5개년 자료로 제한하였다.[18] 물론 이 기업 인사데이터가 특정 기업의 한정된 자료이기 때문에 분석결과를 일반화할 수 없다는 한계가 있지만, 그간 분석하기 어려웠던 이슈들을 확인하고 이해하는 데에는 충분하다고 판단된다. 또한 본 연구는 기업 내 인사데이터의 속성상 분석단위를 거인 차원으로 제한한다.[19]

---

17) 본 연구에서 활용하는 기업의 인사데이터는 노동부의 「임금구조기본통계조사」의 조사 항목을 기준으로 추출되었으며, 추가로 기업 인사데이터에서만 확인할 수 있는 근로자 개인별 직급 및 인사고과 자료가 포함되어 있다. 세부적인 분석자료의 특성은 각 장에서 설명한다.

18) 기업의 인사데이터는 그 속성상 대외비 및 人秘의 성격을 갖고 있기 때문에 최근 정보를 확보하기는 현실적으로 불가능하다. 다만, 비교적 오래된 과거의 인사데이터는 제한된 연구목적에 따라 확보할 수 있었기 때문에 본 연구에서 활용할 수 있었다.

19) 가령 승진을 하위직책에서 상위직책으로의 상향이동이라고 정의할 경우, 조직구조나 부서, 직책 등의 정보가 필요하지만, 본 연구에서 활용하는 인사데이터를 통해서는 그

본 연구가 굳이 기업 인사데이터를 분석자료로 활용한 것은 다음과 같은 3가지 이유 때문이다.

첫째, 기업 인사데이터는 그동안 실증적으로 검증되지 못했던 변수들의 영향력을 검토할 수 있게 함으로써 기존 연구들의 한계를 극복할 수 있다. 가령, 근로자의 승진 여부에 대한 정보라든가 구체적인 직급정보 그리고 개인별 인사고과결과 등은 정부통계자료는 물론 기타 서베이 조사에서도 쉽게 확인할 수 없고 오직 기업 인사데이터에서만 확인이 가능하다. 따라서 기업 인사데이터는 내부노동시장의 다양한 변수들을 활용할 수 있기 때문에 보다 심층적인 논의를 할 수 있는 것이다.

둘째, 일반적으로 사용되는 정부통계자료들은 기본적으로 횡단면 조사자료로서 매년 표본을 새롭게 설정하여 조사가 이루어진다. 따라서 기업별 또는 개인별 자료의 시계열적 연속성을 확보하기 어렵다. 그러나 기업의 인사데이터는 기본적으로 개인별로 재직기간 동안의 인사데이터를 시계열로 구성한 패널데이터로 전환이 가능하며, 따라서 소위 관찰되지 않는 근로자 개인별 특성들을 통제할 수 있기 때문에 실증분석에서 효율적인 추정이 가능해진다.

셋째, 정부통계자료로는 기업의 인사전략이나 제도상의 변화가 어떤 영향을 미쳤는지 간접적으로 확인할 수밖에 없으나, 기업 인사데이터는 다른 조건이 일정할 때, 해당 기업의 인사전략이나 제도변화가 어떤 영향을 미쳤는지를 구체적으로 파악할 수 있다. 이는 내부노동시장의 속성상 기업의 독특한 문화, 경영환경 그리고 제도들을

러한 정보를 확인할 수 없기 때문에 개인단위로 분석할 수밖에 없었다. 현재도 해당 기업의 인사시스템에서 조직정보를 관리하기 어렵다고 한다. 그 이유는 경영환경의 변화에 따라 수시로 조직개편이 이루어지고 있어 조직구조나 부서정보는 물론 개인별 정보를 체계적으로 관리하는 데 한계가 있기 때문이다.

감안하였을 때, 비로소 체계적인 분석이 가능하다는 측면에서 기존의 실증분석이 갖는 한계를 극복할 수 있는 가능성을 열어 준다.

제4절 연구의 구성

본 연구는 크게 다섯 개의 장으로 구성되어 있다. 본 연구의 흐름에 따라 주요 연구내용을 요약한 것은 <그림 1 - 1>과 같다. 연구의 서론인 제1장에서는 IMF 외환위기 전후 한국 내부노동시장의 변화와 그 성과에 대한 평가의 필요성과 배경을 설명하며, 연구목적을 제시하면서 본 연구에서 활용할 분석자료의 필요성과 특징을 설명하고, 본 연구의 구성체계를 제시한다.

본 연구는 다음 3개의 영역으로 구성된다. 즉 우리나라 내부노동시장에서의 임금결정에 대한 실증분석, 기업의 승진결정요인에 대한 분석 그리고 성과급제 도입의 임금효과 분석으로 나누어진다. 먼저 제2장에서는 본 연구의 토대가 되는 내부노동시장에서의 임금결정에 대한 이론적 배경과 현재까지의 연구성과를 검토한다. 특히 연구의 핵심개념인 내부노동시장에 대한 기존 이론과 함께 개별 기업 사례들을 통해 제시된 연구결과들에 정리하고, 이러한 논의를 바탕으로 우리나라 대기업에 적용한 사례 분석결과를 비교하여 임금결정에 있어서 기업 인사제도나 기업 내 임금결정방식의 중요성을 확인한다.

두 번째 연구영역인 제3장의 승진결정요인 분석은 그간 자료의 제약으로 광의의 승진개념을 적용해 왔던 연구들과 달리 기업에서 실제 적용하고 있는 직급승진의 개념을 승진으로 정의하고 패널데이터인 기업 인사데이터에서 추출한 승진정보를 기준으로 승진확률함수를 추정한다. 또한 성과주의형 승진체계로의 변화 여부를 판단하기 위해 인사고과변수를 사용하였다. 기업의 실제 인사고과변수를 승진확률함수 추정에 사용한 최초의 연구라고 할 수 있다. 이 추정결과들을 통해 기존의 연구들이 논의하고 있는 승진결정요인의 변화를 구체적으로 살펴볼 수 있으며, 승진이라는 내부노동시장에서의 독특한 제도가 근로자의 생산성 제고를 유인하는 인센티브로서 어떻게 기여하고 있는지를 살펴본다.

본 연구는 세 번째 영역으로서 성과급제 도입의 임금효과에 대한 분석을 제4장에서 다룬다. IMF 외환위기 이후 우리나라 대기업을 중심으로 널리 확산된 성과급제 도입으로 임금결정방식에 있어서 어떠한 효과를 보였는지를 실증 분석하는 것이다. 분석대상인 A기업은 1998년에 간부계층을 대상으로 연봉제를 도입했고, 1999년에 그 적용범위를 대졸사원계층으로 확대하였다. 이에 본 연구는 이러한 제도변화를 감안하여 임금구조와 임금결정요인의 변화가 어떻게 나타났는지를 고찰하게 된다.

마지막으로 제5장은 본 연구의 결론부분으로서 본 연구의 주요 실증분석결과를 요약하며, 본 연구의 의의에 대해 논의하고, 아울러 본 연구가 갖고 있는 한계점과 향후 연구방향에 대한 제언을 한다.

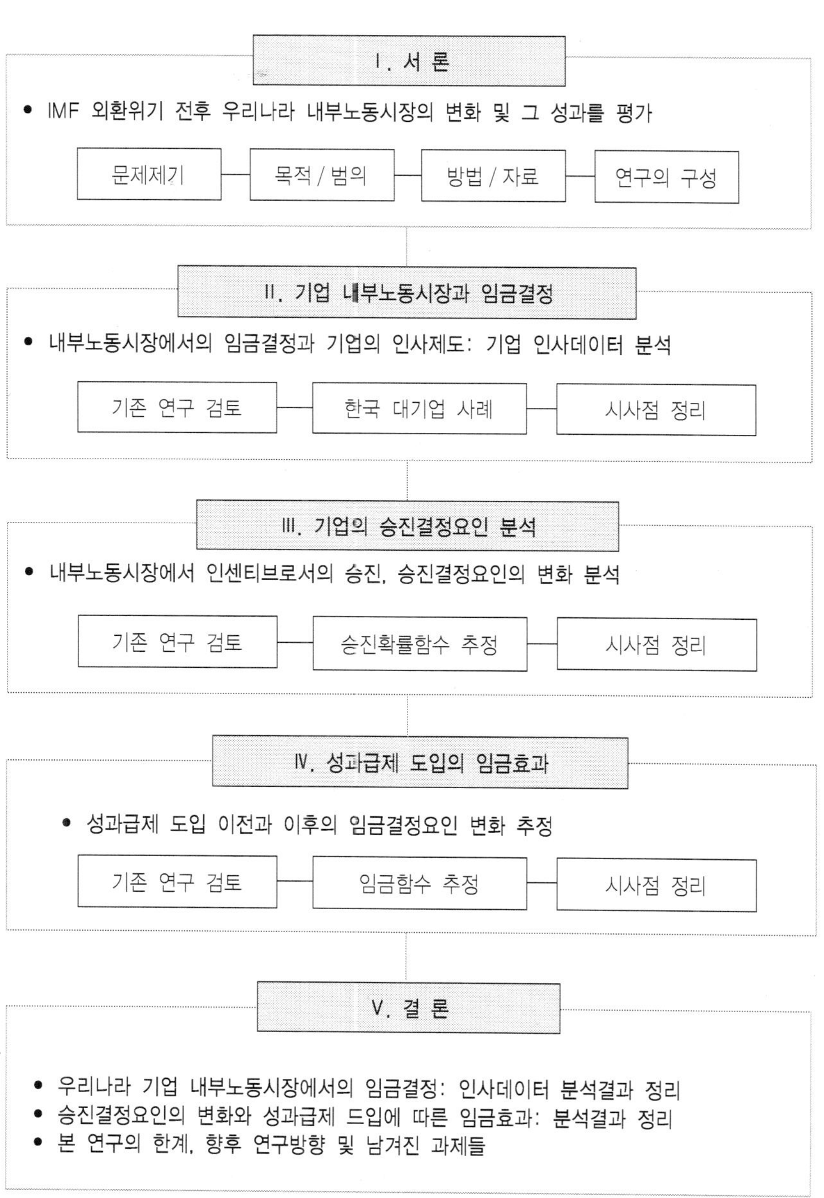

Ⅰ. 서 론
IMF 외환위기 전후 우리나라 내부노동시장의 변화 및 그 성과를 평가
문제제기
목적 / 범의
방법 / 자료
연구의 구성
Ⅱ. 기업 내부노동시장과 임금결정
내부노동시장에서의 임금결정과 기업의 인사제도: 기업 인사데이터 분석
기존 연구 검토
한국 대기업 사례
시사점 정리
Ⅲ. 기업의 승진결정요인 분석
내부노동시장에서 인센티브로서의 승진, 승진결정요인의 변화 분석
기존 연구 검토
승진확률함수 추정
시사점 정리
Ⅳ. 성과급제 도입의 임금효과
성과급제 도입 이전과 이후의 임금결정요인 변화 추정
기존 연구 검토
임금함수 추정
시사점 정리
Ⅴ. 결 론
우리나라 기업 내부노동시장에서의 임금결정: 인사데이터 분석결과 정리
승진결정요인의 변화와 성과급제 드입에 따른 임금효과: 분석결과 정리
본 연구의 한계, 향후 연구방향 및 남겨진 과제들

〈그림 1-1〉 연구 체계도

■ ■ ■

제 2 장

한국의 기업 내부노동시장과 임금결정*

* 본장은 엄동욱(2006a)의 제2장을 수정·브완하여 「한국경제학보」 제14권 제1호(2007년 6월 간행)에 "기업 내부노동시장에서의 임금결정: 한국대기업 인사데이터를 이용한 실증분석"이라는 제목으로 게재된 내용에 기초하고 있으며, 논문투고 이후 재정리한 것이다.

제1절 서 론

1. 문제제기

우리나라는 지난 1960년대 이후 고도성장과정에서 기업의 규모가
확대되었고, 기업 내부적으로 효율적인 인적자원관리를 위해 인사
및 급여 관련 규정들을 정비하기 시작하였다. 기업 활동이 안정화되
고 기업 내 인사관행들이 만들어지면서 인사규정이나 관행들은 근로
자들에게 자신의 장래 소득증대와 직위상승에 대한 기대의 준거, 소
위 기대규준(expectational norm)이 되었으며, 더 나아가 인사제도의 공
정성 판단의 기준으로 작용하게 되었다. 그러나 기업 내 제도나 관행
이 한번 규정화되고 나면, 기업을 둘러싼 경영환경의 변화에도 불구
하고 변경하기가 대단히 어렵게 되고, 그 결과 경직성을 띠게 된다.

이와 같이 우리나라 대기업에서는 상당히 경직적일 수밖에 없는
인사제도 및 관행들이 개발, 정착되어 왔고, 기업 내 근로자의 임금
과 고용결정에 있어서 중요한 역할을 담당해 오게 된 것이다. 이러
한 변화에 대해서 기존의 내부노동시장에 대한 논의들은 구체적인
인사제도나 관행보다는 광의의 지표를 사용하여 내부노동시장이 우
리나라에 존재하는가, 그리고 어떻게 형성되어 왔는가에 초점을 맞
추고 있다.[1] 또한 노동시장분석에 있어서 기업 내 제도와 관행에 대

---

[1] 1987년 노동자 대투쟁 이후 임금근로자가 노동시장의 주축으로 등장하면서 당시 연구
자들의 관심은 우리나라에도 내부노동시장이 중화학공업을 중심으로 형성되었는가에
대한 것이었다. 일반적인 결론은 우리나라에 내부노동시장이 존재한다는 것이지만, 당
시에는 노동시장의 존재를 부정하는 견해가 다수 존재하였다. 김형기(1988)는 1970년
대와 1980년대 초반에 대기업과 중소기업 사이에 "현격한 임금격차가 나타나고 있지
않다는 사실"뿐만 아니라 "한국에서는 생산노동자의 경우 독점기업과 비독점기업, 대
기업과 중소기업 간에 노동이동이 활발히 이루어지고 임금격차도 근소하기 때문에 육

해서는 성별, 학력별 차별과 관련된 분석만 있을 뿐이다. 소위 '시장의 힘'과는 구별되고, 시장의 힘이 내부노동시장에서 작용하는 것을 지연시키거나 방해함으로써 노동시장의 결과에 독자적인 영향력을 행사하는 '제도의 힘'이 존재한다는 것을 경제학적으로 입증하는 체계적인 분석은 미흡한 실정이다.[2]

이원덕(1990)과 이원덕 · 정진호(1999)의 연구는 이 점을 강조하고 있으며, 내부노동시장의 존재, 그 특징 그리고 영향력 여부에 대한 실증분석을 통해 유의성을 타진하고 있다. 그들은 기업 내부의 제도와 관행이 시장의 힘으로부터 독립하여 어느 정도 독자적인 역할을 담당하는지를 고찰하기 위해 남자 근로소득의 분산을 분해하여 독자적인 제도의 힘을 추출해 내는 방식을 적용했다. 즉, 근로소득의 결정요인으로서 시장화된 변수인 교육과 경력 그리고 기업(기업별 더미)에 관련된 분산을 구분하였다. 근로소득의 총분산에서 기업과 관련된 분산의 크기가 인적자본변수의 크기만큼 크기 때문에 기업이라는 속성이 임금결정에서 중요한 역할을 담당하고 있음을 보여주고 있다. 또한, 일련의 결과를 종합하여 우리나라 대기업에서 기업특수적인 내부노동시장이 발전되고 있고 관료적 위계조직을 기초로 하고 있기 때문에 미국에서 발전되어 온 '내부노동시장'과 개념적으로 동일하다고 보기 어렵다고 지적하고 있다.[3]

체노동시장의 기업별 분단현상은 기본적으로 나타나지 않는다."고 이해하고 있다. 그 외의 의견으로는 송호근(1991), 어수봉(1992), 이주호(1992)가 있다. 이승렬(2003)의 pp.304－305 참조.

2) 제도라는 개념을 폭넓게 적용할 때, 시장을 또 하나의 제도라고 볼 수 있다. 그러나 본 연구에서는 외부노동시장과 다른 메커니즘으로 임금결정이 이루어지는 내부노동시장에서의 제도나 관행들을 협의의 특정한 제도로 이해하며, 따라서 이를 경쟁적 노동시장의 영향을 받는 외부노동시장에서의 '시장의 힘'과 구분하여 기업 내부의 인사제도와 관행에 따르는 내부노동시장에서의 '제도의 힘'으로 명명한다.

3) 1990년의 연구결과는 기존 연구결과가 근로소득의 결정요인으로서 인적자본속성을 강조하고 있는 것을 결코 배제하지는 않는다. 다만, 기업과 관련된 분산의 크기가 상당하기 때문에 기업의 순 효과가 분명 존재하며 그 크기가 인적자본속성만큼이나 중요한

최근 정인수 외(2003)의 연구결과도 이러한 견해를 지지하고 있다. 한국노동연구원이 2002년에 실시한 기업 패널데이터에 의한 실증분석결과를 보면, 우리나라 기업들의 인사관리제도가 IMF 외환위기 이후 서구식으로 변화하고 있는 것은 사실이지만, 패러다임이 변화했다고 할 정도로 진행되었다고 판단하지 않고 있다. 이와 같이 판단하게 된 이유로서 구조조정이 진행되었지만 수량조정보다는 조직구조조정 위주로 그리고 비자발적 이직보다는 자발적 이직 위주로 전개되었다는 점을 들고 있다. 이러한 이유로 인해 우리나라 내부노동시장에서는 아직까지 종신고용을 중시하고 인적 결합을 중시하는 전통이 남아 있다고 판단하고 있다. 그와 관련하여 승진의 결정에 근속기간이 가장 중요한 요인이라는 실태조사결과에서도 확인되며, 승진과 임금결정에서 개인업적이나 성과가 중시된다고 응답한 업체가 아직 소수라는 점은 아직도 연공서열이 내부노동시장에서 중요변수임을 확인하게 한다.

한편, 이승렬(2003)은 우리나라 내부노동시장의 특징으로서 근속연수 증가에 따른 임금상승형 임금구조, 즉 연공서열형 임금구조와 낮은 노동이동률을 들고 있다. 1987년부터 2002년까지의 15년간 500인 이상 대기업에 대한 근속연수 - 임금 단면을 살펴보면서 그러한 특징이 아직까지 유지되고 있다고 지적하고 있다. 또한, 근로자의 이직성향이 상당히 낮은 수준이기 때문에 우리나라 내부노동시장의 존재나 진전에 대해 긍정적인 판단을 내리고 있다. 하지만, 노동시장 전체의 수량적 자료에 의한 분석결과로는 1980년대 후반 이후 내부노동시장이 대기업을 중심으로 진행되었다고 추측하고 있어 기업단위의 미시적 분석이 필요하다는 것을 간접적으로 강조하고 있다.[4]

결정요인이 된다는 것을 보여주고 있다. 또한 임금결정방식에 있어서 기업의 역할에 주목하여 임금분산에서의 기업효과를 파악하기 위해 공분산분석(ANCOVA, analysis of covariance)기법을 활용하고 있다.(Lee(1987), 이원덕(1990)과 이원덕·정진호(1999)를 참조)

　황수경(2003)은 내부자 노동시장과 외부자 노동시장을 구분하여 임금구조에 대한 분석을 하고 있는데, 외부자 노동시장에 비해 내부자 노동시장에서 교육, 근속과 같은 인적속성에 의한 임금효과가 상대적으로 크다는 실증결과를 근거로 정규직 노동시장이 성, 연령(근속), 학력을 기준으로 하는 연공적 임금체계를 가지며 비정규직 노동시장은 진입과 퇴출이 빈번하여 연공급이 아닌 직무급의 보상체계를 갖는다고 주장하고 있다. 또한 기업규모나 노동조합의 임금효과가 내부자 노동시장에서 더 뚜렷하게 나타난다고 하고 있다.[5]

　이상의 논의를 종합해 보면, 내부노동시장에서의 임금결정은 시장화된 변수인 교육이나 경력과 같은 인적자본속성과 함께 기업 내부적으로 특화된 제도나 관행과 같은 기업특수적인 변수들을 함께 고려하여 이루어진다고 보는 것이 타당하다. 특히 개별 근로자의 임금결정에 있어서 기업 내부에서만 확인할 수 있는 위계구조나 승진 여부, 인사고과결과가 계속 영향을 미치고 있기 때문에 여전히 내부노동시장에서의 임금결정에 대한 의문들은 남아 있는 상태라고 할 수 있다. 따라서 본 연구에서는 내부노동시장에서의 임금결정이 근로자의 인적속성과 더불어 기업의 인사제도와 연계되어 이루어진다는 점에 착안하여 내부노동시장에서의 임금결정에 대한 기존 이론과 실증분석결과를 재검토하고, 실제 기업 인사데이터를 통해 시장의 힘과 제도의 힘이 어떻게 내부노동시장 안에서 임금결정에 영향을 미치는지를 고찰하고자 한다.

---

4) 이승렬(2003)은 내부노동시장에 대한 연구에서 산업이나 개별 기업에 대한 미시적 분석을 축적하는 노력이 필요하다고 지적하고 있다. 김형기(1988), 이원덕(1990), 이원덕·정진호(1999), 元鍾鶴(2001), 노병직(2003)의 연구를 그 일련의 축적과정이라고 제시한다.

5) 내부노동시장에 관한 다양한 논의들이 존재한다. 내부노동시장 활성화를 위해 사내자격제도 도입을 강조한 이승철(1996) 등을 그 예로 들 수 있다.

2. 선행연구 검토

경제학에서 내부노동시장에 대한 본격적인 논의는 Doeringer and Piore (1971)의 연구로부터 비롯된다. 그들은 다음과 같이 내부노동시장을 정의하고 있다.

> 내부노동시장(internal labor market, ILM)이란 노동의 가치를 결정하고 배분하는 것이 일련의 행정적인 규칙과 절차에 의해 관리되는 하나의 행정단위이다. 내부노동시장은 입직구(ports of entry) 또는 퇴직구(ports of exit)를 통해 외부노동시장(external labor market, ELM)과 상호 관계를 맺으며, 내부노동시장 내부의 직무들은 승진이나 전환배치를 통해 채워지게 된다. 결과적으로 이러한 내부직무들은 외부노동시장의 직접적인 영향으로부터 보호되는 것이다.[6]

그들은 1970년대 초 미국 기업들에 대한 사례연구를 통해 다음과 같이 내부노동시장의 일반적인 특징을 정리하였다. 기업은 좁은 입직구를 통하여 근로자를 선발하고, 이들에게 직장 내 훈련(on-the-job training)을 실시하여 기업특수적 인적자본(firm-specific human capital)을 체득하도록 하며, 다단계의 직급으로 구성되는 승진체계를 통하여 능력과 업적이 뛰어난 근로자를 승진시킴으로써 근로자의 노력을 유인하는 구조, 즉 근로자를 기업 내부의 하위직급으로부터 확보하고 기업 내부적으로 상위직급에 활용한다는 것이다. 이와 같이 노동시장을 외부노동시장과 내부노동시장으로 구분하여 접근한 Doeringer and Piore(1971)의 연구결과가 발표된 이후, 내부노동시장은 신고전학파로부터 급진제도학파에 이르기까지 노동경제학 내에서 다양한 접근방법을 취하고 있는 노동경제학자들로부터 폭넓은 관심

---

6) Doeringer and Piore(1971), pp.1-2 참조.

을 끌어왔다. 그들이 주로 주목하고 있는 내부노동시장의 특징은 다음과 같이 4가지로 정리된다.[7]

첫째, 내부노동시장에서는 고용 및 임금결정과 같은 노동시장의 기능들이 일련의 기업특수적이고 경직적인 관리규칙, 즉 기업 내부의 인사제도에 의해 결정된다. 즉 기업의 고유한 인사제도, 인력계획 및 임금체계 등이 노동시장의 기능을 대체하는 것으로 나타난다. 둘째, 근로자가 내부노동시장으로 진입하는 입구는 일반적으로 최하위 계층으로 한정되며, 상위계층은 주로 내부승진에 의해 충원된다. 이는 내부노동시장에서의 인력수급이 기본적으로 내부인력을 중심으로 이루어진다는 점을 강조하고 있다. 셋째, 개별 근로자의 임금은 근로자의 인적속성, 즉 인적자본에 의한 생산성 기여 분으로 결정되는 것이 아니라 근로자가 담당하고 있는 직무에 따라 규정되며, 따라서 한 근로자의 임금은 그가 어떤 직무에 배치되었는가에 따라 결정된다.[8] 넷째, 내부노동시장에서는 연공서열(seniority)이 임금 및 승진의 가장 중요한 결정기준이 된다.

또한, 이러한 특성에 관심을 기울이게 된 노동경제학자들은 기존 노동시장이론과 달리 내부노동시장의 제반 기능이 시장에서의 경쟁 논리에 따르는 것이 아니라, 기업 내부의 특정 제도에 따라 운영되고 있다는 데 초점을 맞추고 있다. 이러한 차이점을 신고전학파 노동시장이론과 대비하여 살펴보면 다음과 같이 5가지로 정리할 수 있다.[9]

---

7) 이원덕(1990)의 자료에 기초하고 있으며, 보다 상세한 논의는 Doeringer and Piore (1971), Osterman(1984), Williamson et al.(1975) 등을 참조.

8) 이 점에 대해서 Doeringer and Piore(1971)는 다음과 같이 지적하고 있다. 즉, "내부노동시장에서 영구적인 관계가 형성되면, 이윤극대화를 추구하는 기업은 매 임금지급시기마다 임금과 노동의 한계생산성을 일치시키려 하지 않는다."는 것이다.(Doeringer and Piore(1971), pp.75 − 76 참조)

9) 이하의 세부적인 내용은 이원덕(1990)을 재인용.

첫째, 내부노동시장이론은 전형적인 신고전학파의 노동시장이론과 상당히 다른 모습을 제공한다.[10] 신고전학파 노동시장이론은 이윤 또는 효용극대화를 목표로 하는 노동의 수요자 및 노동의 공급자가 노동시장에서 비인적(非人的) 경쟁과정을 통해 보이지 않는 시장의 손에 의한 임금 및 고용결정을 하게 된다고 본다. 그러나 내부노동시장에서는 이러한 과정이 기업의 인사제도와 같이 '보이는 손(invisible hands)'에 의해 연결되며, 이러한 연결은 단순한 경쟁의 비인적 과정이 아니라 경영자의 자의나 재량 그리고 노사 간 협상에 의해 상당한 영향을 받을 수 있는 인적(人的) 과정이기도 하다.

둘째, 신고전학파의 노동시장이론에서는 노동시장에서 임금과 고용이 동시에 결정되는 것으로 간주하나, 내부노동시장에서는 임금과 고용의 결정은 서로 분리되어 있다. 또한 서로 다른 원리에 따라 지배된다고 보고 있다. 즉, 내부노동시장으로의 유입을 통한 고용관계의 성립은 별도의 채용기준이나 절차를 통해 이루어지지만, 개인별 임금수준은 내부노동시장에서의 직급구조와 성과급 등과 같은 보상구조에 따라 결정된다는 것이다.

셋째, 신고전학파는 시장의 균형 상태에서 한 근로자의 임금수준이 그의 생산적 기여, 즉 한계생산성과 일치하는 수준에서 결정된다고 본다. 일반적으로 통용되는 한계생산성 이론에 근거한 추론이다. 그러나 내부노동시장에서 결정되는 임금수준은 비록 균형 상태라고 하더라도 근로자의 한계생산성과 반드시 일치하는 것은 아니라고 본다. 특히 기업 내부의 임금과 고용결정에 관련된 인사제도가 경직성

---

10) 이러한 논리적 차이는 노동시장이론에서의 경쟁적 패러다임의 발전과정에서도 확인할 수 있는데, 시장의 힘과 제도적 요소의 상대적 중요성에 대한 논쟁을 통해 발전되어 왔다. 시장의 힘을 강조하는 입장에서는 시장에서의 임금과 고용의 결정이 우선되며, 제도는 단지 시장에서 만들어 낸 결과를 추인할 뿐이라고 주장한다. 한편 제도의 역할을 중시하는 입장에서는 제도가 노동시장의 결과와 달리 독자적인 영향력을 행사하며 따라서 시장조건만을 고려해서 임금이 결정되지는 않는다는 점을 강조한다.

을 가질 경우에는 양자 간 불일치는 지속적으로 발생하게 된다.[11]

넷째, 내부노동시장은 일반적으로 기업을 하나의 단위로 본다. 따라서 내부노동시장에서 임금과 고용을 결정하는 제도나 관행은 소위 기업특수적(firm - specific)인 성격을 갖는다. 그 결과 기업 내 인사제도와 관행의 역할에 대한 분석을 중시하게 되므로 노동시장의 수요 측면을 강조하는 방법론을 취하게 된다. 이러한 점에서 1960년대 이후 인적자본이론이 주도해 온 공급 측면 중시의 방법론과 구별된다.[12]

다섯째, 내부노동시장의 존재와 그 작동원리는 한 나라의 노동정책에도 중요한 시사점을 제공한다. 한 나라의 노동시장의 상당부분에서 노동시장기능의 기업내부화가 이루어지게 되면, 임금과 고용의 결정에 영향을 미치는 개별 기업들의 인사제도와 관행에 대한 정확한 분석이 선행되지 않고서는 정부의 노동정책이 지향하고 있는 정책목표를 달성하기 어렵다. 가령, 근로자계층 간 임금격차가 계층 간 인적자본투자의 차이를 반영할 뿐만 아니라, 기업 내 인사제도상의 차별적 요소, 즉 배치, 승진, 임금결정에서 계층 간 차별화된 요인이 존재하여 차이가 발생한다고 하면, 임금격차 해소를 위한 정부의 노동정책은 단순히 저소득자의 인적자본투자를 지원하는 정책만으로는 미흡하며, 기업 내 제도적 차별을 해소하려는 노력을 함께 병행해 나가야 한다는 것이다.[13]

---

11) 임금결정방식에 있어서 기업의 역할에 주목하고, 기업 내 임금결정방식의 특수성과 존재를 설명할 수 있다. 즉, 유사한 두 기업의 임금함수 추정을 통해 F 통계량으로 차이가 있음을 증명하는 것이다.(이원덕·정진호(1999) 참조)

12) Groshen(1991a, b)은 기존 노동경제학에서 임금함수를 추정할 때 인적자본이론과 같은 노동공급 측면을 강조하고 있으나, 임금분산의 50% 정도밖에 설명하지 못하고 있다는 것에 주목하여 노동수요 측면에서의 임금격차가 기업의 인사제도나 관행에 따라 발생하고 있음을 주장하고 있다.

13) 기업의 보상전략이나 제도를 대표하는 변수로서 이외 다양한 변수들을 상정할 수 있다. 가령, 승진 여부나 인사고과변수들이 그것인데, 이 변수들 각각에 대해서는 제3장과 제

3. 분석과제와 구성

본 연구의 과제는 내부노동시장에서의 임금결정 시 기업의 인사제도나 관행이 얼마나 중요한 역할을 가지고 있는가를 규명하는 것이다. 본 연구의 핵심가설은 다음과 같이 정의된다. 즉, 내부노동시장에서의 임금결정에서 인적자본변수뿐만 아니라 기업 고유의 인사제도나 관행이 영향을 미친다는 것이다. 좀 더 자세히 언급한다면, 직급이나 직군에 따라 근로자 개인별 임금수준의 차이가 나타난다는 것이며, 인적자본변수를 통제하더라도 유의미한 영향력을 갖고 있다고 점을 발견하는 작업이 될 것이다.[14)

따라서 본 연구는 임금결정요인들의 영향력을 살펴보기 위해 Mincer(1974)의 임금함수 추정을 기본으로 한다. 다만, 기업 인사제도가 갖는 효과를 보기 위해 직급과 직군에 대한 더미변수를 다음과 같이 추가한다.

$$\ln W_{it} = X_{it}\beta + \gamma A_{it} + u_{it} \qquad (1)$$

여기서 $\ln W_{it}$는 임금의 대수치로서 월급여, 보너스 그리고 연봉으로 구분할 수 있다.[15) X_{it}는 t년도의 근로자 i의 인적속성을 나타내는 변수들이다. 여기에는 교육연수, 근속연수, 근속연수의 제곱 항,

---

4장에서 다루고 있어 본 연구에서는 제외하였다. 그러나 심층적인 연구를 위해서는 이 모든 변수들을 종합적으로 다루는 연구가 필요할 것이다. 향후 과제로 남겨둔다.

14) 기업 인사제도의 대변수로 직급, 직군, 이 2가지에 주목하는 것은 기업이 인사제도를 운영할 때 직급별 임금체계나 수준과 함께 직군별 특성을 함께 감안한다는 것을 고려한 것이다. 또한 승진의 경우에도 기업의 인력운영상 승격률 관리가 인사제도운영의 고려사항으로서 승진에 따른 인건비증가가 인사전략과 맞물려 중요한 의사결정사항이 된다. 구체적인 승진의 결정요인에 대한 언급은 제3장에서 이루어진다.

15) 근로자의 노동공급을 나타내는 근로시간이 임금소득에 영향을 미치는 변수이지만, 이 역시 내생성 문제를 지니고 있어 임금을 시간당 임금소득으로 전환하여 종속변수로 삼는 것이 바람직하지만, 본 연구의 분석자료에서는 1999년과 2000년밖에 근로시간을 구할 수 없어 임금의 대수치를 사용한다.

외부시장 경력연수[16), 외부시장 경력연수의 제곱 항, 근로자의 성별 (여성은 1, 아니면 0), 결혼더미(기혼은 1, 아니면 0)가 포함되어 있다. 이 밖에 근로자의 임금소득에 영향을 미치는 변수로 통상적인 임금함수 추정에서 많이 적용되는 산업, 지역 등 여러 가지가 있다. 그러나 이들 변수를 임금함수 추정에 포함시키지 않은 이유는 이들 변수 대부분이 내생적인 성격을 지니고 있어 소위 내생성 문제 (endogeneity problem)를 유발할 수 있기 때문이다.[17)

A_{it} 는 기업 인사제도와 관련된 더미변수로서 직급더미(가장 하위 직급을 기본), 직군더미(경영지원직군이 기본)가 추가된다.[18) 또한 u_{it} 는 $i.i.d.$ 라고 가정한다. 위 식 (1)에서 만약 기업 인사제도, 즉 직급에 따라 임금수준의 차이가 발생한다면, 학력이나 경력연수와 상관없이 즉, 고학력자나 저학력자, 또는 고숙련근로자나 저숙련근로자의 임금이 모두 차이가 있을 것이다. 즉 식 (1)에서 더미변수의 계수 값이 정(+)의 부호를 가질 것이다($\sim > 0$). 이는 다른 조건이 동일한 경우 (가령, 학력이나 경력연수가 동일할 때) 평균적으로 기준 근로자의 임금보다 기업 인사제도에 따라 책정된 임금결정방식에 따라 고직급, 또는 특정 직군에 속한 근로자가 더 많이 받기 때문에 기업 인사

---

16) 외부시장 경력연수는 노동시장에서의 잠재능력으로서 (연령－교육연수－근속연수－6) 의 값으로 산출된다. 보다 일반적인 접근은 근속연수의 내생성을 감안하여 이러한 경력연수만을 임금함수 추정에 반영하는 것인데, 이때의 경력연수는 (연령－교육연수－6) 의 값을 갖는다. 본 연구에서는 내부노동시장에서의 근속연수가 갖는 의미를 강조하여 근속연수와 함께 경력연수를 감안하기 위하여 외부시장 경력연수를 활용하였다. 근속연수의 내생성 문제에 대한 언급은 최강식(2002)을 참조.

17) 세부적인 내용은 최강식(2002)을 참조. 또한 본 연구의 분석자료가 특정 기업의 인사데이터이므로 산업더미변수를 사용할 수 없으며, 근무지역 특성을 감안할 수 있으나, 데이터상으로는 사업장을 구분할 수 없어 제외하였다.

18) 이상의 기업 인사제도의 대변수들도 역시 내생성 문제를 초래할 가능성이 높다. 이 문제를 해결하기 위해서는 적절한 대리변수(instrumental variable)를 통한 임금함수 추정방식을 활용하는 것이 바람직하나, 본 연구에서는 기업 인사제도의 대변수들이 근로자의 관찰되지 않은 능력(ability)을 나타내는 대변수로서의 역할을 담당한다고 판단하여 임금함수 추정에 적용하였다. 보다 엄밀한 실증연구는 후속 과제로 남겨놓는다.

제도에 따라 일정 수준의 임금 프리미엄을 갖게 된다는 것이다. 이 점을 실증분석을 통해 확인하는 것이 본 연구의 목적이다.

내부노동시장에서의 임금결정에 대한 연구는 Baker, Gibbs and Holmstrom(1994a, b)의 선구적인 연구에 기초한다. 하지만 본 연구는 그들의 분석과제 이외에 추가적인 분석과제를 상정한다. 먼저 이들의 연구를 포함한 기존의 실증분석들이 주로 관리자계층에 주목하였다고 하면, 본 연구의 분석대상인 기업 인사데이터는 관리자뿐만 아니라 사무직 및 생산직 사원계층을 포함하고 있어 이러한 근로자의 특성들이 연구결과에 어떤 영향을 미치는지를 살펴볼 수 있다. 또한 기존 연구들이 주로 월급여나 연봉 등 한정된 임금변수를 종속변수로 활용한 반면, 본 연구는 기업 인사데이터에서 확인할 수 있는 월급여, 보너스 및 연봉을 종속변수로 삼아 그 각각에 대하여 세부적으로 살펴본다.[19]

제2장의 구성은 다음과 같다. 제1절은 본 연구의 목적과 범위에 대해서 논의하며, 제2절은 기존의 내부노동시장에서의 임금결정에 관한 연구성과들을 검토한다. 1980년대 이후 기업 인사데이터를 분석대상으로 삼아 이루어진 내부노동시장 연구들로서 임금결정요인과 관련된 연구들을 정리해 본다. 제3절에서는 먼저 분석자료의 특성을 살펴보기 위해 기업 인사데이터의 특징을 주요 인적속성별 추이로 본다. 특히 본 연구에서 관심을 갖는 직급별 임금구조의 변화를 구체적으로 기술한다. 이 과정에서 직급별 임금구조의 특성들이 기업 특유의 인사제도에 따라 나타난다는 점을 보여줄 것이다. 이어서 내부노동시장에서의 임금결정에 대한 실증분석으로서 Mincer(1994)의 임금함수모형을 토대로 인적자본변수

---

19) 종속변수를 월급여, 보너스 및 연봉으로 구분하게 되면 각각의 임금결정요인들에 대한 세부적인 분석이 가능하다. 특히 우리나라와 같이 보너스가 고정급 성격을 갖게 되는 경우, 성과주의 인사제도의 도입으로 각각에 대해서 어떤 변화를 보이는지 살펴볼 수 있게 된다는 이점이 있다.

와 기업 인사제도의 대변수인 직급, 직군이 영향을 미치는 효과들을 살펴보게 된다. 기존의 인적자본변수를 통제할 때 직급과 직무가 임금에 미치는 영향을 세부적으로 살펴보기 위해 임금을 월급여와 보너스 및 연봉 각각에 대한 임금함수 추정을 하며, OLS 추정을 기본으로 하되, 패널데이터 분석의 고정효과모형을 적용하여 그 추정결과를 비교 분석하였다. 마지막으로 본 연구의 연구결과를 요약 정리한다.

제2절 내부노동시장에서의 임금결정

1. 기업사례 분석의 동향

기존의 내부노동시장에 대한 연구는 Doeringer and Piore(1971)의 연구를 기반으로 시작되었다. 대표적인 연구주제를 중심으로 구분해 보면, 기업특수 인적자본(Becker, 1964), 권한과 통제(Rosen, 1982), 주인－대리인 이론(Holmstrom, 1979), 학습과 매칭(Jovanovic, 1979a, b), 토너먼트 이론(Lazear and Rosen, 1981), 제도의 설계(Lazear, 1979, 1986) 등과 같이 개별적인 주제를 중심으로 연구가 진행되었다. 한편 최근 이러한 내부노동시장의 개별적인 이론들을 통합하는 작업도 이루어졌는데, 대표적인 연구가 Murphy(1986), Prendergast(1993a) 그리고 Gibbons and Waldman(1999a, 2006)이다. 그와 더불어 Gibbons and Waldman(1999b)은 내부노동시장에 대한 이론적, 실증적 성과들을 총망라하는 종합적인 문헌 서베이를 제공하였다. 이러한 내부노동시장에 대한 연구 동향에 대해 Lazear(1999)는 소위 '인사경제학'이라는 별

도의 연구 분야가 성숙기에 이르렀음을 강조하였다.[20]

실증분석 차원에서는 기업 인사데이터를 활용한 연구는 Medoff and Abraham(1980)이 시초이다. 다음의 <표 2-1>는 그들의 연구 이후 최근까지 진행된 주요 연구들을 정리한 것이다. 비교를 위해서 분석대상이 된 국가 및 기업체, 분석기간, 근로자 표본의 특성, 사용된 임금변수 그리고 주요 연구결과로 구분하여 정리하였다.

<표 2-1> 내부노동시장에 대한 선행연구: 임금결정요인을 중심으로

연구자	대상기업	분석기간	표본	설명변수	주요 연구결과
Medoff and Abraham(1980)	미국 제조업	A기업: 1977년 B기업: 1976년	백인 남성 관리직 및 전문직	임금	-동일직급 내 근속연수가 높을수록 고임금 -생산성 차이와 무관
Medoff and Abraham(1981)	미국 제조업	1973~1977	관리직 및 전문직	임금	-성과와 근속연수는 무관
Lazear(1992)	미국 기업	1970년대 ~1980년대 (13년간)	고위직을 제외한 전 직원	임금	-직무변화가 임금상승의 핵심요소 -동일직무 내 이질성이 중요, 입/퇴직구 미약
Lambert, Larcker and Weigelt(1993)	미국 대기업 (303개)	1982~1984	4단계 사무직 (공장관리자-CEO)	임금, 보너스, 스톡옵션	-토너먼트, 관리력, 인센티브 이론의 조합 조직성과급 설명
Baker, Gibbs and Holmstrom (1994a, b)	미국 서비스업	1969~1988	관리직 및 일반 종업원	임금	-분명한 직급구조, 별도의 입/퇴직구 無, 직급연계형 임금구조
Gibbs(1995)	미국 서비스업	1969~1988	관리직 및 일반 종업원	임금, 보너스	-고성과는 임금상승 신호 -승진은 중요한 인센티브 수단 -승진과 단기보상 간 대체 가능성 존재
McCue(1996)	미국 PSID	1976~1988	-	임금	-직급 변화가 임금증가의 15% 설명 -고임금자일수록 고속승진

---

20) 이상 경제학에서의 내부노동시장이론에 대한 문헌 소개는 Lin(2005)의 자료를 참고하여 정리한 것이다. 이와는 별도로 Gibbons(1998)가 제시한 내부노동시장에서의 10가지 핵심적인 질문에 초점을 맞추어 정리한 Gibbs와 Hendrick(2004)의 연구결과가 있다. 내부노동시장의 정형화된 사실에 대한 연구는 비교적 최근의 일인데, Prendergast(1989)와 Baker, Gibbs and Holmstrom(1994a, b)가 대표적이다.

연구자	대상기업	분석기간	표본	설명변수	주요 연구결과
Lazear(1999)	미국 금융업	1986~1994	전임직원	임금	-임금결정 시 승진이 중요 -우수성과자의 경력경로 존재
Ariga, Brunello and Ohkusa(1999)	일본 하이테크업	1971~1994	전임직원 (재직자)	임금	-다중 입/퇴직구 존재 -고속승진 존재하지만, 능력과 무관
Paarsh and Shearer(1999)	캐나다 식목기업	1994	관리자 155명	시간당 임금, 성과급	-최적임금계약 시, 수익 17% 증가
Lazear(2000)	미국 Satelite Autoglass	1994년 1월 ~ 1995년 7월	Auto glass installer	시간당 임금, 성과급	-임금결정 시, 산출량(성과)보다 근속 중요 -성과급도입으로 생산성 44% 증가
Seltzer and Merrett(2000)	호주 은행업	1888~1900	동기간 입사자	임금	-제한적 입직구 존재, 내부승진 선호 -임금결정 시 근속 중요 -이연임금제도에 의한 근로자 선별기능 존재
Treble et al. (2001)	영국 금융업	1989~1997	관리자 및 사무직	임금, 보너스	-입직구 불분명, 직급구조 변화 심화 -사무직, 직급 내 임금압축 현상 존재
Flabbi and Ichino(2001)	이탈리아 대형 은행	1974~1995	남성 근로자 (사원급)	임금	-인적자본이론은 하위직만 설명 -인센티브/보험특성을 띤 임금 프로파일 有
Gibbs(2001)	미국 국무성	1982~1996	공무원/ 엔지니어	임금	-민간기업과 달리 숙련수익률 증가 無
Lima and Pereira(2003)	포르투갈 대기업 (제조업, 74개)	1991~1995	숱임직원	임금	-승진자의 임금 프리미엄 존재 -직급구조하 U자 임금 프리미엄 有
Lazear and Oyer(2004)	스웨덴 민간기업	1970~1990	사무직 근로자	임금	-내부승진 중요 -임금결정/채용관행에 대한 외부시장영향 有
Gibbs and Hendricks(2004)	미국 기업	1989~1993	미국 내 근로자	임금	-표준화된 중앙집권형 인사제도 有 -직무와 연계된 임금구조, 외부시장 미연계

연구자	대상기업	분석기간	표본	설명변수	주요 연구결과
Dohmen, Kriechel and Pfann(2004)	네덜란드 항공기 제작사 Fokker	1987~1996 (1996년 파산)	전임직원	임금	-안정적 위계구조, 하위직 입직구 존재 -직급연계형 임금구조 -수평적 직무이동 가능성 중시
Dohmen(2004)	상동	1987~1996	전임직원 (사무직 / 생산직 구분)	임금	-기업 인사제도의 영향력 有 -고성과(평가)는 임금상승 유인 -직급연계형 임금구조
Lin(2005)	대만 자동차 딜러	1991~2000	전임직원	임금, 보너스	-고직급 보너스변동 폭 高 -승진에 따른 임금 프리미엄 有 -직급연계형 임금구조 -입 / 퇴직구 有, 코호트효과 有
Grund(2005)	미국, 독일 사업장 (소유주 동일)	미국: 1975~1995 독일: 1978~1998	미국: 전임직원 독일: 임직원 일부	임금	-볼록형 임금 프로파일 有 -美: 내부경쟁치열, 獨: 임금, 직급연계 임금 구조
Kwon(2006)	미국 보험업	1993~1995 (910일간)	여성 사무직(상담원, 비관리직)	임금, 보너스	-근속에 따른 평균생산성 증가 -임금: 직급연계 / 직급 내 분산高 / 직급 간 중첩有

주: 이상의 자료는 Lin(2005)을 중심으로 필자가 연구 작성을 위해 정리한 관련 문헌을 참고하여 재정리한 것임.

<표 2-1>에서 보는 바와 같이 기업 인사데이터를 대상으로 한 내부노동시장 연구가 1990년대 초반부터 체계화되기 시작되었다. 또한 1999년부터 본격적인 연구가 이루어졌다는 점을 발견할 수 있다.[21] 그 분석대상이나 시기 그리고 연구목적에 따라 정리해 보면 다음과 같다.

---

21) 최근 내부노동시장에 대한 기업 사례연구를 체계적으로 정리한 작업은 Gibbs and Hendrick(2004)과 Lin(2005)이 있는데, Gibbs and Hendrick(2004)의 경우, Gibbons (1997)가 제기한 내부노동시장의 핵심적인 질문 10가지에 초점을 맞추어 관련 연구성과를 정리하였고, Lin(2005)은 Medoff and Abraham(1980) 이후의 내부노동시장에 대한 연구들을 집약하여 요약정리하고 있다.

먼저 분석대상의 기업을 살펴보면, 일부를 제외하고는 대부분 미국이나 유럽 기업을 대상으로 한 분석이 많다. 일본 하이테크 기업에 대한 사례연구인 Ariga, Brunello and Ohkusa(1999)가 있고, 대만의 경우 Lin (2005)이 대만의 자동차 딜러 기업에 종사하는 일반 사무직과 영업사원 간 임금결정에 있어서의 차이를 분석한 연구가 있다. 이는 대부분의 선행연구가 주로 서양의 기업들을 대상으로 진행되어 있어 그 연구성과가 비서양 기업과 비교할 수 있는 상황이 아니라는 점을 반영하고 있다. 또한 대부분의 실증연구들이 사무직 근로자를 주된 연구대상으로 삼고 있어 생산직 근로자를 대상으로 한 연구의 필요성이 제기되고 있다.

시기적으로 연구시점을 보면 동일한 시기의 인사데이터를 활용한 경우가 많지만, 19세기 말 또는 20세기 초반에 존재했던 기업들의 인사데이터를 활용하는 연구(Seltzer and Merrett, 2000)도 있는데, 이는 기업 인사데이터의 속성상 현존하는 기업의 데이터를 입수하기도 어렵다는 상황을 대변하는 것이다. 한때 항공기 제작업체로 명성을 떨치던 Fokker사의 인사데이터를 활용한 Dohmen, Kriechel and Pfann(2004)나 Dohmen(2004)의 연구는 해당 기업이 파산하였기 때문에 기업명을 공표할 수 있는 상황에서 연구가 진행되었다는 점이 특기할 만하다.

연구목적에 따라 기존 연구들을 구분해 보면, 먼저 내부노동시장의 정형화된 사실(stylized facts)을 규명하는 데 초점을 맞춘 연구들(Lazear, 1992; Baker et al., 1994a, b; Seltzer and Merret, 2000; Treble et al., 2001; Lazear and Oyer, 2004; Gibbs and Hendricks, 2004 등)과 특정한 이슈들에 초점을 맞춘 연구들로 구분할 수 있다. 그러한 연구들로는 근속과 생산성의 관계에 초점을 맞춘 연구(Medoff and Abraham, 1980, 1981; Lazear, 2000, Flabbi and Ichino,

2001; Kwon, 2006)가 있고, 임금시스템의 변화에 따른 효과를 분석하는 연구(Paarsch and Shearer, 1999; Lazear, 2000)를 들 수 있다.[22)]

이러한 연구들은 내부노동시장에 대한 이론적 토대를 마련하는 데 도움을 주었지만, 실증분석에서는 상당한 어려움을 겪게 된다. 그것은 다양한 이론에 비해 이를 실증분석에 활용할 기업 인사데이터들을 입수하기 어렵기 때문이었다.[23)] 따라서 대부분의 연구들은 입수 가능한 특정 기업의 인사데이터를 활용하여 소위 '사례연구'방법을 채택하고 있다.[24)] 한 기업의 인사데이터는 직무나 직급을 세부적으로 정의할 수 있다는 이점을 가지고 있다. 예를 들어 기업 인사데이터는 승진에 관련된 정보를 훨씬 상세하게 활용할 수 있기 때문이다. 또한 한 기업의 근로자가 근무하는 동안, 기업의 인사제도에 직접적인 영향을 받는다는 점에서 이러한 자료는 기업 인사제도의 변화가 미치는 영향을 고려할 수 있다.[25)]

---

22) Kwon(2006)은 내부노동시장에 대한 기존의 연구성과로 규명된 정형적인 사실들을 크게 다음 3가지로 정리하고 있다. 첫째, 내부노동시장의 인센티브 구조는 승진과 연계된 임금상승이라는 특징으로 설명할 수 있으며, 둘째, 개인별 임금은 해당 직무계층(job level) 내에서는 크게 변하지 않고, 셋째, 동일한 직무계층이라 하더라도 개인별로 임금격차가 발생할 수 있다. 내부노동시장에 대한 연구결과들은 구미형 직무체계에 기초한 것이기 때문에 우리나라 기업과 직접 비교하기는 어렵다. 하지만, 직급과 유사한 것으로 보고 이해하면 된다. 그러나 우리나라는 아직까지 직무가치에 기초하는 직무급체계가 아니고, 직급과 직위체계가 통합되어 있어 분석에 있어 상당한 주의가 요망된다. 따라서 정형화된 사실이라 하더라도 우리나라 사정에 맞추어 새롭게 정리될 필요가 있다.

23) 이러한 어려움을 Baker and Holmstrom(1995)은 내부노동시장 연구에 대해 "너무 많은 이론에 비해 너무 적은 사실들(too many theories, and too few facts)"이라고 지적하고 있다.

24) 그 이유는 사용자(기업)와 근로자를 상호 연계시켜 주는 범국가적인 데이터가 없기 때문이다. 만약 이러한 데이터가 존재한다면 한 국가의 내부노동시장에 대한 일반적인 특성을 파악하는 데 도움이 될 것이다. 최근에는 이러한 데이터가 마련되어 연구가 진행 중인데, 대표적인 연구가 Lima and Pereira(2003)과 Lazear and Oyer(2004)이다.

25) 따라서 한 기업의 인사데이터를 활용하는 연구와 함께 국가 차원의 데이터를 활용하는 연구는 상호 보완적인 관계를 갖으며, 이러한 연구들을 종합적으로 검토할 때 한 국가의 내부노동시장에 대한 이해가 충분하게 이루어진다고 할 수 있다.(Lin(2005) 참조) 최근 기업에 대한 사례연구가 활발하게 진행되고 있지만, 여전히 데이터 수집방법의 차이나, 변수정의의 상이함 등으로 인해 사례연구 간 비교분석은 요원한 실정이다. Gibbons(1998)는 이러한 상황이라면 비교분석을 위한 핵심적인 테마를 선정하여 그 테

한편 개별 기업 인사데이터가 갖고 있는 한계를 인식하고 일부 국가에서 기업별 인사데이터를 수년간 관리해 온 것에 주목하여 이들 데이터를 활용한 연구가 활발하게 전개되고 있다. Lazear and Oyer(2004)가 가장 대표적인 연구라고 할 수 있는데, 이들은 스웨덴 경영자 총협회가 1980년대 중반부터 1990년대 중반까지 임금협약을 위한 기초자료로서 수집한 인사데이터를 확보하여 분석에 적용하였다. 이러한 연구결과를 토대로 현재 NBER에서는 국가 간 기업별 보상전략의 차이점을 규명함으로써 기존 내부노동시장의 이론과 실증분석의 한계를 극복하고자 노력하고 있다.

2. 내부노동시장에서의 임금결정이론[26]

1) 인적자본이론

Becker(1964)는 일반 인적자본(general human capital)과 기업특수 인적자본(firm - specific human capital)의 개념을 사용하여 인적자본의 축적 및 임금결정과정을 설명하였다. Becker에 의하면, 일반 인적자본은 훈련을 통하여 축적되며, 훈련 후의 임금은 근로자의 생산성과 일치하게 된다. 일반 인적자본은 어떤 기업에서도 활용할 수 있기 때문에 일반 인적자본의 축적에 따른 수익(return)은 근로자에게 전적으로 귀속된다. 따라서 훈련기간 동안 발생하는 훈련비용은 근로

마에 초점을 맞추어 연구하는 것이 바람직하다는 주장을 하고 있다.(Gibbons(1998)와 Gibbs and Hendrick(2004) 참조)

26) 이하의 이론적, 실증적 서베이 내용은 기본적으로 정인수 외(2003)의 부록에서 정리한 내용을 원용하였고, 그 내용을 원저인 Gibbons and Waldman(1999b)을 토대로 재정리한 것이다.

자가 전적으로 부담하여야 하며, 그 결과 훈련기간 중에는 임금하락이 발생한다.

한편 기업특수 인적자본에 대해서는 기업특수 인적자본의 축적을 위한 훈련비용과 수익은 기업과 근로자가 공동으로 부담하고 분배하는 것으로 설명하고 있다. 만약 기업특수 인적자본의 축적에 따른 수익을 기업이 모두 가진다면, 즉 근로자의 임금상승이 없다면 근로자의 자발적 이직(quit)을 촉진한다. 따라서 기업은 수익의 일부를 근로자에게 배분하고, 근로자도 훈련기간 중 임금하락을 받아들여 훈련비용의 일부를 부담하는 절충이 이루어지게 된다.

Becker의 일반 인적자본이론을 계승한 Ben - Porath(1967)의 모형은 생산투입시간과 일반 인적자본의 축적 사이의 선택에 관련된 근로자의 최적의사결정 문제를 논의하고 있다. 이 모형에서 Ben - Porath는 초기에는 수입(earning)이 없다가 시간의 흐름에 따라 수입이 증가하지만, 수입의 증가율이 감소하는 라이프사이클 소득(life - cycle earning)의 패턴을 설명하는 데 성공하였다. Hashimoto(1981)는 훈련 후 근로자의 생산성에 대한 불확실성이 존재하고 훈련 후 임금이 사전적으로 결정될 경우, 훈련비용과 훈련에 따른 수입증가를 기업과 근로자가 분담하고 배분하는 것이 효율적이며, 이러한 분담(sharing)은 비효율적 이직과 해고에 따른 손실을 최소화할 수 있다고 설명하고 있다. 그 이유는 기업과 근로자가 사후적으로 투자에 대한 매칭의 질에 대한 사적인 정보를 갖지 못하기 때문이다. 그러나 사적인 정보가 존재한다는 점에서 최적의 공유규칙은 비효율적인 이직을 초래한다고 한다.

한편 Carmichael(1983)은 승진사다리가 투자를 유인하고 효율적인 이직을 초래한다는 것을 제시함으로써 조직 내 경력에 대한 최초의 명시적인 문헌을 제공하고 있다. 최근 Kahn and Huberman(1988),

Waldman(1990), Prendergast(1993a)는 Carmichael의 연구를 발전시켜 승진과 승진 아니면 퇴출 규칙('up－or－out' rule)을 분석하고 있다. 그 외의 연구자들은 Becker－Hashimoto의 공유모형을 계속 탐구하고 있다. 예를 들어, Chang and Wang(1996)은 인적자본투자가 사용자에 의해 관찰될 수 없는 경우에는 일반 인적자본에 대한 과소투자현상이 나타난다는 등 새로운 연구결과를 제시하고 있다.

2) 인센티브 계약이론

인센티브 계약의 가장 중요한 문제는 역시 주인－대리인(principal－agent)의 문제이다(Holmstrom, 1979 등).[27] 주인－대리인의 문제를 이해하기 위하여 아래와 같은 단순모형을 설정하기로 한다. 이 모형에서 근로자는 위험회피적(risk－averse) 성향을 지니는 반면, 기업은 위험중립적(risk－neutral) 성향을 지니는 것으로 가정한다. 만약 임금이 고정되어 있다면 근로자는 노력의 여부와 상관없이 언제나 임금을 받을 수 있기 때문에 일하려는 동기를 상실한다. 반대로 임금이 근로자의 생산성과 완전히 연계되어 모든 임금이 성과급이라면(예, $w(y) = y - F$, F는 기업이 가져가는 고정된 fee), 이때 근로자는 어떤 보험(insurance)도 갖지 못하게 된다. 따라서 위험회피적 성향을 지닌 근로자는 생산량의 일부만을 보너스 형태로 지급받기 원한다는 것이다.

---

27) 주인－대리인 모형에 대한 설명은 여러 문헌에서 많이 언급된다. 국문으로는 이해영·박찬정(1990), 전성훈(2000)을 참조.

36 임금과 승진 – IMF 외환위기 전후 한국 대기업의 인사경제학

[단순모형]

대리인의 최적화 문제

목적함수 max $U(x) = -e^{-rx}$, 여기서 $r(>0)$은 위험회피도,
제약식 $x = w - c(e)$,
　　　　여기서 e: 근로자의 노력,
　　　　　　　$c(e)$: 노력에 대한 근로자의 비용($c'>0$, $c''>0$)

주인의 최적화 문제

목적함수 max $\pi(\text{이윤}) = y - w$
생산함수 $y = e + \varepsilon$: 근로자의 생산량(output)으로 기업이 소유,
　　　　　$\varepsilon \sim N(0,\ \sigma^2)$
임금함수 $w(y) = s + by$

여기서 s – 고정임금(salary), b – 보너스(incentive)

이러한 단순모형의 해는 다음의 식과 같다.

$$b^* = \frac{1}{(1 + r\sigma^2 c'')},\ \ 0 < b^* < 1$$

위 식에서 근로자(agent)의 위험회피도(r)가 높고, 생산의 불확실성(σ^2)이 높을수록 그리고 노력(effort)에 대한 한계비용의 증가속도(c'')가 높을수록 임금 중 인센티브가 차지하는 비중(b^*)은 낮아지게 된다.[28]

그러나 이상의 단순모형은 다음과 같은 2가지의 한계를 지닌다. 첫째, 현실적으로 근로자에 대한 인센티브는 보너스, 임금인상, 승진 등의 다양한 방법으로 이루어지고 있으며, 이러한 인센티브가 근로자 또는 다른 근로자들의 생산성과 직접적으로 연결되어 있지 않는 경우가 많아 단순모형으로 설명하기가 불충분하다. 둘째, 이 이론에서 설명하는 보험과 인센티브와의 상충(trade − off)관계는 능력급이나 성과급을 부분적으로 설명하고 있을 뿐이다.

이러한 단순모형의 한계를 극복하기 위한 노력으로 Holmstrom and Milgrom(1991)과 Baker(1992) 등은 인센티브 계약이 의도된 결과가 아니라 의도하지 않은 결과를 보이는 경우를 이론적으로 제시하였다. 이들은 근로자의 기업에 대한 전체 기여도를 y, 근로자의 측정된 실적을 p라고 할 때, 많은 경우 y와 p 사이에 차이가 있다는 데서 논의를 출발하고 있다. y와 p의 차이가 발생하는 이유로 y가 동료 근로자의 행동 양식에 의해 영향을 받는 경우와 근로자의 현재 행동이 기업에 장기적인 영향을 미칠 경우 등을 들 수 있다. 즉, p는 근로자의 단기적인 실적에 의해 결정되지만 근로자의 기여도 y는 장기적인 영향을 미치는 경우가 많다. 이럴 경우 인센티브 계약은 기업의 효율성을 저해하는 결과를 초래한다는 것이다.

보다 구체적으로 Baker(1992)는 다음과 같은 모형을 제시하였다. 여기에서 근로자는 θ와 μ의 값을 사전적으로 알고 있다고 가정한다.

$$y = \theta e + \epsilon : \text{기업에 대한 근로자의 총기여}$$

$$p = \mu e + r : \text{근로자의 측정된 실적}$$

$$w = s + bp : \text{임금은 측정된 실적의 함수}$$

---

28) Holmstrom(1982)은 단순모형을 확장하여 하나의 주인이 여러 대리인과 동시에 계약을 맺을 경우, 다른 대리인들의 생산성이 특정 대리인과 주인 간 계약에 미치는 효과를 분석하였다.

이 모형에서 노력(e)의 증가에 따른 실적 p 의 증가 폭이 클 때(즉, $\dfrac{dp}{de}$) 근로자는 투입하는 노력을 증가시킨다. 반면 기업은 노력(e)의 증가에 따른 기업가치(y)의 증가 폭이 클 때(즉, $\dfrac{dy}{de}$) 근로자의 노력을 증가시킬 동기가 발생한다. 따라서 $\dfrac{dp}{de}$ 와 $\dfrac{dy}{de}$ 의 상관관계가 높을 때, 기업은 b (보너스)의 값을 크게 결정하며, 반대로 상관관계가 낮을 때에는 기업은 b 의 값을 낮게 결정한다.

3) 최적의 보상체계이론[29]

그렇다면 기업과 근로자 간의 인센티브 계약에서 최적의 보상체계란 어떤 것일까? 인사경제학에서는 앞서 살펴본 모형과 유사한 형태로 주인–대리인 모형(Principal – agent model)을 기초로 이 문제에 접근하고 있다. 기업은 조직에 속한 근로자의 행동을 조직의 목표에 맞게 하기 위해 조화시킬 필요가 있다. 이를 조화시키기 위해서는 기업과 근로자 간의 정보전달이 원활하고 근로자에 대해 동기부여를 할 필요가 있다. 정보전달에 대해서 경제학에서는 시장이 완전한 경우 가격을 매개로 한 정보가 완전하다고 보고 있다. 그러나 현실의 노동시장에서는 가격을 매개로 한 정보전달이 어려우며 기업과 근로자 사이에 정보의 비대칭(asymmetric information)이라는 문제가 놓여 있다. 따라서 기업은 조직의 목표에 따른 행동을 근로자가 취할 수 있게

---

29) Milgrom and Robert(1992)에는 위험회피적인 근로자를 가정한 최적보상(optimal compensation)이론에 대해 논의가 이루어지고 있다. 이하의 최적보상체계에 대한 내용은 일본 기업이 성과주의제도를 도입한 배경과 그 성과에 대해 논의하면서 최적보상체계의 이론적 개요를 정리한 阿部正浩(2005)와 阿部正浩(2006)를 활용하였다. 보다 자세한 내용은 Garibaldi(2006)의 제6장 최적보상체계(pp.82 – 106.)를 참조. 또한 보상체계에 대한 기존 연구에 관심이 있는 독자들은 Bogdan(2005)의 Technical Report를 참조하기 바란다. 이 보고서는 미국 국무성에 제출된 것으로서 미국 군인보상체계 개선을 위해 작성되었고, 필자가 아는 한 최근 연구들을 집대성한 문헌 서베이 자료이다.

끔 노력해야 한다. 이를 위한 시스템을 인센티브라고 하고, 따라서 최적의 보상체계에는 인센티브가 내재되어야만 한다.

최적의 보상체계 도출

최적의 보상체계는 기본적으로 기업의 이윤극대화를 만족시킴과 동시에 해당 기업에서 일하는 근로자에게 노동 인센티브를 제공해야 한다. 만약 기업이 근로자에 대해 해당 업무와 상관없이 임금을 지불한다면 근로자는 기업의 목표와 이익을 위한 행동을 하지 않을지도 모른다. 따라서 기업과 근로자 간에 정보가 비대칭인 경우, 완전한 고정급 보상제도가 적용될 때 일반적으로 도덕적 해이(Moral Hazard) 문제가 일어나게 되는 것이다.

이제 본격적으로 최적의 보상체계를 어떻게 찾아보기로 한다. 인사경제학에서는 다음 (1)식을 이용하여 기업의 보상체계를 논의한다.

$$w = \alpha + \beta x \qquad (1)$$

(1)식에서 w는 근로자에게 지급되는 임금이고, x는 기업이 관찰할 수 있는 근로자의 산출물이다.[30] 또 α와 β는 각각 상수와 산출물 계수이다.

여기서 근로자는 산출물 x를 생산하기 위해 노력한다고 가정한다. 노력수준 e가 높을수록 근로자가 생산하는 x의 산출량은 향상되지만, e만이 x의 수준을 결정하지 않는다. 즉 '운(運)' η에도 의존하고 있다. 이 '운'을 구체적으로 다음의 간단한 예를 들어 설명해 보자. 자

---

30) 근로자의 산출물은 구체적으로는 업무의 성과와 매출, 혹은 업무상 역할수행에 따른 결과를 의미한다. 그러나 여기에서 말하는 산출물은 반드시 금전이나 금전과 교환할 수 있는 매출 등만을 의미하는 것은 아니다.

동차 판매전문회사가 있다고 하자. 이 회사에 근무하는 영업담당자는 자동차를 한 대라도 더 팔기 위해서는 열심히 일해야만 한다. 그렇다고 해도 자동차 판매대수는 이 근로자가 얼마만큼 열심히 일했는지도 영향을 받지만, 그 이외에 고객이 얼마나 자동차를 원하는지도 영향을 준다. 고객이 자동차를 필요로 하는 정도는 최근의 경기나 고객의 기호 등이 영향을 주고 이러한 요인들은 근로자의 노력과는 무관하게 결정된다. 즉 어떤 달의 자동차 판매량 x는 근로자의 노력수준 e와 고객의 수요 정도 등과 같은 노력 이외의 '운' η에 의존한다.

따라서 산출물은 다음 (2)식과 같이 구성된다.

$$x = e + \eta \qquad (2)$$

여기서 e는 근로자의 노력수준이고, η은 근로자의 산출물에 영향을 주는 노력 이외의 요소 '운'으로 평균이 $0(E(\eta)=0)$, 분산이 v인 확률변수로 가정한다. (2)식에서는 근로자의 노력수준이 높아질수록 평균 산출물 x가 높아지지만, 산출물에는 '운'도 확률적으로 영향을 준다는 것을 의미한다.

(1)식과 (2)식을 정리하면, 다음 (3)식과 같다.

$$w = \alpha + \beta(e + \eta) \qquad (3)$$

이고, 여기서 임금의 기대치는 $E(\eta)=0$이기 때문에 다음 (3)'과 같다.

$$w^e = \alpha + \beta e \qquad (3)'$$

(3)식과 (3)'식을 비교해 보면, 임금 w 는 노력수준 e 뿐만 아니라 '운' η 에도 의존하지만, 평균임금(임금의 기대치) w^e 는 노력수준에만 의존한다는 것이다. 이것은 어떤 달의 임금이 '운'에 의해 많이 받게 되었는지 모르지만, 평균적으로 근로자의 노력수준만이 임금을 결정하게 된다는 것을 의미하고 있다.

따라서 우리는 (1)식에서 α 와 β 라는 계수가 어떤 값이 될 것이냐에 따라 어떠한 임금제도(보상체계)를 도입할지의 여부가 결정된다는 것을 알게 된다. 여기서 만일 α 가 정수고 β 가 0이라면 근로자에게 지급되는 임금은 근로자의 성과와는 관계없이 언제라도 α 가 지급된다는 고정급 보상제도가 된다. 만일 β 가 정수이고 근로자에게 지급되는 임금이 근로자의 산출물에 영향을 받아 지급되므로 변동적 보상제도가 된다.

앞에서 언급한 것처럼 최적의 보상체계는 기업의 이윤극대화뿐만 아니라 근로자의 노동 인센티브를 향상시키기 위한 제도여야만 한다. 근로자는 높은 임금보상을 선호하지만 동시에 노력하는 것은 달가워하지 않는다. 따라서 근로자가 위험중립적(risk-neutral)이라고 가정하고, 근로자의 임금과 노력에 관한 효용함수를 다음과 같은 (4)식으로 정의해 보자.

$$U(w^e, \ e) = w^e - \delta\, \frac{e^2}{2} \qquad (4)$$

여기서 δ 는 근로자가 노력하는 것을 얼마나 꺼려하는지를 나타낸 계수(disutility coefficient)이다[31].

---

31) 이 효용계수의 특징으로 임금보상에 관한 한계효용은 $\partial U/\partial w^e = 1$, 노력에 관한 한계효용은 $\partial U/\partial e = -\delta e$ 이다. 따라서 이러한 가정하에서는 한계적으로 근로자는 노력수준을 향상시키기 위해 비용이 드는 한편, 임금제도의 대소에도 불구하고 같은 효용수

한편 기업은 한 명의 근로자를 고용하고 임금 이외의 비용은 없다고 가정하자. 이 기업의 경영목표는 (기대)이윤 Π를 극대화하는 것이다.

즉, 다음 (5)식과 같은 이윤극대화 함수가 설정된다.

$$E(\Pi) = pE(x) - w^e \qquad (5)$$
$$= (p - \beta)e - \alpha$$

여기서 p는 산출물 가격이고, 따라서 $p - \beta$는 산출물의 단위당 이윤을 나타낸다.

그렇다면, 이때 근로자는 어떻게 노력수준을 결정할 것인가.

$$Max_e : U(w^e, \ e) = w^e - \delta\frac{e^2}{2}$$
$$s.t. \quad w^e = \alpha + \beta e$$

를 풀면 다음 (6)식과 같은 최적노력수준 값을 구할 수 있다.

$$e^* = \frac{\beta}{\delta} \qquad (6)$$

이 (6)식에서 의미하는 것은 ① 근로자가 열심히 일하게끔 하기 위해서는 인센티브가 필요하며, ② $\beta = p$일 때 근로자의 노력수준은 최대가 된다는 것을 의미한다.[32] 또한 (6)식은 기업이 근로자에게 효율적인 노동 인센티브를 주기 위한 조건이기 때문에 인센티브 제약

준에 그치게 되었다.

32) (5)식에서 나타낸 것처럼 β의 최댓값은 p이다. 따라서 $\beta = p$인 경우 기업의 이윤은 0이 된다.

(ICC, Incentive Compatibility Constraint)라고 한다.

그렇다면 근로자는 이 보상체계를 제시하는 기업에서 근무할 것인가. 인사경제학에서 이루어지는 최적보상체계 논의에서 노동시장은 유연하고 근로자는 항상 외부임금수준(outside option)을 받을 수 있는, 즉 항상 이직을 할 수 있다는 것을 전제로 하고 있다. 만일 근로자가 이 기업에서 근무한다면 근로자의 효용수준은 다음 (7)식과 같다.

$$U(w^e,\ e) = \alpha + \beta e^* - \delta \frac{e^{*2}}{2} \qquad (7)$$

단, (7)식은 (6)식의 조건을 충족하고 있다. 이때의 효용수준이 외부임금수준으로 얻을 수 있는 효용수준인 u 이상일 때에만 근로자는 이 기업에서 근무하게 될 것이다.

즉, 다음 (8)식과 같은 조건이 성립된다.

$$U(w^e(e^*),\ e^*) \geq u \qquad (8)$$

여기서

$$W^e(e^*) = \alpha + \beta e^* = \alpha + \frac{\beta^2}{\delta}$$

따라서 (8)식은 (8)'식과 같이 정리되며,

$$\alpha + \frac{\beta^2}{2\delta} \geq u \qquad (8)'$$

이것을 참여조건(PC, Participation Constraint)이라고 한다.

이상의 인센티브 제약과 참여조건하에서 기업은 α와 β의 값을 정할 수 있다. 그런데 참여조건은 근로자의 효용수준이 적어도 외부임금수준으로 얻을 수 있는 효용보다 높은 수준이라면 이 기업에서 근무하게 되므로 기업은 α의 수준을

$$\alpha = u - \frac{\beta^2}{2\delta}$$

로 정하면 된다. 그러면 앞의 (5)식은 다음 (5)'으로 바뀌게 된다.

$$E(\Pi) = (p - \beta)e^* - \alpha$$
$$= (p - \beta)\frac{\beta}{\delta} - \left[u - \frac{\beta^2}{2\delta}\right] \qquad (5)'$$
$$= \frac{p\beta}{\delta} - u - \frac{\beta^2}{2\delta}$$

따라서 기업은 (5)식을 극대화하기 위해서 β를 결정하면 되므로

$$Max\ E(\Pi)$$

와 같은 극대화 문제를 풀게 된다. 그러면 다음 (9)식과 같은 값을 구하게 된다.

$$\beta = p \qquad\qquad (9)$$

즉, 기업은 β의 값이 산출물의 가격 p에 일치하게끔 하면 된다.

따라서 기업의 최적보상체계는 다음 (10)식과 같다.

$$\alpha = u - \frac{p^2}{2\delta}$$

$$\beta = p$$

(10)

그리고 근로자는 효용수준이 외부임금수준으로 얻을 수 있는 것과 똑같은 효용수준일 때 근무하게 되고 그때의 노력수준은 다음과 같다.

$$e^* = \frac{\beta}{\delta}$$

또한, $u \le \frac{p^2}{2\delta}$, $\alpha < 0$이 된다. $\alpha < 0$ 이고 $\beta = p$가 되는 보상체계는 일반적으로 프랜차이즈 계약이라고 한다.

이제 기업이 고정급 보상체계를 취한다. 즉 $w = \alpha$이라고 하자. 그러면 근로자가 받는 임금보상은 노력수준에 관계없이 α이고, 기대임금 w^e도 α와 같아진다. 이때 근로자가 노력수준을 증가시켰다고 해도 받는 임금의 증가분은 0이고, 근로자의 노력수준이 0인 것이 최적보상체계가 된다. 이 결과가 바로 앞서 말한 도덕적 해이(Moral hazard) 문제이다.

성과주의 보상체계의 문제점

그럼 성과주의 보상체계를 취함으로써 기업은 인사문제를 해소할 수 있을 것인가 하면 반드시 그렇지 않다. 성과주의 비판에서도 지적하고 있는 다음과 같은 문제가 발생할 가능성이 있다[33][34].

(1) 항상 정의 값을 갖는 보상이라는 제약

위에서 도출된 최적보상체계의 중요한 결과 중 하나는 $\alpha < 0$이라는 것이다. 즉, 이것은 근로자의 산출물이 적으면 근로자는 기업에 대해 부($-$)의 부분을 반환하지 않으면 안 된다. 그러나 최저임금을 예로 들 것도 없이 고용자에 대해 부($-$)의 보상이 가능한 제도는 현실적이지 않다.

이제 근로자의 외부임금수준(outside option)이 0이라고 가정하고 α를 부($-$)가 아니라는 제약을 둔 후 최적의 보상체계를 구해 보자.

$$\beta = \frac{p}{2}, \ \alpha = 0$$

이고, 이때 근로자의 노력수준은

$$e^* = \frac{\beta}{2\delta}$$

가 된다. 즉 현실적으로는 주인 - 대리인 이론에 근거한 최선(first best)인 최적보상은 어렵고, 고정급 부분 α를 항상 정의 값을 갖는다는 제약을 전제조건으로 하면서 인센티브 강도는 프랜차이즈 계약의 절반이 되고 근로자의 노력수준도 마찬가지로 절반이 된다.

---

33) 위에서 본 것같이 도출된 최적보상체계의 전제조건으로서 현실 타당한 가정이 세워져 있어야만 한다. 가령 가정을 변화시켜서 얻을 수 있는 최선(First Best)의 해석이 어떻게 변화하는지를 봄으로써 현실에서 발생하는 가능성 있는 보상체계의 문제점을 예상할 수 있다. 인사경제학이 여전히 추상적 수준만 높아 현실적인 인사제도를 설명할 수 없다는 비판도 있지만 보상체계의 문제점을 부각시킬 수 있다는 점에서 의미가 있다.

34) 다음에 거론하는 문제 이외에도 다양한 문제점이 지적되고 있다. 상세한 내용은 Prender-gast(1999)를 참조.

(2) 위험회피적인 근로자

위에서 도출된 최적의 보상체계는 근로자가 위험중립적이라고 가정하고 도출된 결과이다. 그러나 일반적으로 근로자는 위험회피적이다. 즉, 근로자의 효용수준은 기대임금보상 w^e가 높을수록 높아지지만, 한편 보상변동 $Var(w)$가 커질수록 효용수준은 떨어지는 것이다. 위험회피적인 근로자를 전제로 하고 근로자의 효용계수를 다시 살펴보면, 다음 (11)식과 같다.

$$U(w,\ e) = w^e - \lambda\, Var(w) - \delta\frac{e^2}{2} \qquad (11)$$

여기서 λ는 위험회피도의 강도를 나타내는 척도이다. 이때 결과만 나타내면 인센티브 제약은,

$$e^* = \frac{\beta}{\delta}$$

이고, 위험중립적인 근로자를 가정했을 때와 같지만, 참여조건은 다음 (12)식과 같다.

$$\alpha + \beta^2\left[\frac{1 - \lambda v 2\delta}{2\delta}\right] \geq u \qquad (12)$$

또한 v는 $Var(x)$와 같다. 주어진 α와 β의 아래에서는 v, 즉 산출물 x의 변동이 커질수록 이 기업에서 계속 일을 하는 사람은 적어질 것이라는 것을 (12)식이 보여주고 있는 것이다.

또한 기업의 최적보상체계에서는 다음 (13)식과 (14)식이 된다.

$$\alpha = u - \frac{p^2}{(1+2\lambda\delta v)^2}\left[\frac{1-\lambda v 2\delta}{2\delta}\right] \qquad (13)$$

$$\beta = \frac{p}{1+2\lambda\delta v} \qquad (14)$$

즉, 위험회피적인 근로자를 전제로 하면 적어도 β의 값은 프랜차이즈 계약보다도 작은 값이 되고, 그만큼 인센티브 강도도 약해진다.

(3) 유연한 노동시장

앞서 언급한 것처럼 최적의 보상체계를 도출하는 전제조건으로 노동시장이 유연하고 이직이나 전직이 비교적 쉽다는 점을 가정했다. 만일 이직과 전직이 어렵고 외부임금수준이 0이라면 (10)식에 의해 α의 값은 부($-$)의 값이 된다. 즉, 근로자는 기업에 대해(프랜차이즈 가입비와 같은) 보상금을 사전에 지불하거나 성과가 나지 않는 경우에는 부족한 만큼을 기업에 지불하는 것과 같은 보상체계가 되고 만다. 그렇게 되지는 않는다 하더라도 외부임금수준이 충분하지 않은 경우에는 다음과 같은 문제가 발생한다.

Lazear(2000)는 미국 자동차 유리 제조회사인 Safelite사의 경우, 제작량(매출액)에 따른 보상체계로 변경한 결과, 근로자의 인센티브가 향상되었을 뿐만 아니라 생산성이 높은 근로자만이 계속 일을 하고 생산성이 낮은 근로자들은 이직하게 되는 소위 정렬효과(sorting effect)가 발생했다고 보고했다. 성과주의 보상체계가 기업의 이익을 향상시키기 위해서는 인센티브효과와 정렬효과가 동시에 영향을 준다고 여겨지지만, 그렇게 되기 위해서는 유연한 노동시장이 존재하여 이직과 전직이 용이하다는 점이 전제조건이 되어야 한다.

(4) 객관적 평가 vs. 주관적 평가

성과주의 보상제도에 대한 비판 중 하나로서 근로자의 성과를 객관적으로 파악하는 것이 힘들고 성과에 따른 처우가 쉽지 않다는 것이 있다. 영업사원과 같이 쉽게 매출을 올리고 그것이 제3자에 의해서도 검증될 수 있는 지표를 이용할 수 있는 근로자라면 다르겠지만, 대부분의 근로자는 그러한 성과지표를 확보하는 것은 어렵다. 이 때문에 객관적인 성과지표를 알 수 없다는 점은 성과주의 보상체계의 약점이 된다.

만약 근로자의 객관적인 성과지표를 확보했다고 해도 근로자의 인센티브를 향상시켜 기업의 이윤을 극대화하는 보상체계를 확립하지는 못한다. Baker, Gibbons and Murphy(1994)가 지적한 것은 그 좋은 예이다. 예를 들어 어느 기업의 지역담당 관리자는 담당지역의 이익이 전년보다도 증가했을 때에만 보너스를 지급할 수 있었는데, 관리자들은 보너스를 받기 위해서 고객 납기를 조작하여 회사에 부정적인 영향을 미쳤다. 또한 자동차 수리에 따른 이익의 일부를 수리공의 수고비로 지급하는 제도를 도입한 기업의 경우, 수리공이 고객을 유도해 불필요한 수리를 하도록 하는 사태가 빈발하게 되었으며 결과적으로 해당 수리공장이 폐쇄되었다. 즉, 객관적인 성과지표를 확보할 수 있었다고 해도 잘못된 인센티브를 근로자에게 줄 수 있는 것이다.

Lazear(1989)는 이상과 같은 기능부전을 일으키고 있는 인센티브 보상체계의 경우 근로자에게 약한 인센티브(low incentive)를 제공하는 편이 오히려 효율적이라고 지적했다. 그는 Lazear and Rosen(1981)의 토너먼트 이론을 확장하여 많은 상금을 건 토너먼트는 끝까지 이기기 위해 노력수준을 높이는 근로자가 있는 한편, 동시에 태업하는 근로자도 생겨난다는 것을 이론적으로 보여주었다. 그러므로 태업이 발생하는 만큼 토너먼트 상금을 줄이는 것이 효과적이라고 하는 것이다.

또한 일반적으로 근로자가 하는 일은 여러 가지 업무를 같이 하는 경우가 많다. 이때 한 업무는 개인의 성과지표와 관련이 있지만, 다른 업무가 전혀 무관하다고 가정하자. 이때 근로자는 개인의 성과지표와 관련이 있는 업무를 우선시하고 다른 업무를 게을리 하게 될지도 모른다. Holmstrom and Milgrom(1991)이 지적한 다중업무(multi–task)의 문제가 바로 이런 케이스이다. 이 다중업무의 문제가 성과주의 보상체계를 도입한 기업에서 빈번하게 발생하고 있다.[35]

우리나라 기업의 성과주의 보상체계 대부분 완벽하게 객관적인 성과지표가 활용되지 않는다고 보는 것이 일반적이다. 어떤 기업들은 직무특성을 강조하고 또는 역할특성을 중심으로 지표를 구성하는 등 다양한 성과지표가 활용되고 있다. 하지만 이러한 성과지표들은 주관적인 평가요소가 강하게 작용하고 있다. 오히려 주관적 평가를 일부러 평가에 반영하는 기업도 많다. 소위 목표관리제도는 성과주의 보상체계의 평가를 지탱하는 중요한 제도의 하나인데, 그렇다고 해도 평가자의 주관이 너무 강하게 작용한다. 관리자에 대한 평가자 훈련을 실시한다고 해도 어떤 방식으로든 피평가자에 대한 평가자의 개인적인 주관은 평가에 영향을 미치게 된다. 따라서 최근 성과주의 인사제도가 제대로 정착하기는 힘들 것이라는 논의가 많아지게 되는

---

35) 필자의 컨설팅 경험에 비추어 보면 이와 유사한 사례가 많다. 가령 유통업체에서 점포별 제품판매실적을 높이기 위해 도입한 성과주의 보상제도가 예가 될 것이다. 이 유통업체에서는 매출증가를 위해 점포관리자에 대해 제품판매 대수와 직접 연동된 성과주의 보상제도를 도입하였다. 그러나 제도 도입 후 관리자들이 제품판매만 너무 강조한 나머지 판매사원의 교육과 역량개발이라는 점포관리자로서의 다른 역할을 제대로 수행하지 못했고, 그 결과 판매하는 제품의 특성이나 세부내용을 제대로 이해하지 못한 상태에서 부하직원을 업장에 투입했다고 한다. 즉, 관리자들이 성과지표에 관련된 업무에만 신경을 쓴 결과, 부하육성과 같은 장기적인 회사이익 달성을 위해 필요한 기본업무들을 소홀히 하게 되었던 것이다. 이런 상황이 발생하자 결국 이 유통업체의 성과지표에 대한 전면적인 개편작업이 이루어졌고, 현재 이 회사는 관리자의 성과지표로서 실적에 대한 부분을 포함하여 부하직원의 육성이라는 평가항목을 포함하게 되었다.

것이다. 그러나 인사경제학에서는 주관적인 평가를 나쁘게만 보지는 않는다.

그 이유는 다음과 같다. 근르자의 업무는 여러 가지 다양한 행동과 프로세스를 통해 이루어지는 것이 일반적이다. 이러한 행동을 제때에 적절한 방법으로 수행하는 것이 성과에 영향을 주지만, 그 행동이나 프로세스를 제3자가 직접 관찰하는 것은 어렵기 때문에 객관적으로 평가할 수 없다. 그러나 최근 상사와 동료가 근로자의 행동이 좋고 나쁨을, 더 나아가서는 회사에 대한 기여도를 주관적으로 파악하게 하는 경우가 많아졌다. 이를 통해 그 근로자의 평판을 관찰할 수 있게 되는 것이다. 이러한 평판을 근거로 기업이 근로자를 평가함으로써 기업이나 근로자 모두가 협력해서 이익을 누릴 수 있다고 보는 것이다. 따라서 현실적으로 근로자에 대한 평가에 있어서 완전히 객관적인 평가가 이루어지기 어렵지만, 주관적인 평가가 갖는 긍정적인 측면을 적절히 활용한다던 성과주의 인사제도를 둘러싼 평가에 대한 논란은 어느 정도 해결될 수 있을 것으로 보인다.

이상의 논의가 근로자와 사용자 간의 공식적 계약(formal contract)의 문제를 다루고 있는 것에 비해, Bull(1987), MacLeod and Malcomson(1989, 1998)과 Carmichael(1989), Malcomson(1999) 그리고 Levin(2003) 등은 기업과 근로자 사이의 신사협정(紳士協定)에 바탕을 둔 인센티브 계약, 즉 관계적 계약(relational contract) 이론을 제시하였다. 공식적 계약모형과는 달리 이들의 모형에서 근로자와 기업은 예상되는 근로자의 기여도(y)에 바탕을 둔 신사협정을 체결하고, 만약 근로자의 노력에 의해 생산량이 증가하면 기업은 보너스를 지급하기로 약속한다고 가정한다. 이 경우 근로자에게 지급하여야 할 보너스의 액수가 매우 크다면, 기업은 근로자와 맺은 신사협정을 파기할 동기가 발생한다. 따라서 근로자와 기업의 1대1 경쟁시장(spot market)에서는 이러한 신사협정이 이루어지기 어려우나, 반복게임 (repeated game)의 상황 아래에서는 신사협정이 지켜질 수 있다. 즉, 기업이 약속을 어겼을 경우, 다음 기(期)에 근로자들은 기업을 불신하게 되고 성실하게 일하지 않게 된다는 것이다. 그러나 근로자 생산실적의 시간할인율(discount rate)이 충분히 낮다면 기업이 약속을 어겨 얻는 현재의 이득보다 다음 기에 취업 또는 근무할 근로자들의 불신으로 야기되는 손실이 크게 된다. 따라서 기업은 신사협정의 약속을 준수하게 되는 관계적 계약관계가 성립하게 되는 것이다.[36]

4) 효율임금가설

Shapiro and Stiglitz(1984), Calvo(1979, 1985), Bulow and Summers(1986) 등에 의해 개발된 효율임금가설은, 기업은 시장임금보다 높은 수준의 임금을 근로자에게 지급함과 동시에 근무실적이 낮을 경우에는 해고하겠다는 위협의 당근과 채찍 두 가지를 통해 근로자 근로의욕을 고취시킨다는 가설이다.

기업은 근로자의 노력수준을 높게 유지하기 위해 임금 프리미엄 (wage premium)을 제공한다. 임금 프리미엄은 bonding과 입장료 (entrance fee)의 문제를 불러일으킨다(Carmichael(1985)과 Dickens et al.(1989)). 근로자의 업무태만이 발각되었을 때 근로자는 해고 대신 bond를 지불하려 하며, 또한 임금 프리미엄이 있는 직장에 취업하기 위해 근로자는 입장료를 지불할 것이다. 그러나 현실적으로 bonding 이나 입장료는 거의 발견되지 않고 있으며, 그 원인으로 근로자의

---

36) 기업과 근로자 간의 고용계약관계에 대해 관계적 계약이론을 적용한 Levin(2002)는 고용계약의 형태에 따라 인센티브 효과가 차이가 있다는 점을 보여주고 있다. 현실에서 기업들은 일반적으로 공식적 계약과 신사협정을 혼용하여 사용하고 있는데, Baker et al.(1994)은 공식적 계약과 관계적 계약을 혼합한 모형을 개발하였다.

자본시장 제약 등이 논의되고 있다.

신사협정의 관계적 계약이론과 효율성 임금가설은 서로 유사하다. 그러나 관계적 계약이론에서는 기업이 근로자의 근로의욕을 고취시키기 위해 매기마다 보너스 지급을 약속한다. 이에 기업이 약속을 파기할 위험성이 상존한다. 그러나 효율임금가설에서는 사전적으로 기업에 의해 임금이 시장임금수준 이상에서 결정되기 때문에 기업이 아니라 근로자가 약속을 어기고 태만할 위험성이 있다는 점에서 차이가 있다. 또한 약속을 어겼을 때에도 관계적 계약이론에서는 근로자가 태업을 통하여 기업의 약속 불이행을 처벌하는 반면, 효율임금가설에서는 기업이 태만한 근로자를 해고하게 된다.[37]

5) 토너먼트 이론

Lazear and Rosen(1981)에 의하여 제시된 토너먼트 모형은 임금상승뿐만 아니라 승진을 설명하는 중요한 모형으로, 토너먼트의 승자에게 가장 큰 상품이 주어진다는 원리에 기초를 두고 있다. Lazear and Rosen은 다음과 같은 두 가지의 단순한 토너먼트 모형을 제시하였다.

모형 1 : 근로자와 기업 모두 위험중립적(risk – neutral)인 것으로 가정한다. 이때 기업은 생산성이 높은 근로자(winner)에게 고임금을 생산성이 낮은 근로자(loser)에게는 저임금을 지급하며, 승부에 따른 임금격차가 클수록 근로자의 노력투입은 높아지게 된다.

모형 2 : 근로자는 위험회피적(risk – averse)인 반면, 기업은 위험중

---

37) 효율임금가설에 대한 최근의 발전에 대해서는 MacLeod and Malcomson(1998), MacLeod and Parent(1999) 등을 참조.

립적인 것으로 가정한다. 여기에서 위험회피적인 근로자
는 실패하였을 경우에 대비하여 보험에 가입하려는 동기
가 있다. 따라서 기업은 승부에 따른 임금격차를 적정수
준까지 낮추게 된다.

이러한 토너먼트 모형의 문제점 중 하나는 토너먼트가 동료 근로자
간의 협력을 방해한다는 것이다. Lazear(1989)는 근로자가 자신의 생산
량을 증대시키려는 노력과 함께 동료의 생산 활동을 방해(sabotage)하
려는 행동을 동시에 취하는 모형을 제시하였다. 이 모형에서 방해가
있을 경우의 최적상품(optimal prize)은 방해가 없을 경우보다 적어진다.
이러한 Lazear의 모형은 근로자 간 임금격차가 생산성 격차보다 적은
이유를 설명하고 있다.[38]

대부분의 토너먼트 모형이 one-period 모형인 데 비해 Rosen(1986)
은 운동경기와 같이 여러 단계에 걸쳐 발생하는 경쟁적 토너먼트 모
형을 제시하였다. 이 모형을 간단히 설명하면, 먼저 2n의 근로자가 있
을 때 경쟁은 n라운드에 걸쳐 발생하게 된다. 이 경우 처음 n-1라운드
까지는 경쟁의 승리에 따른 임금상승이 동일하다. 그러나 마지막 라운
드에서 승리하였을 경우에는 임금상승 폭이 대폭 늘어난다. n-1라운
드에서는 토너먼트의 승리에 따른 보상이 즉각적으로 확보된 임금상
승과 다음 라운드에 참여함으로써 얻을 수 있을 것으로 기대되는 임
금상승의 두 가지 형태로 구성된다. 그렇지만 마지막 라운드에서는
두 번째 보상을 기대할 수 없다. 따라서 근로자로부터 이전 라운드와
동일한 노력을 끌어내기 위해서는 승리자에 대한 임금상승의 폭을 증

---

38) 토너먼트식 보상체계에 대한 이론적인 배경에 대해서는 이건준(1990)의 논의를 참조.
그는 기업 경영환경의 불확실성이 클 때, 상대평가에 따른 토너먼트식 보상체계가 성
과급제 보상체계보다 우월하다는 점 등 그간의 토너먼트식 보상체계에 대한 논의를 잘
정리하고 있다.

대시켜야 한다. 이 모형은 기업의 최고 경영자 계층에서 승진에 따른 임금상승 폭이 큰 이유를 설명하고 있다.

Meyer(1992)는 일련의 토너먼트 단계에서 첫 번째 단계에서 우승한 사람을 선호하게 되는 그 다음 단계에서의 편의(bias)현상을 도입하는 것이 효율적이라고 본다.(두 번째 단계에서 편의가 발생하여 두 번째 단계에서의 노력이 감소하지만, 첫 번째 단계에서는 충분한 노력을 이끌어 낼 수 있다는 것이다.) 따라서, 조기승진(fast track)제도는 최적 인센티브 구조에서 도출된다고 할 수 있다.

6) 승진 없는 임금상승이론[39]

Becker and Stigler(1974)는 근로자가 n년 동안 한 기업에 근무하는 효율임금모형을 설정하였다. 이 모형에서 기업은 1년에서 n − 1년 동안은 동일한 임금 프리미엄(constant premium)을 근로자에게 지불하여 근로자의 근로의욕을 고취시키고 근로자의 태만(shirking)을 억제한다. 그러나 은퇴 전의 마지막 n년도에는 근로자에게 지급하는 임금 프리미엄이 높아진다는 것이며, 그 이유는 다음과 같다.

$$w_t = w_a + (1-p)\frac{b}{p}\frac{r}{(1+r)} \qquad \text{for } t = 1, \cdots\cdots, n-1$$

$$w_t = w_a + (1-p)\frac{b}{p} \qquad \text{for } t = n$$

여기서　p: 기업이 근로자의 근무태만을 적발할 확률

　　　　b: 근무태만의 효용

　　　　r: 할인율($0 < r < 1$)

---

39) 승진 없는 임금상승이란 통상 승급과 같이 직위 또는 직급상승과 상관없이 임금이 상승하는 것을 의미한다.

위의 간단한 식이 나타내는 것처럼 이들의 모형에서 근로자의 근무태만을 막는 동기는 '그 연도의 임금 프리미엄'과 '미래 임금 프리미엄의 현재가치'이다. 그러나 마지막 n번째 연도에서는 '미래 임금 프리미엄의 현재가치'가 영(0)이기 때문에 근무태만을 막기 위해 당해 연도의 임금 프리미엄을 증가시켜야 한다는 것이다.

Lazear(1979, 1981)는 Becker and Stigler(1974) 모형을 확장시켰다. Lazear는 먼저 확장모형에서 취업 초기에는 근로자의 임금수준이 한계생산보다 낮은 반면, 정년에 근접하여서는 한계생산보다 높은 상황을 설명하고 있다. 즉, 임금과 한계생산성의 life - cycle 패턴을 이론적으로 증명하고 있다. 그 다음으로 Lazear(1979, 1981)의 모형은 강제적 정년퇴직(mandatory retirement)을 설명하고 있다. 즉, 근무태만을 막기 위해 장기근속자의 임금수준은 생산성보다 높게 결정된다는 것이다. 이때 근로자는 자발적으로 은퇴하려고 하지 않을 것이며, 그 결과 강제적 정년퇴직이 실시된다는 것이다. 이때 정년퇴직으로 인한 이득(gain)은 기업과 근로자 모두에게 함께 배분된다. 이러한 이론은 퇴직금이 존재하는 이유를 설명하였다는 측면에서 의의가 있다.

한편 Salop and Salop(1976)은 이직확률이 높은 근로자와 이직확률이 낮은 근로자의 두 종류가 존재하며, 기업은 근로자의 이직에 따라 새 근로자를 훈련시켜야 하는 비용을 부담한다는 가정에서 출발하는 임금상승의 모형을 제시하였다. 즉, 기업은 근로자의 생산성이 근속기간과 상관없이 일정하더라도 임금이 근속기간에 따라 증가하는 임금구조를 설정함으로써 근로자의 자기선택을 유도한다는 것이다. 즉, 임금이 근속기간에 따라 증가하게 되면 이직확률이 낮은 근로자만이 자기선택과정을 통해 기업에 취업하며, 이직가능성이 높은 근로자는 채용에 응시하지 않을 것이다. 그리고 새로운 근로자의 훈련비용보다 임금증가 폭이 적다면 기업은 근로자를 해고하지 않게 된다. 이와 같은 자기선택적 과정의 결과로 임금이 상승하게 된다는 것을 이론적으로 설명하였다.

이외에도 임금상승에 관련된 주요 이론으로 Freeman(1977)의 학습·보험론을 들 수 있다. 그는 취업 초기에는 근로자의 실제(true) 생산성을 근로자와 기업 모두 알 수 없지만, 첫 번째 기간 이후에는 근로자의 생산성이 밝혀진다는 가정에서 출발한다. 또한 근로자가 위험회피적인 반면, 기업은 우험중립적이며, 근로자는 자유롭게 직장을 이동할 수 있다고 하자. 이때 직장경력 초기 근로자는 자신의 실제 능력이 밝혀질 위험에 직면하고 이에 보험(insurance)에 가입할 동기가 발생한다. 그리고 보험가입의 결과로 근로자의 실질임금은 하향경직성을 보인다는 것이다. 자신의 생산성이 높은 것으로 드러난 근로자는 다른 기업이 높은 임금으로 스카우트를 할 가능성이 높기 때문에 고생산성 근로자의 임금은 상승하게 된다. 따라서 근로자의 임금수준은 전반적으로 직장경험과 함께 높아진다. 이와 같은 Freeman(1977)의 이론은 일반적 직장경험이 임금에 미치는 긍정적 효과를 설명하는 데 성공하였다.

근속과 임금상승에 대한 실증분석결과에 대해서 Abraham and Farber (1987), Altonji and Shakotko(1987) 등은 동일 직장에의 근속기간이 임금증가에 미미한 영향(minor effect)만을 주고 있음을 보였다. 한편 Topel (1991)은 근속기간이 10년 경과한 뒤 남성 근로자의 임금은 평균적으로 25% 상승한 것으로 보고하였다. 이러한 Topel의 결과에 대하여 Altonji and Williams(1997)는 Topel의 추정결과가 실제를 과대평가하고 있다는 점을 지적하고, 근속기간의 임금상승효과는 이전 연구의 발견과 Topel의 추정결과의 중간에 위치할 것으로 판단하였다. 그러나 이들도 근속기간(seniority)이 임금상승에 중요한 영향을 주고 있음을 인정하고 있다.

한편 Tachibanaki and Maruyama(2001)는 근로자의 노력수준과 인센티브 효과에 대해 실증분석을 했는데, 인사데이터뿐만 아니라 근로자 노력수준을 간접적으로 확인할 수 있는 서베이 데이터를 활용하였다. 이들의 결론은 인센티브 효과는 기업 내 직급구조에 따라 차이가 있다는 것이다. 즉, 입사 초기인 하위직급에서는 임금이 근로자의 노력을 유발하는 인센티브로 작용하고, 관리자직급에서는 승진이 가장 중요한 인센티브로 작용하며 경영자계층에서는 임금이나 승진이 그다지 큰 인센티브로 작용하지 않는다는 것을 보여주었다. 이러한 실증분석결과의 핵심에는 기업 내 위계구조(hierarchical structure)에서 해당 근로자가 어떤 위치(직급)를 차지하느냐, 즉 직급에 대한 정보가 중요하며, 임금, 승진 그리고 노력수준에 대한 관계를 이해함에 있어 필수적인 사항이라고 지적하고 있다.[40]

7) 통합이론에 대한 시도

Baker, Gibbs and Holmstrom(1994)은 직무할당(job - assignment), 인적자본(human capital) 및 학습(learning)에 대한 이론들을 하나의 틀로서 구성하여 설명하려는 시도를 하고 있다. 그들은 서비스 산업의 특정 기업을 대상으로 한 인사데이터를 토대로 기업의 위계질서(hierarchy) 및 직급체계를 재구성한 후 승진과 임금의 관계에 대해

---

40) 제3절에서 자세하게 살펴보겠지만, A기업의 인사데이터는 개인별 직무와 직종을 구분할 수 있으며, 동시에 개인별 직급도 확인할 수 있다. 그렇다면 기업 내 위계구조란 무엇인가? 통상 기업 내 위계구조는 '직무의 권한과 관련되며, 의사결정구조상 근로자가 위치한 직급을 통합하여 나타낸 것'이라고 정의한다. 따라서 직급은 위계구조상 의사결정의 서열 또는 순위로 보는 것이 타당하다.(Baker, Gibbs and Holmstrom(1994a) 참조) 한편 Lazear(1992)는 직급을 정의할 때 평균임금을 활용하였으나, 급여와 직급 간의 관계를 확인하는 것과 동일하기 때문에 굳이 급여와 연계시킬 필요는 없다고 하겠다. 반면 Baker, Gibbs and Holmstrom (1994a, b)은 직급 간의 변화를 활용하여 직급을 정의하였다. Baker, Gibbs and Holmstrom(1994a)은 분석대상 기업의 4,000개 비용계정 정보를 확인하였지만, 직무 간의 보고관계를 파악할 수 없어 활용할 수 없었다고 언급하였다.

연구하였다.

그들이 발견한 것은 첫째, 입사시점에서 임금을 더 많이 받은 집단(cohort)이 그렇지 못한 집단에 비해 지속적으로 유리하다는 점(cohort 효과)이며, 둘째, 실질임금은 하방경직성이 없다는 점, 즉 실질임금의 하락현상이 종종 발견된다는 점이다. 셋째, 임금상승에는 계열 상관관계(serial correlation)가 존재한다는 점이다. 넷째, 직급과 임금 사이에는 강한 상관관계가 존재한다. 그러나 승진시점의 임금상승 폭은 직급 간 평균임금 차이보다는 작기 때문에 승진은 임금상승의 중요한 요인이지만, 임금상승이 전적으로 승진에 기인하지 않는다는 점이다.

이들이 발견한 이상의 정형화된 사실들을 이론적으로 설명하기 위해 현장훈련(on-the-job training), 인센티브, 학습(learning) 모형 등이 제시되었으나, 각각의 모형은 정형화된 사실들의 일부만 설명하는 한계가 있었다.[41] 한편 표준 이론들을 활용하여 정형화된 사실들을 설명하려는 노력들이 지속되어 왔다. 대표적인 연구로는 Bernhardt(1995), Gibbons and Waldman(1999a, 2006), Kwon(2006) 등이 있다.[42]

---

41) Prendergast(1993)는 직무할당과 인적자본 축적의 기능을, Waldman(1984)과 Bernhardt and Scoones(1993)는 직무할당과 인적자본 축적기능과 함께 학습효과를 모두 고려하고 있다. 또 다른 연구로는 Bernhardt(1995)를 예로 들 수 있다.

42) 국내에서는 어떤 연구가 진행되어 왔는가? 필자가 아는 한 이에 대한 본격적인 연구는 아직 진행되지 않고 있는 것으로 보인다. 다만, 이론적 연구로서 권재현(2002)의 연구를 들 수 있는데, 그는 Baker, Gibbs and Holmstrom(1994a, b)의 연구를 바탕으로 승진과 임금의 관계를 이론적으로 분석하여 상위직급과 하위직급의 임금중첩현상을 설명하였고, 임금상승의 시차상관관계와 임금상승과 승진시기의 상관관계와 더불어 멘토링이라는 요소를 모형에 추가하여 하위직급의 근로자가 상위직급의 근로자보다 임금수준이 높을 수 있음을 보여주고 있다.

제3절 한국의 기업 내부노동시장과 임금결정
: 대기업사례 분석

1. A기업 인사데이터의 특성

먼저 본 연구에서 활용할 분석자료로서 우리나라 대기업(이하에서는 A기업으로 지칭) 인사데이터가 어떻게 구성되었는가를 소개한다. 주로 인적속성별 인력추이를 살펴보는 것으로 임금구조에 대한 부분은 본 절의 3번째 소절인 임금구조 분석에서 살펴보기로 한다. 본 연구를 위해 초기에 확보한 개인별 인사데이터는 총 51,299건이다.[43]

<표 2-2> 연도별 성별 인력추이

(단위: %, 명)

성별	1996년	1997년	1998년	1999년	2000년	계
남성	52.5	54.9	58.2	63.4	52.4	55.8
여성	47.5	45.1	41.8	36.6	47.6	44.2
계	10,237	10,573	8,085	9,164	13,240	51,299

자료: A기업 인사데이터.

<표 2-2>를 보면 A기업은 1996년과 1997년에 인력규모가 만 명을 넘는 대규모 인력을 운영하였다. 그러나 IMF 외환위기 직후인 1998년에는 인력규모가 8천명 수준으로 감소했다가 점차 증가하고

---

43) 실제 실증분석에서 사용되는 데이터는 40,968건이다. 그 이유에 대해서는 해당 부분에서 자세히 설명한다.

있는 추세를 보여주었다. 인사-데이터의 성별 구성은 남성 근로자와 여성 근로자가 각각 55.8%, 44.2%를 차지하고 있다. 제조업의 특성상 생산직 여성 근로자들의 비율이 상당히 크게 나타난다.[44]

〈표 2-3〉 연도별 직급별 인력추이

(단위: %)

직 급	1996년	1997년	1998년	1999년	2000년	계
계약직	3.5	8.6	2.7	2.3	0.1	3.3
L1~L2	60.4	53.5	55.8	54.0	66.9	58.8
L3~L5	25.5	26.7	27.8	29.1	21.8	25.8
L6~L8	8.6	9.1	11.4	12.0	9.0	9.9
L9~L11	2.1	2.1	2.3	2.6	2.2	2.2
계	100.0	100.0	100.0	100.0	100.0	100.0

자료: 앞의 표와 동일.

<표 2-3>은 직급별 인력추이를 보여주고 있다. 전체적으로 A기업은 피라미드 형태의 직급별 인력구조를 유지하고 있음을 발견할 수 있다.[45] A기업의 직급체계는 11단계로 구성되어 있다. 즉 L1, L2는 주로 생산직 여성 근로자(사원급), L3~L5는 대졸 근로자 사원계층이며, L6 이상부터 간부계층인데, L6~L8은 과장급, L9~L11은 부／차장급으로 구분된다.[46]

---

44) 직급별 인력추이(여성 근로자) 자료에서 확인할 수 있듯이 주로 저직급인 생산직 근로자가 대부분이다. 특히 2000년도에는 4,000여 명에 달하는 생산직 여성 근로자를 신규 채용한 것임을 알 수 있다.

45) 상용직으로 구분은 되지만 정규직급체계에 속하지 않은 인력은 1997년 최대 900여 명에 달했으나, 급격히 감소하여 2000년에는 15명 수준에 불과하다.

46) 본 연구의 제3장에서 관심을 갖는 승진은 직급승진(승격)을 기준으로 살펴볼 수 있다. 개별 직급단위로 직급승진이 이루어지지만, 다음과 같이 3개의 직급승진은 일반적인 직급승진과 차이가 있다. 첫째, L5에서 L6이 될 때에는 일반사원에서 간부로 승진한다는 의미를 갖는다. 둘째, L7에서 L8이 될 때, 즉 과장에서 차장으로의 승진은 일반 담당간부에서 보직을 맡을 수 있는 중견간부가 되는 것을 의미한다. 셋째, L9에서 L10이

여성 근로자는 주로 L1, L2, 즉 생산직으로 구성되어 있으며, 인사 데이터에는 전체적으로 2만 천 명의 수준이다. 여성인력의 경우 일부 대졸사원으로 채용하였으나, 그 수는 남성에 비해 극히 미미한 수준임을 알 수 있다. 특히 차장급(L8)이상 여성 근로자는 전무하다.

한편, <표 2−4>의 연령별 인력분포를 살펴보면, 2000년을 제외할 때, 20대 근로자가 절반을 차지하고, 시간이 흐를수록 30대 이상의 비중이 증가하고 있음을 보여주고 있다.

〈표 2−4〉 연도별 연령별 인력추이

(단위: 년, %)

	1996년	1997년	1998년	1999년	2000년	계
평균 연령	25.8	26.3	26.8	27.1	25.0	26.1
남　성	30.1	30.3	30.7	30.7	29.8	30.3
여　성	21.0	21.3	21.3	20.9	19.8	20.8
20세 이하	28.6	24.3	18.4	21.5	40.8	28.0
21~30세	47.1	50.6	56.1	50.0	37.5	47.3
31~40세	20.3	21.0	21.9	24.0	17.8	20.7
41~50세	3.8	3.7	3.5	4.3	3.7	3.8
51세 이상	0.3	0.4	0.1	0.2	0.2	0.2
계	100.0	100.0	100.0	100.0	100.0	100.0

자료: 앞의 표와 동일.

근로자의 교육수준을 <표 2−5>에서 살펴보면, 평균 교육연수는 13.1년 정도로 나타난다.[47] 2000년에 생산직 여성 근로자에 대한 대

되는 것은 소위 고급간부(부장)가 되는 것을 의미하여 주요부서의 책임자로서 그 역할과 책임을 부여받을 수 있는 기본자격을 인정받게 되는 것이다.

47) 본 인사데이터에서 교육연수는 A기업의 인사규칙에 정의된 학력인정기준에 따라 국졸 =6, 중졸=9, 고졸=12, 전문대졸=14, 대졸=16, 석사=18, 박사=23으로 변환하여

규모 채용이 이루어졌다는 점을 감안할 때, 분석대상 기간 중 꾸준
하게 평균 교육연수가 증가하고 있다고 볼 수 있다. 인력구성 측면
에서는 고졸 학력을 가진 근르자가 70% 수준이고, 대졸 이상의 학
력을 가진 근로자가 증가하고 있다.

<표 2-5> 연도별 학력별 인력추이

(단위: 년, %)

	1996년	1997년	1998년	1999년	2000년	계
평균 교육연수	12.9	13.0	13.2	13.3	13.0	13.1
남　성	13.8	13.8	14.0	14.0	13.9	13.9
여　성	12.0	12.0	12.1	12.1	12.0	12.0
국　졸	0.8	0.7	0.0	0.0	0.0	0.3
중　졸	1.7	1.5	0.7	0.6	1.0	1.1
고　졸	72.1	71.2	69.5	66.7	72.8	70.7
초대졸	5.1	5.0	6.3	6.3	5.7	5.7
대　졸	16.6	17.9	17.9	20.4	15.8	17.5
석　사	3.0	3.1	4.7	5.0	4.0	3.9
박　사	0.7	0.7	0.9	0.9	0.7	0.7
계	100.0	100.0	100.0	100.0	100.0	100.0

자료: 앞의 표와 동일.

　마지막으로 근속연수를 살펴보면 다음 <표 2-6>과 같다. 근속
연수 1년 미만, 즉 신입사원은 1996년과 1997년에는 1,800여 명 수
준이었다가 IMF 외환위기 직후인 1998년에는 600명으로 줄었다.
1999년에 1,400명이며, 2000년에는 주로 생산직 여성 근로자이지만,
4,000명 수준으로 증가하였다. 또한 평균 근속연수는 1996년 3.75년
에서 1999년에는 4.94년으로 1년 이상 증가하여 2000년 대규모 신

　계산한 것이다. 기존 연구에서는 박사를 22년으로 변환하는 경우가 많으나, 본 자료에
서는 A기업에서 실제 적용하고 있는 인사규정상의 산정기준을 확인하여 적용하였다.

규채용을 감안할 때 분석대상 기간 중 근속연수는 지속적으로 증가하고 있음을 알 수 있다. 이는 내부노동시장의 존재와 영향력의 판단기준이 되는 근속연수의 변화가 내부노동시장 유지 또는 강화의 방향으로 진행되고 있음을 간접적으로 보여주고 있다.[48]

<표 2 - 6> 연도별 근속연수별 인력추이

(단위: 년, %)

	1996년	1997년	1998년	1999년	2000년	계
평균 근속연수	3.75	4.08	4.98	4.94	3.73	4.22
남 성	5.26	5.47	6.60	6.34	5.86	5.89
여 성	2.07	2.38	2.73	2.51	1.39	2.11
1년 미만(신입)	18.6	17.1	7.3	15.2	31.9	19.3
1 ~ 5년	55.9	57.6	62.9	56.1	46.4	54.9
6 ~ 10년	17.3	14.6	12.8	11.8	8.8	12.8
10~15년	6.4	8.6	13.9	14.0	9.1	10.1
15~20년	1.6	1.8	2.6	2.2	3.0	2.3
21년 이상	0.3	0.3	0.5	0.8	0.8	0.5
계	100.0	100.0	100.0	100.0	100.0	100.0

자료: 앞의 표와 동일.

2. 분석자료

본 연구에서 활용되는 분석자료는 A기업의 1996년부터 2000년까지 근무한 근로자들의 개인별 인사데이터이다.[49] 이 인사데이터는

---

48) 보다 상세한 인력규모의 변화를 보기 위해서 퇴직자 정보를 확인하여야 하지만, 본 인사데이터상으로는 그 정보를 확인할 수 없었다.

49) 본 연구에서 활용되는 인사데이터의 속성상 해당 기업의 구체적인 정보는 필요한 범위 내에서만 언급될 것이다.

개별 근로자의 인적속성(연령, 성별, 교육연수, 근속연수)뿐만 아니라 임금(월급여, 보너스), 직무, 직급 그리고 인사고과정보를 포괄하고 있다. 실증분석에 활용한 근로자들은 근속 1년 이상 근무한 자로서 정규직 근로자이다.[50] 다음 <표 2-7>는 A기업 인사데이터에 포함된 변수들의 기본통계를 보여주고 있는데, 성별, 학력, 연령, 근속연수, 외부노동시장 경력연수, 직군, 직급, 인사고과분포를 나타낸다.

〈표 2-7〉 분석자료의 기본통계

	1996년	1997년	1998년	1999년	2000년	계
표본(명)	8,145	8,573	7,487	7,760	9,003	40,968
성별(%)						
남 성	54.19	57.59	58.70	66.11	61.55	59.60
여 성	45.81	42.41	41.30	33.89	38.45	40.40
학력(%)						
중졸 이하	1.14	1.08	0.73	0.76	1.40	1.04
고 졸	72.27	69.85	69.92	63.32	67.78	68.65
초대-대졸	22.90	25.01	24.51	29.83	25.39	25.50
석 / 박사	3.70	4.06	4.84	6.08	5.43	4.81
연령(년)	26.15	27.02	27.06	28.31	27.35	27.17
	(6.64)	(6.64)	(6.75)	(6.92)	(7.48)	(6.94)
근속연수(년)	4.50	4.86	5.38	5.83	5.48	5.20
	(4.17)	(4.30)	(4.54)	(4.69)	(4.95)	(4.57)
경력연수[a](년)	2.75	3.13	2.65	3.16	2.78	2.89
	(3.73)	(3.98)	(3.39)	(3.80)	(3.66)	(3.73)

---

50) 분석자료를 제한하는 이유는 본 연구에서 관심을 두고 있는 인사고과정보가 근속연수 1년 이상의 정규직인 경우에 한하여 존재하기 때문이다. 즉, 입사 이후 1년간 인사고과 가 유예되어 근속연수 1년 미만인 근로자의 경우, 인사고과정보가 없어 제외하였다. 또 한, 계약직 근로자를 제외한 것은 전체 근로자 중 계약직의 비율이 미미하여 고용계약 의 특징에 따른 시사점을 도출하기 어려워 제외하였다.

	1996년	1997년	1998년	1999년	2000년	계
직군(%)						
경영지원직	7.17	7.72	6.06	6.84	5.74	6.71
영업직	11.92	11.65	11.41	12.05	11.61	11.73
생산기술직	69.49	67.53	70.38	67.35	70.31	69.01
연구개발직	11.41	12.99	11.99	13.56	12.16	12.42
기타 직군	0.01	0.10	0.16	0.21	0.18	0.13
직급[b](%)						
L1	42.55	39.32	39.88	32.89	40.70	39.15
L2	18.31	17.98	18.14	17.95	16.29	17.70
L3	7.40	8.74	9.23	10.06	7.55	8.55
L4	8.28	9.17	7.45	9.85	8.42	8.64
L5	11.03	11.44	11.02	12.16	11.00	11.32
L6	5.12	5.20	5.66	7.20	6.49	5.93
L7	3.08	3.44	3.89	4.27	3.78	3.68
L8	1.93	2.25	2.32	2.54	2.62	2.34
L9	1.19	1.34	1.27	1.57	1.70	1.42
L10	0.59	0.64	0.68	1.02	0.94	0.78
L11	0.53	0.48	0.45	0.49	0.51	0.49
인사고과[c](%)						
D	0.04	1.56	2.04	1.55	0.84	
C −	−	−	4.69	5.71	3.44	
C	52.53	63.49	37.75	34.86	31.90	
C +	−	−	19.16	21.10	28.48	
B −	−	−	0.69	1.29	0.72	
B	33.48	25.32	19.83	19.91	19.21	
B +	−	−	5.84	5.51	5.67	
A	11.55	7.46	8.14	7.12	6.95	
A +(S 포함)	2.40	2.17	1.88	2.96	2.79	

	1996년	1997년	1998년	1999년	2000년	계
연봉등급[d](%)						
5등급	-	-	2.28	2.51	1.66	
4등급	-	-	7.96	7.95	5.77	
3등급	-	-	55.74	56.39	57.85	
2등급	-	-	24.92	23.83	25.12	
1등급	-	-	9.10	9.31	9.61	

주: 구성비율과 평균값이며, ( )안은 표준편차임.
  a. 외부경력연수는 (연령 - 교육연수 - 근속연수 - 6년)으로서 일부 음(-)의 부호가 나타나는 경우, 0으로 환산함.
  b. 직급은 11단계로 2000년에 직군별 직급체계 조정이 있었지만, 거의 유사하여 11단계로 조정하여 분석에 활용함.
  c. 연도별 인사고과결과로 1996년, 1997년은 5단계이며, 1998년부터 9단계 평가체계로 바뀌었다. 이 표에서는 상반기 업적고과의 실제 고과배분비율을 나타냄.
  d. 1998년부터 도입된 성과급제에 적용된 연봉등급임.
    (1998년은 간부만, 1999년부터는 대졸 0 상 전 근로자에게 적용됨)

3. 직급별 임금구조의 변화

본 소절에서는 A기업에서 직급별 임금구조가 어떻게 변화했는지 살펴본다. 직급별 임금구조를 먼저 살펴보는 이유는 내부노동시장의 임금결정에 있어서 인적자본변수 이외에 근로자 개개인의 임금결정에 있어 우선적으로 고려되는 것이 직급이며, 실제로 기업별로 인사제도를 운영할 때 기본 틀로서 직급별 임금테이블을 작성, 적용하고 있기 때문이다. 본 연구에서는 실제 직급별 평균 임금수준이 분석기간 중 어떤 변화를 보였는지를 살펴보면서 분석자료에 대한 이해를 높이는 데 초점을 맞출 것이다. 우선 전체적인 임금수준의 시계열 분포를 보고, 직급별로 임금구조가 IMF 외환위기 전후로 어떻게 변했는지를 살펴본다.[51) 또한 임금구조 분석에서는 근로자 평균 명목

---

51) 이러한 임금구조의 변화는 시간을 기준으로 성과급제의 도입에 따른 임금효과를 다소

임금에 초점을 맞춘다.[52] 한편 임금수준의 차이를 살펴볼 때 결정요인의 차이를 감안하여 직급별 평균임금을 월급여와 보너스(연간특별급여) 그리고 연봉으로 구분하여 분석한다.[53]

먼저 월급여의 직급별 분포는 <그림 2-1>과 같다.[54] 직급이 높을수록 평균 임금수준이 높다는 것을 보여주고 있고, IMF 외환위기 이전과 이후를 비교할 때, 1999년부터 본격적으로 아웃사이드 값들이 두드러져 나타나는 것을 볼 수 있다. 이는 IMF 외환위기 이전에는 직급 내에서 임금격차가 별로 크지 않았으나, IMF 외환위기 이후에는 동일한 직급이라고 해도 상당한 임금격차가 발생하고 있다는 것을 보여주고 있다. 연도별로 볼 때 1998년을 제외하고는 대부분 하위직급에서 최상위직급까지 일정한 격차를 보여주고 있다.

평면적으로 보는 것이라 할 수 있으나, 제4장에서 본격적으로 다룰 성과급제 도입에 따른 임금결정요인의 변화에 대한 분석은 보다 입체적으로 성과급제의 임금효과를 검증하는 것이라고 할 수 있다.

52) 본 연구에서 임금구조를 분석할 때에는 명목임금의 변화에 대해 초점을 맞춘다. 이는 인적속성별 임금분포의 연도별 변화추이에 초점을 맞추기 때문이다. 한편 임금함수를 추정할 때에는 순수한 임금효과를 보기 위해 소비자물가지수로 조정하여 실질임금으로 변환한 후 임금함수 추정을 하게 된다.

53) 향후 제4장에서 구체적으로 언급하겠지만, A기업의 경우, 성과급제를 도입할 때 1998년에 간부계층에 먼저 적용하고 이어서 1999년부터 대졸 이상 전 사원으로 적용하는 등 그 적용범위를 순차적으로 확대하였기 때문에 임금구조를 분석할 때 시기별로 적용대상의 차이가 있음을 유의해야 한다.

54) 이하의 <그림 2-1>, <그림 2-2>, <그림 2-3>은 Stata의 그래픽 기능을 활용한 것이다. 자세한 내용은 Stata Corporation(2003c)과 Mitchell(2004)을 참조.

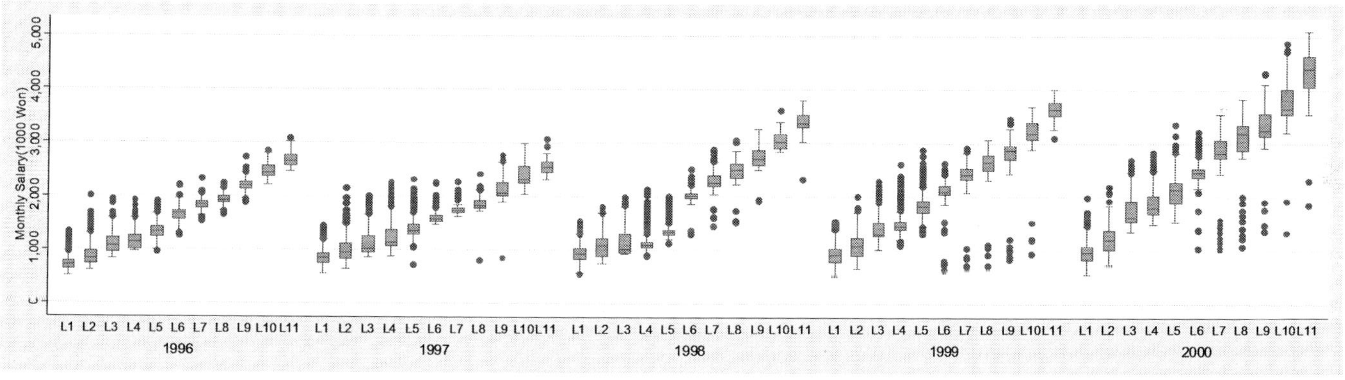

주: 박스의 중앙선은 중위도(median)이며 박스의 상하는 각각 75%, 25% percentile을 의미하며, 점들은 아웃사이드 값임.

〈그림 2-1〉 월급여의 직급별 분포

보다 구체적으로 살펴보기 위해 직급별 임금수준을 연도별로 살펴본다. 먼저 월급여의 수준은 다음 <표 2-8>와 같다. A기업의 평균 월급여는 1996년 996.4천 원, 1997년 1,128.1천 원, 1998년 1,228.9천 원 그리고 2000년 1,357.2천 원으로 지속적으로 증가하고 있다. 한편 직급별 임금차이를 살펴보면, 1996년 L3직급과 최상위직급인 L11과의 월급여 차이가 2.5배 정도였는데 1997년에 2.3배로 축소되었다가 1998년에 3.0배까지 증가했고 1999년부터 2.5배 수준으로 감소하였다.

<표 2-8> 연도별 직급별 평균 월급여의 추이

(단위: %, 천 원)

직급	1996년	1997년	1998년	1999년	2000년
L1	67.9	77.5	84.4	64.0	53.4
L2	83.4	90.0	96.5	77.7	71.0
L3	100.0	100.0	100.0	100.0	100.0
L4	110.1	112.4	102.9	107.5	119.2
L5	130.6	128.6	121.3	129.2	115.1
L6	156.6	146.6	182.4	149.6	147.3
L7	174.7	160.6	205.7	169.0	168.3
L8	184.8	169.8	222.5	180.6	182.6
L9	210.2	191.3	243.3	197.0	193.7
L10	234.9	217.1	273.6	222.6	221.1
L11	254.8	230.4	301.8	256.3	250.3
평균	996.4	1,097.4	1,229.1	1,357.2	1,379.8

주: 각 연도별 L3의 평균 월급여를 100으로 비교한 자료이며, 표의 음영부분이 성과급제 적용대상임. 평균의 단위는 천 원.

〈표 2-9〉 연도별 직급별 평균 월급여의 증감률 추이

(단위: %)

직 급	1997년	1998년	1999년	2000년
계약직	1.5	-6.9	27.7	60.1
L1	20.0	9.5	-4.2	0.0
L2	13.5	7.9	1.7	9.5
L3	5.2	0.6	26.3	19.9
L4	7.4	-8.0	31.9	32.9
L5	3.5	-5.1	34.5	6.8
L6	-1.5	25.1	3.6	18.0
L7	-3.3	28.9	3.8	19.4
L8	-3.4	31.8	2.5	21.2
L9	-4.3	28.0	2.2	17.8
L10	-2.8	26.8	2.7	19.1
L11	-4.9	31.8	7.3	17.0
평 균	13.22	8.94	10.45	2.00

주: 증감률은 직급별 평균치에 대한 것이며, 표의 음영부분이 성과급제 적용대상임.

성과급제 도입의 시기와 대상을 비교해 보면, 직급별 임금수준의 차이는 1998년을 제외하고는 큰 변화가 없는 것으로 보인다. 다만, 1998년 성과급제 도입 초기에 간부계층을 대상으로 성과급제를 실시하면서 상당한 임금상승효과가 있었고, 이와 유사한 임금상승이 1999년 대졸 이상 사원계층, 즉 성과급제 확대 대상계층에서도 발생하였다. 이러한 임금상승효과는 성과주의 인사제도를 도입할 때, 근로자의 제도에 대한 불안감이나 저항감을 최소화하기 위해 제도 전환에 따른 조정급을 추가로 지급했기 때문에 발생한 것으로 보인다. 이는 연봉제 전환에 따라 급여상의 불이익을 방지하기 위해서 일정 기간 적용된 조정급의 운영 때문에 비롯된 것이다.[55] 자세한 내용은 <표 2-9>에 나타나 있다.(굵은 표시) 또한, 연도별 증감률을 보면,

---

[55] 이는 성과급제 도입과 더불어 승격시기를 연 2회(3월, 9월)에서 연 1회(3월)로 단축시켰으며, 따라서 1998년과 1999년에는 9월 승격 예정자에 대해서 개인별로 차상위직급으로 승격할 때에는 지급을 중지한다는 조건으로 조정급을 지급한 바 있다.

계층별로 임금증가율이 유사하게 나타나는 것을 발견할 수 있다.[56]

　생산직 근로자의 경우, 1999년에 감소한 경우를 제외하고는 전반적으로 상승세를 유지하고 있다.[57] 한편 대졸사원계층은 1998년에 일부 직급에서, 간부계층은 1997년에 전반적인 임금감소현상이 나타난다. 이러한 계층별 평균 월급여의 감소현상은 특근수당의 감소나 수당지급기준의 변경에 따른 월급여 하락이나, 직급별 인력구성의 변화에 기인한 것으로 판단된다. 이는 기업 인사제도의 특수성이 낳은 결과라고 할 수 있다. 즉 매년도 임금인상률 결정 시 임금수준의 경쟁사대비 경쟁력이나 임금체계의 특성을 고려하여 계층별로 그 인상률을 달리 가져가게 되는데, 그 결과 계층별로 유사한 수준의 증가율을 보이게 되는 것이다.[58] 실제 직급별 임금테이블을 보면 계층별로 평균 인상률을 책정한 후 개별 직급별로 평균 인상률을 기준으로 약간씩 조정하는 형태를 유지하는 것을 발견할 수 있다.[59]

　다음 보너스의 직급별 분포를 살펴보면 다음 <그림 2 - 2>과 같다. 월급여 분포와 달리 1996년을 제외하고는 직급별 격차가 크지 않으며 직급별로 그 분포가 압축되어 있음을 알 수 있다. 그러나 월급여의 임금추이와 달리 보너스, 즉 연간특별급여의 추이는 A기업의 경영성과나 환경요인에 따라 변화한다는 점을 발견할 수 있다.(<표 2 - 10> 참조) 즉, IMF 외환위기가 발생한 직후이라고 할

---

56) 계층을 나누어 보면, 크게 생산직 근로자계층(L1과 L2)과 대졸사원계층(L3~L5)이며, 간부계층(L6~L11)으로 나눌 수 있다. 또한 간부계층도 내부적으로 2개로 나누어진다. 즉 L6, L7, L8(차장계층)과 L9, L10, L11(부장계층)이다.

57) 1999년에 감소한 것은 당시 여성차별 해소의 차원에서 직급 내 분리되어 운영되던 여성 생산직 근로자의 임금테이블을 수평 적용한 결과로 추측된다.

58) 직급 간 격차를 확인할 때 직급 내 급여밴드의 수준도 같이 고려해야 하나, 현재 인사데이터에는 급여밴드에 대한 정보가 없어 급여밴드 적용상의 차이점을 확인할 수 없다.

59) A기업의 직급별 임금테이블은 자료의 속성상 본 연구에서 활용할 수 없다.

수 있는 1997년 12월의 자료를 보면 전년에 비해 직급별 차이는 유지하였지만, 보너스의 절대 규모가 급격히 감소하였다. 이는 당시 IMF 외환위기 상황에서 보너스 지급률을 대폭 낮춘 결과이다. 또한 1998년의 경우, L6~L8직급은 L3사원보다 평균 보너스 수준이 낮고, 직급 간 격차가 예년과 크게 다른 형태로 나타나는데, 이는 간부계층을 대상으로 성과급제가 도입되면서 임금체계의 단순화, 즉 기존에 보너스로 구분되던 상여(500%)가 월급여로 전환되었기 때문이다.[60]

〈표 2-10〉 연도별 직급별 평균 보너스의 추이

(단위: %, 천 원)

직급	1996년	1997년	1998년	1999년	2000년
L1	60.6	63.0	64.1	97.4	113.4
L2	80.9	81.9	83.1	132.8	158.4
L3	100.0	100.0	100.0	100.0	100.0
L4	111.0	117.1	110.5	114.1	112.7
L5	136.6	140.0	136.8	144.7	131.5
L6	161.2	157.4	90.9	150.7	153.3
L7	182.4	172.0	92.8	167.5	169.5
L8	194.4	181.9	99.3	178.4	182.3
L9	213.1	201.0	107.9	195.6	201.9
L10	242.7	228.1	119.9	227.4	224.5
L11	278.4	253.4	130.4	240.5	257.1
평균	9,505.6	6,171.1	7,467.9	7,623.8	8,062.9

주: 각 연도별 L3의 평균 보너스(연간특별급여)를 100으로 비교한 자료이며, 표의 음영부분은 성과급제 적용대상임. 평균단위는 천 원.

---

[60] 이와 관련하여 L2사원급의 1999년, 2000년의 평균 보너스 금액이 L3사원보다 높게 나타나는데, 이 또한 성과급제 적용대상이 된 L3 이상 사원계층도 1998년 간부계층과 동일하게 임금체계의 변화로 월급제가 적용되는 L2사원에 비해 보너스 규모가 작아진 것으로 판단된다. 보다 세부적인 내용은 제4장 성과급제 도입의 임금효과를 분석할 때 자세하게 언급된다.

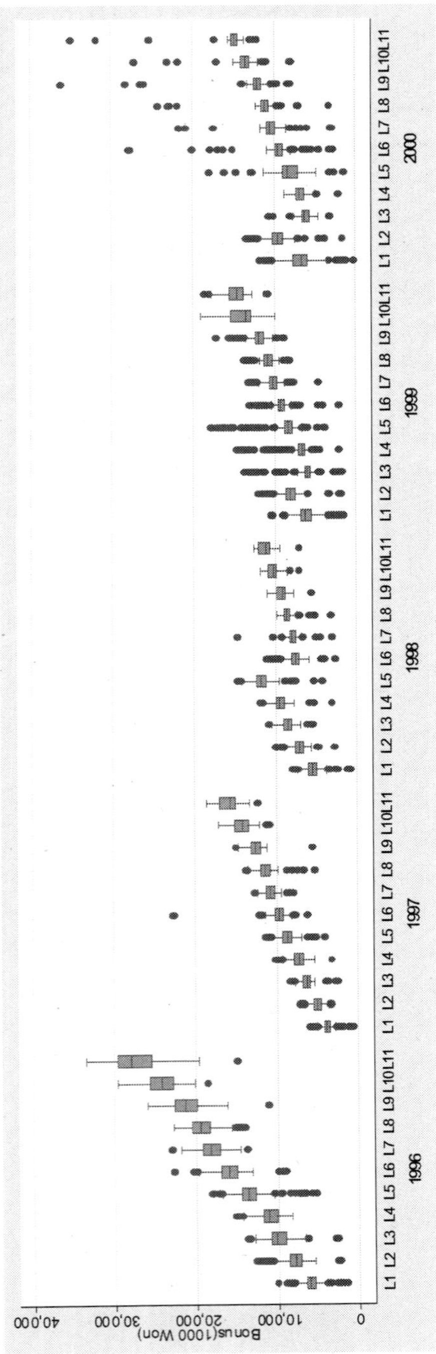

주: 박스의 중앙선은 중위도(median)이며 박스의 상하는 각각 75%, 25% percentile을 의미하며, 점들은 이웃사이드 값임.

〈그림 2-2〉 보너스의 직급별 분포

이제 연간급여, 즉 연봉의 연도별 임금구조를 살펴본다. 다음 <그림 2-3>이 직급별로 연봉수준이 어떻게 분포되었는지를 보여준다.[61) 또한 연도별 직급별 평균임금추이를 보기 위해 <표 2-11>를 보면, 앞서 살펴본 월급여나 보너스와 다른 양상을 발견할 수 있다. A기업의 평균 연봉은 1997년 일시적으로 감소한 것을 제외하고 전반적으로 지속적인 증가세를 보이고 있다. 직급별 임금차이를 살펴보면 1996년 최상위직급과의 차이가 4.3배 정도 되다가 1998년에 3.1배로 축소되었고 1999년 이후 그 격차가 다시 증가하고 있다. 한편 연도별 평균 연봉 증감률을 보면 <표 2-12>과 같다. 특기할 만한 것으로는 1997년에 전반적으로 연봉의 하락현상이 나타나 평균 8.1%가 감소하였다. 이는 당시 IMF 외환위기 상황에서 축소 지급된 연말 상여지급률에 따라 감소한 것으로 판단되며, 그 감소 폭이 사원보다는 간부계층에서 두드러졌다는 것을 알 수 있다.[62) 이런 변화들은 기업 인사제도의 변화에 따라서 근로자의 임금수준이 전반적으로 영향을 받으며, 직급별로 다르다는 점을 보여주고 있다.

---

61) 이는 연봉에 보너스(연간특별급여)가 포함되면서 직급 간의 연봉수준 격차를 일정한 수준으로 유지하려는 기업의 보상전략이 반영된 결과로 볼 수 있다.

62) 성과급제 도입으로 인해 각종 수당이나 부가급여가 일괄 통합되고 분산되는 과정에서 일부 계층에 영향을 준 것으로 추측된다.

〈표 2-11〉 연도별 직급별 평균 연봉의 추이

(단위: %, 천 원)

직급	1996년	1997년	1998년	1999년	2000년
계약직	102.1	86.9	73.2	83.2	161.7
L1	100.0	100.0	100.0	100.0	100.0
L2	132.9	121.9	119.8	134.4	149.0
L3	154.4	137.0	129.5	143.6	163.2
L4	174.6	158.3	137.6	158.5	198.8
L5	214.2	184.1	166.6	194.0	193.3
L6	254.4	208.9	191.7	218.5	247.0
L7	288.3	229.1	211.9	245.9	280.6
L8	304.4	241.8	228.3	262.3	303.5
L9	334.9	270.1	249.4	286.5	325.6
L10	380.1	308.2	279.7	326.6	368.8
L11	432.4	331.7	308.6	367.9	419.4
평균	20,372.1	18,724.1	21,995.8	23,120.8	23,109.5

주: 각 연도별 L1사원의 평균 월급여를 100으로 비교한 자료이며, 평균 단위는 천 원.

〈표 2-12〉 연도별 직급별 평균 연봉의 증감률 추이

(단위: %)

	1997년	1998년	1999년	2000년
계약직	-14.1	0.7	7.4	94.8
L1	1.0	19.4	-5.5	0.3
L2	-7.4	17.3	6.1	11.2
L3	-10.4	12.9	4.8	14.0
L4	-8.4	3.7	8.9	25.8
L5	-13.2	8.0	10.1	-0.1
L6	-17.1	9.6	7.7	13.4
L7	-19.8	10.4	9.7	14.4
L8	-19.8	12.7	8.6	16.1
L9	-18.6	10.2	8.6	14.0
L10	-18.1	8.4	10.4	13.3
L11	-22.5	11.1	12.7	14.4
평 균	-8.1	17.5	5.1	0.0

주: 증감률은 직급별 평균치에 대한 증감률임.

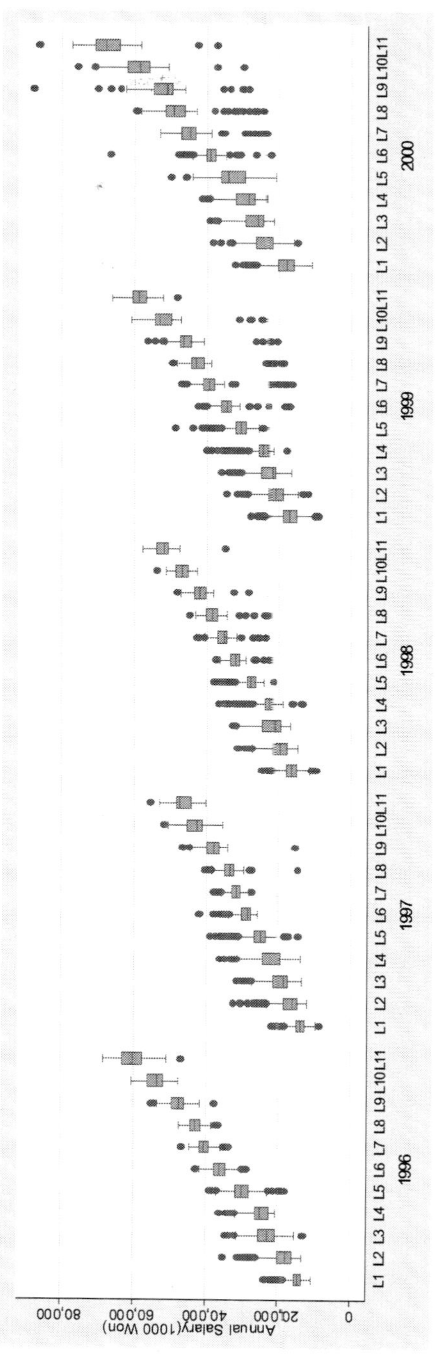

〈그림 2-3〉 연봉의 직급별 분포

주 : 박스의 중앙선은 중위도(median)이며 박스의 상하는 각각 75%, 25% percentile을 의미하며, 점들은 이웃사이드 값임.

4. 임금함수 추정모형과 분석결과

1) OLS 추정모형과 분석결과

앞 소절에서 기업 인사제도의 변화가 근로자 임금수준에 어떤 영향을 주는지를 살펴보기 위해 직급별 임금구조와 그 추이에 대해서 논의하였다. 이제 본 소절에서는 다음과 같은 통상적인 형태의 임금함수를 기준으로 OLS(Ordinary Least Square) 추정을 한다.[63]

$$\ln W_{it} = \beta_0 + \beta_1 edu_{it} + \beta_2 ten_{it} + \beta_3 ten_{it}^2 + \beta_4 exp_{it} + \beta_5 exp_{it}^2 + u_{it}$$

여기서 $\ln W_{it}$는 월급여(또는 보너스, 연봉)의 대수치, edu_{it}는 교육연수, ten_{it}는 근속연수, exp_{it}는 경력연수를 나타낸다. ten_{it}^2, $\exp_{it}^2$는 각각 근속연수, 경력연수의 제곱 값을 의미한다.[64] u_{it}는 오차 항으로서 $i.i.d.$라고 가정한다. 여기에 추가적으로 성별(여성 = 1) 그리고 결혼 여부(기혼 = 1)를 포함시켰다.

먼저 명목임금을 기준으로 분석기간 전체 및 연도별 임금함수 추정결과를 살펴보면 다음 <표 2 – 13>와 같다. 월급여와 보너스 그리고 연봉에 대해 각각 임금함수를 추정하였는데, 교육연수나 근속연수 그리고 경력연수 모두 유의미한 추정결과를 보이고 있으며, 성

---

63) 앞서 살펴본 선행연구에서 Seltzer and Merrett(2000)의 연구를 제외하고는 대부분 위계구조와 보상 간의 관계를 추정할 때 직급변수를 활용하였다. 한편 Seltzer and Merrett(2000)는 직무의 더미변수를 활용하여 임금에 영향을 미친다는 점을 발견하였다.

64) 근속연수와 경력연수 간 상관관계가 높아 다중공선성(multicollinearity)의 문제가 발생할 것으로 예상되었고, 실제로 VIF(variance inflation factors)를 통해서도 확인이 되었다. 그러나 이러한 다중공선성 문제에도 불구하고 추정계수의 표준오차 값이 낮아 대부분의 추정계수 값이 통계적으로 유의미하게 나타났고, 두 인적자본변수의 구분이 필요하다고 판단되어 임금함수 추정에 반영하였다.

별 및 결혼 여부 더미변수도 통계적으로 유의미하게 나타나고 있어 전형적인 임금함수 추정결과와 유사하다. 다만, 보너스를 종속변수로 할 때 교육연수의 계수 값이 다른 월급여나 연봉의 계수 값보다 낮게 나타나고 근속연수의 계수는 유사하지만 근속연수 제곱 항의 계수 값이 연봉의 계수 값과 같이 월급여의 계수보다 높아 근속연수가 증가하면서 도달하는 임금의 일정 피크시점이 월급여보다 빨리 나타난다는 점을 보여주고 있다. 또한 기업 인사제도의 차이를 보기 위해 연도별 더미변수를 추가했을 때 그러한 경향은 더 크게 나타난다.

한편 연도별 더미변수의 영향력은 임금의 성격에 따라 달라지는데, 월급여는 매년 증가하는 형태로 나타나지만, 보너스와 연봉은 각기 다른 형태로 나타나고 있다는 점에 주목해야 한다. 먼저 보너스의 경우 인적자본변수를 통제한 경우 1996년을 기준으로 할 때 매년 감소했음을 보여주고 있는데, 1997년이 가장 크고 그 다음이 1999년, 1998년 그리고 2000년 순이다. 이러한 보너스의 연도별 변화는 인적자본변수만으로는 설명하기 어려운 결과로서 기업 인사제도의 변화에 따라 달라질 수 있음을 보여준다고 하겠다.[65] 이러한 보너스의 변화에 따라 연봉도 경향을 받게 되어 1997년 더미의 계수가 음($-$)의 부호를 보이게 된 것이다.

이상과 같이 월급여는 매년 일정 수준 증가하게 되고, 보너스는 인사제도의 변화에 따라 달라지며, 그 영향으로 연봉에도 영향을 미치게 된다. 특히 월급여는 매년 임금상승률을 반영하여 증가하는 형태로 나타나는데, 이러한 추정결과를 반영하여 명목임금을 실질임금으로 전환하여 살펴볼 필요가 있다. 특히 1996년부터 2000년까지의 임금데이터를 가지고 임금함수를 추정하는 경우, 물가상승률을 고려

---

65) 가령 1997년의 경우, IMF 외환위기로 인해 연말 보너스 지급률이 대폭 낮추어졌으며, 그 결과 보너스 수준이 예년에 비해 혼격히 낮아지게 된 것이다.

하지 않는다면 설명변수의 순수한 영향력을 추정하기 어렵기 때문에 본 연구에서는 임금수준을 소비자물가수준으로 조정하여 분석한다.

<표 2-13> 임금함수의 OLS 추정결과 Ⅰ(명목임금)

	ln(월급여)		ln(보너스)		ln(연봉)	
상수	12.7312*** (0.0086)	12.6009*** (0.0073)	14.9710*** (0.0111)	15.1581*** (0.0094)	15.7715*** (0.0067)	15.7546*** (0.0056)
교육연수	0.0755*** (0.0006)	0.0733*** (0.0005)	0.0435*** (0.0007)	0.0445*** (0.0008)	0.0658*** (0.0005)	0.0647*** (0.0004)
근속연수	0.0435*** (0.0007)	0.0421*** (0.0006)	0.0507*** (0.0010)	0.0547*** (0.0008)	0.0469*** (0.0006)	0.0475*** (0.0005)
근속연수² / 100	-0.0033*** (0.0040)	-0.0075*** (0.0033)	-0.1203*** (0.0052)	-0.1381*** (0.0043)	-0.0450*** (0.0031)	-0.0547*** (0.0026)
경력연수	0.0136*** (0.0007)	0.0150*** (0.0006)	0.0200*** (0.0009)	0.0230*** (0.0007)	0.0154*** (0.0005)	0.0174*** (0.0004)
경력연수² / 100	0.1006*** (0.0041)	0.0951*** (0.0034)	0.0379*** (0.0053)	0.0301*** (0.0044)	0.0817*** (0.0032)	0.0751*** (0.0026)
성별(여성=1)	-0.1000*** (0.0031)	-0.0885*** (0.0026)	-0.0821*** (0.0041)	-0.0752*** (0.0034)	-0.0993*** (0.0025)	-0.0890*** (0.0020)
결혼 여부 (기혼=1)	0.0318*** (0.0032)	0.0418*** (0.0027)	0.0310*** (0.0042)	0.0269*** (0.0035)	0.0305*** (0.0025)	0.0356*** (0.0021)
1997년 더미	-	0.0816*** (0.0027)	-	-0.4539*** (0.0034)	-	-0.1139*** (0.0020)
1998년 더미	-	0.1491*** (0.0028)	-	-0.2315*** (0.0036)	-	0.0101*** (0.0021)
1999년 더미	-	0.2045*** (0.0027)	-	-0.2587*** (0.0035)	-	0.0372*** (0.0021)
2000년 더미	-	0.3346*** (0.0026)	-	-0.1507*** (0.0034)	-	0.1670*** (0.0020)
표본 수	40,968	40,968	40,968	40,968	40,968	40,968
F	16211.93	16695.93	5467.50	6775.59	22833.16	23515.23
Adjusted R^2	0.7347	0.8176	0.4830	0.6453	0.7960	0.8633

주: ( )안은 표준오차이며, 연도별 더미변수는 1996년이 기준이고, ***는 1%, **는 5%, *는 10% 유의수준에서 통계적으로 유의함.

이와 같이 조정된 실질임금의 종속변수를 적용하여 추정한 결과는 다음 <표 2 - 14>이다. 예상한 대로 인적자본변수들의 추정계수 값이나 유의수준에서는 별다른 차이가 없고, 연도별 더미변수의 계수가 상당히 변하였다. 월급여의 계수 값이 낮아졌고, 물가상승률을 기준으로 조정된 계수 값이기 때문에 기업 인사제도의 변화에 따라 적용된 평균 임금인상률이라고 해석할 수 있다.

〈표 2 - 14〉 임금함수의 OLS 추정결과 Ⅱ(실질임금)

	ln(월급여)		ln(보너스)		ln(연봉)	
상수	12.8094*** (0.0077)	12.7472*** (0.0073)	15.0492*** (0.0115)	15.3044*** (0.0094)	15.8497*** (0.0062)	15.9009*** (0.0056)
교육연수	0.0743*** (0.0005)	0.0733*** (0.0005)	0.0423*** (0.0008)	0.0445*** (0.0006)	0.0646*** (0.0004)	0.0647*** (0.0004)
근속연수	0.0419*** (0.0007)	0.0421*** (0.0006)	0.0490*** (0.0010)	0.0547*** (0.0008)	0.0453*** (0.0005)	0.0475*** (0.0005)
근속연수^2 / 100	−0.0009*** (0.0036)	−0.0075*** (0.0033)	−0.1179*** (0.0054)	−0.1381*** (0.0043)	−0.0427*** (0.0029)	−0.0547*** (0.0026)
경력연수	0.0141*** (0.0006)	0.0150*** (0.0005)	0.0205*** (0.0009)	0.0230*** (0.0007)	0.0158*** (0.0005)	0.0174*** (0.0004)
경력연수^2 / 100	0.0993*** (0.0036)	0.0951*** (0.0034)	0.0367*** (0.0055)	0.0301*** (0.0044)	0.0805*** (0.0029)	0.0751*** (0.0026)
성별(여성=1)	−0.0949*** (0.0028)	−0.0885*** (0.0026)	−0.0770*** (0.0042)	−0.0752*** (0.0034)	−0.0942*** (0.0023)	−0.0890*** (0.0020)
결혼 여부 (기혼=1)	0.0378*** (0.0029)	0.0418*** (0.0027)	0.0371*** (0.0043)	0.0269*** (0.0035)	0.0366*** (0.0023)	0.0356*** (0.0021)
1997년 더미	−	0.0382*** (0.0027)	−	−0.4973*** (0.0034)	−	−0.1573*** (0.0020)
1998년 더미	−	0.0332*** (0.0028)	−	−0.3473*** (0.0036)	−	−0.1057*** (0.0021)
1999년 더미	−	0.0805*** (0.0027)	−	−0.3827*** (0.0035)	−	−0.0868*** (0.0021)
2000년 더미	−	0.1883*** (0.0026)	−	−0.2970*** (0.0034)	−	0.0206*** (0.0020)

	ln(월급여)		ln(보너스)		ln(연봉)	
표본 수	40,968	40,968	40,968	40,968	40,968	40,968
F	19889.73	15168.33	4920.69	6999.38	26170.97	22036.89
Adjusted R^2	0.7726	0.8029	0.4567	0.6527	0.8172	0.8554

주: ( )안은 표준오차이며, 연도별 더미변수는 1996년이 기준이고, ***는 1%, **는 5%, *는 10% 유의수준에서 통계적으로 유의함. 임금데이터는 소비자물가지수로 조정되었음.

한편 보너스의 경우에는 연도별 더미변수의 계수 값에서 감소 폭이 더 커졌는데, 이는 기준 연도가 되는 1996년의 임금수준에 비해 물가상승률을 놓고 보면 격차가 더 심해짐을 알 수 있다. 이러한 변화로 인해 연봉의 경우에는 1997년과 1998년 그리고 1999년이 1996년에 비해 임금수준이 하락한 것으로 나타났다.

여기서 본 연구는 연도별 더미가 임금함수를 추정할 때 유효한 변수가 된다고 판단한다. 특히 내부노동시장에서의 임금결정을 분석하기 위해 기업 인사데이터를 활용할 때 매년 기업 인사제도의 변화를 간접적으로 반영할 수 있는 요인으로서 연도별 더미가 중요하며, 또한 연도별 차이를 반영했을 때 비로소 설명변수의 순수한 효과를 추정할 수 있다고 생각하기 때문이다. 따라서 본 연구에서는 월급여, 보너스 그리고 연봉을 실질임금변수로 전환하며 동시에 연도별 더미변수를 반영하여 임금함수 추정에 활용하는 것을 원칙으로 한다.

이제 종속변수 월급여, 보너스, 연봉에 대해 각각 인적자본변수를 기본으로 하면서 직군더미변수, 직급더미변수 각각을 추가했을 때의 추정결과를 살펴보고, 세 종류의 변수를 모두 통합했을 때 어떤 변화가 나타나는지를 살펴본다.[66] 이를 통해 일반적인 인적자본변수만

---

66) 직급수준(L1직급＝1, L2직급＝2, ……, L11직급＝11)과 인적자본변수의 상관관계는 교육연수는 0.6960, 근속연수는 0.6216, 경력연수는 0.7569로 높은 수준이기 때문에 직급과 교육연수 변수 간 내생성의 문제가 야기된다고 할 수 있다. 그러나 본 연구에서 임금함수를 추정할 때에는 이러한 문제점을 감안하여 직급을 더미변수로 전환한 후 추정

의 임금함수 추정에서 간과되어 왔던 기업 인사제도의 변수들이 어떤 영향을 미치는지를 확인할 수 있다. 월급여에 대한 추정은 <표 2-15>, 보너스는 <표 2-16> 그리고 연봉은 <표 2-17>에서 그 결과를 볼 수 있다. 임금의 성격과 상관없이 인적자본변수만의 모형(Ⅰ)과 직군 및 직급더미변수를 추가하여 임금함수를 추정할 때의 설명력은 인적자본변수만을 가지고 추정한 결과에 비해 설명력이 높아지는 것으로 나타났고, 통합-모형(Ⅳ)이 가장 설명력이 높은 것을 보여주고 있다.

<표 2-15> 월급여의 임금함수 추정결과: 인적자본, 직군, 직급

	Ⅰ	Ⅱ	Ⅲ	Ⅳ
상수항	12.7472[***] (0.0073)	12.6254[***] (0.0088)	13.5456[***] (0.0109)	13.4161[***] (0.0113)
교육연수	0.0733[***] (0.0005)	0.0795[***] (0.0005)	0.0121[***] (0.0008)	0.0165[***] (0.0008)
근속연수	0.0421[***] (0.0006)	0.0437[***] (0.0006)	0.0230[***] (0.0007)	0.0233[***] (0.0006)
근속연수^2 / 100	−0.0075[***] (0.0033)	−0.0104[***] (0.0033)	−0.0448[***] (0.0033)	−0.0451[***] (0.0032)
경력연수	0.0150[***] (0.0005)	0.0158[***] (0.0005)	0.0075[***] (0.0005)	0.0079[***] (0.0005)
경력연수^2 / 100	0.0951[***] (0.0034)	0.0920[***] (0.0033)	0.0319[***] (0.0032)	0.0281[***] (0.0031)
성별(여성=1)	−0.0885[***] (0.0026)	−0.0934[***] (0.0026)	−0.1166[***] (0.0025)	−0.1172[***] (0.0025)
결혼 여부 (기혼=1)	0.0418[***] (0.0027)	0.0428[***] (0.0026)	0.0221[***] (0.0025)	0.0199[***] (0.0024)
영업직군더미	−	−0.0322[***] (0.0040)	−	−0.0076 (0.0036)

에 사용하였다. 실제 직급더미변수와 인적자본변수 간의 상관관계는 거의 무시할 수 있는 수준으로 나타났다.

	I	II	III	IV
생산기술 직군더미	–	0.0591*** (0.0035)	–	0.0862*** (0.0032)
연구개발 직군더미	–	−0.0089** (0.0041)	–	0.0137*** (0.0037)
기타 직군더미	–	0.2131*** (0.0232)	–	0.2098*** (0.0208)
직급더미(L2)	–	–	0.0617*** (0.0027)	0.0704*** (0.0026)
직급더미(L3)	–	–	0.1667*** (0.0042)	0.1884*** (0.0042)
직급더미(L4)	–	–	0.2187*** (0.0047)	0.2445*** (0.0047)
직급더미(L5)	–	–	0.3291*** (0.0053)	0.3572*** (0.0052)
직급더미(L6)	–	–	0.4997*** (0.0066)	0.5276*** (0.0065)
직급더미(L7)	–	–	0.5893*** (0.0076)	0.6197*** (0.0074)
직급더미(L8)	–	–	0.6324*** (0.0087)	0.6590*** (0.0085)
직급더미(L9)	–	–	0.7044*** (0.0100)	0.7302*** (0.0098)
직급더미(L10)	–	–	0.8031*** (0.0121)	0.8287*** (0.0118)
직급더미(L11)	–	–	0.8615*** (0.0145)	0.8877*** (0.0142)
F	15168.33	11616.22	10182.71	9075.69
Adjusted R^2	0.8029	0.8096	0.8392	0.8470

주: ( )는 표준오차, *** 1%, ** 5%, * 10%에서 통계적으로 유의. 연도더미 포함.

<표 2-16> 보너스의 임금함수 추정결과: 인적자본, 직군, 직급

	I	II	III	IV
상수항	15.3044*** (0.0094)	15.3392*** (0.0115)	15.8691*** (0.0146)	15.8728*** (0.0154)
교육연수	0.0445*** (0.0006)	0.0433*** (0.0007)	0.0009 (0.0011)	0.0008 (0.0011)
근속연수	0.0547*** (0.0008)	0.0547*** (0.0008)	0.0300*** (0.0009)	0.0301*** (0.0009)
근속연수^2 / 100	−0.1381*** (0.0043)	−0.1379*** (0.0043)	−0.1160*** (0.0043)	−0.1160*** (0.0044)
경력연수	0.0230*** (0.0007)	0.0232*** (0.0007)	0.0136*** (0.0007)	0.0137*** (0.0007)
경력연수^2 / 100	0.0301*** (0.0044)	0.0286*** (0.0044)	−0.0061 (0.0042)	−0.0065 (0.0043)
성별(여성=1)	−0.0752*** (0.0034)	−0.0739*** (0.0034)	−0.1001*** (0.0034)	−0.0994*** (0.0034)
결혼 여부 (기혼=1)	0.0269*** (0.0035)	0.0270*** (0.0035)	0.0140*** (0.0033)	0.0140*** (0.0033)
영업직군더미	−	−0.0311*** (0.0053)	−	−0.0114 (0.0050)
생산기술 직군더미	−	−0.0223*** (0.0046)	−	−0.0024 (0.0044)
연구개발 직군더미	−	−0.0085 (0.0054)	−	0.0015 (0.0050)
기타 직군더미	−	0.0254 (0.0305)	−	−0.0088 (0.0285)
직급더미(L2)	−	−	0.1927*** (0.0036)	0.1928*** (0.0036)
직급더미(L3)	−	−	0.0848*** (0.0057)	0.0851*** (0.0057)
직급더미(L4)	−	−	0.1927*** (0.0036)	0.1944*** (0.0064)
직급더미(L5)	−	−	0.3648*** (0.0071)	0.3643*** (0.0072)

	I	II	III	IV
직급더미(L6)	-	-	0.3543*** (0.0088)	0.3539*** (0.0089)
직급더미(L7)	-	-	0.4340*** (0.0101)	0.4339*** (0.0102)
직급더미(L8)	-	-	0.4964*** (0.0116)	0.4966*** (0.0116)
직급더미(L9)	-	-	0.5831*** (0.0133)	0.5831*** (0.0134)
직급더미(L10)	-	-	0.6759*** (0.0162)	0.6749*** (0.0162)
직급더미(L11)	-	-	0.8042*** (0.0194)	0.8030*** (0.0195)
F	6941.27	5141.51	4473.53	3758.81
Adjusted R^2	0.6039	0.6530	0.6963	0.6963

주: 앞의 표와 동일함.

〈표 2-17〉 연봉의 임금함수 추정결과: 인적자본, 직군, 직급

	I	II	III	IV
상수항	15.9009*** (0.0056)	15.8354*** (0.0068)	16.6234*** (0.0080)	16.5417*** (0.0083)
교육연수	0.0647*** (0.0004)	0.0683*** (0.0005)	0.0092*** (0.0006)	0.0120*** (0.0006)
근속연수	0.0475*** (0.0005)	0.0486*** (0.0005)	0.0267*** (0.0005)	0.0269*** (0.0005)
근속연수^2 / 100	-0.0547*** (0.0026)	-0.0565*** (0.0025)	-0.0729*** (0.0024)	-0.0731*** (0.0023)
경력연수	0.0174*** (0.0004)	0.0180*** (0.0004)	0.0092*** (0.0004)	0.0096*** (0.0004)
경력연수^2 / 100	0.0751*** (0.0026)	0.0725*** (0.0026)	0.0206*** (0.0023)	0.0179*** (0.0023)

	I	II	III	IV
성별(여성＝1)	−0.0890*** (0.0020)	−0.0919*** (0.0020)	−0.1161*** (0.0018)	−0.1163*** (0.0018)
결혼 여부 (기혼＝1)	0.0356*** (0.0021)	0.0362*** (0.0020)	0.0183*** (0.0018)	0.0168*** (0.0018)
영업직군더미	−	−0.0328*** (0.0031)	−	−0.0098** (0.0027)
생산기술 직군더미	−	0.0292*** (0.0027)	−	0.0540*** (0.0023)
연구개발 직군더미	−	−0.0104*** (0.0032)	−	0.0082** (0.0027)
기타 직군더미	−	0.1591*** (0.0180)	−	0.1457*** (0.0153)
직급더미(L2)	−	−	0.1044*** (0.0020)	0.1099*** (0.0019)
직급더미(L3)	−	−	0.1406*** (0.0031)	0.1546*** (0.0031)
직급더미(L4)	−	−	0.2105*** (0.0035)	0.2270*** (0.0034)
직급더미(L5)	−	−	0.3404*** (0.0039)	0.3582*** (0.0039)
직급더미(L6)	−	−	0.4506*** (0.0048)	0.4682*** (0.0048)
직급더미(L7)	−	−	0.5398*** (0.0055)	0.5592*** (0.0055)
직급더미(L8)	−	−	0.5897*** (0.0063)	0.6066*** (0.0062)
직급더미(L9)	−	−	0.6652*** (0.0073)	0.6814*** (0.0072)
직급더미(L10)	−	−	0.7620*** (0.0088)	0.7778*** (0.0087)
직급더미(L11)	−	−	0.8457*** (0.0106)	0.8617*** (0.0105)
F	22036.89	16636.94	16442.04	14450.26
Adjusted R^2	0.8554	0.3590	0.8939	0.8981

주: 앞의 표와 동일함.

한편, <표 2 - 14>의 인적자본변수와 연도별 더미변수를 포함한 추정결과에 비해 직급과 직군더미변수를 추가할 때, 임금함수 추정 모형의 적합도(수정된 R^2)는 높아지지만, 인적자본변수의 계수 값은 상당한 변화를 보이게 된다. 월급여의 경우, 교육연수는 0.0733에서 0.0165로 1 / 5 수준으로, 근속연수는 0.0421에서 0.0233으로 1 / 2 수준으로, 경력연수는 0.0150에서 0.0076으로 1 / 2 수준으로 각각 감소하고 있다. 이는 개별 직급단위 내부적으로 인적자본변수의 다양성이 감소했기 때문이다.[67] 한편 성별더미계수는 오히려 -0.0885에서 -0.1172로 증가하고, 결혼더미변수는 0.0418에서 0.0199로 감소하고 있다. 이러한 계수의 변화는 직급더미와 직군더미의 추가로 야기된 것인데, 직급별 직군별 임금수준의 차이가 그대로 반영된 결과, 인적자본변수가 임금에 미치는 영향력이 크게 감소한 것이라고 볼 수 있다. 이는 기업 인사제도운영상 중요한 판단기준인 근로자의 직급과 직군을 감안할 때, 인적자본변수가 임금결정요인으로서 그 역할이나 비중이 약화된다는 것을 의미한다.

보너스의 추정결과는 월급여와 다른데, 특히 인적자본변수 중에서 교육연수의 계수 값이 통계적으로 유의하지 않게 되고 경력연수의 제곱 항 변수도 그러하다. 이는 보너스의 결정요인에서는 학력과 상관없이 근속연수와 경력연수가 중요하다는 사실을 보여주고 있다. 한편 연봉의 추정결과에서는 포함된 모든 변수가 유의하다는 결과를 보여주고 있는데, 보너스의 추정결과가 반영되었기 때문이며 월급여의 추정결과에 비해 교육연수의 계수 값이 감소하고, 그 결과 월급여의 임금함수 추정결과와 달리 교육연수의 계수 값이 근속연수보다 낮게 나타나 내부노동시장에서의 연봉 결정 시 교육연수보다는 근속

---

[67] 가령 간부계층의 경우 대부분이 대졸 이상의 학력을 가진 근로자이기 때문에 대졸과 석사, 또는 박사학위를 가진 근로자 간 교육연수의 차이만이 반영된 것이다.

연수가 더 영향력을 갖고 있는 것을 보여준다. 반면 직급별 더미변수의 계수 값은 예상한 대로 고직급일수록 높게 나타나고 있다. 다만, 보너스의 경우 생산직인 L2직급보다 대졸 신입사원인 L3직급이 오히려 낮게 나타났으나, 연동수준에서는 L3직급의 연봉이 L2보다 높게 나타난다.

〈표 2-18〉 임금함수의 OLS 추정결과 Ⅲ(실질임금): 인적자본, 직군, 직급

	ln(월급여)		ln(보너스)		ln(연봉)	
상수항	12.7472*** (0.0073)	13.4161*** (0.0113)	15.3044*** (0.0094)	15.8728*** (0.0154)	15.9009*** (0.0056)	16.5417*** (0.0083)
교육연수	0.0733*** (0.0005)	0.0165*** (0.0008)	0.0445*** (0.0006)	0.0008 (0.0011)	0.0647*** (0.0004)	0.0120*** (0.0006)
근속연수	0.0421*** (0.0006)	0.0233*** (0.0006)	0.0547*** (0.0008)	0.0301*** (0.0009)	0.0475*** (0.0005)	0.0269*** (0.0005)
근속연수^2 / 100	−0.0075 (0.0033)	−0.0451*** (0.0032)	−0.1381*** (0.0043)	−0.1160*** (0.0044)	−0.0547*** (0.0026)	−0.0731*** (0.0023)
경력연수	0.0150*** (0.0005)	0.0079*** (0.0005)	0.0230*** (0.0007)	0.0137*** (0.0007)	0.0174*** (0.0004)	0.0096*** (0.0004)
경력연수^2 / 100	0.0951*** (0.0034)	0.0281*** (0.0031)	0.0301*** (0.0044)	−0.0065 (0.0043)	0.0751*** (0.0026)	0.0179*** (0.0023)
성별(여성=1)	−0.0885*** (0.0026)	−0.1172*** (0.0025)	−0.0752*** (0.0034)	−0.0994*** (0.0034)	−0.0890*** (0.0020)	−0.1163*** (0.0018)
결혼 여부 (기혼=1)	0.0418*** (0.0027)	0.0199*** (0.0024)	0.0269*** (0.0035)	0.0140*** (0.0033)	0.0356*** (0.0021)	0.0168*** (0.0018)
영업직군더미	–	−0.0076 (0.0036)	–	−0.0114 (0.0050)	–	−0.0098** (0.0027)
생산기술 직군더미	–	0.0862*** (0.0032)	–	−0.0024 (0.0044)	–	0.0540*** (0.0023)
연구개발 직군더미	–	0.0137*** (0.0037)	–	0.0015 (0.0050)	–	0.0082** (0.0027)
기타 직군더미	–	0.2098*** (0.0208)	–	−0.0088 (0.0285)	–	0.1457*** (0.0153)
직급더미(L2)	–	0.0704*** (0.0026)	–	0.1928*** (0.0036)	–	0.1099*** (0.0019)
직급더미(L3)	–	0.1884*** (0.0042)	–	0.0851*** (0.0057)	–	0.1546*** (0.0031)

	ln(월급여)		ln(보너스)		ln(연봉)	
직급더미(L4)	–	0.2445[***] (0.0047)	–	0.1944[***] (0.0064)	–	0.2270[***] (0.0034)
직급더미(L5)	–	0.3572[***] (0.0052)	–	0.3643[***] (0.0072)	–	0.3582[***] (0.0039)
직급더미(L6)	–	0.5276[***] (0.0065)	–	0.3539[***] (0.0089)	–	0.4682[***] (0.0048)
직급더미(L7)	–	0.6197[***] (0.0074)	–	0.4339[***] (0.0102)	–	0.5592[***] (0.0055)
직급더미(L8)	–	0.6590[***] (0.0085)	–	0.4966[***] (0.0116)	–	0.6066[***] (0.0062)
직급더미(L9)	–	0.7302[***] (0.0098)	–	0.5831[***] (0.0134)	–	0.6814[***] (0.0072)
직급더미(L10)	–	0.8287[***] (0.0118)	–	0.6749[***] (0.0162)	–	0.7778[***] (0.0087)
직급더미(L11)	–	0.8877[***] (0.0142)	–	0.8030[***] (0.0195)	–	0.8617[***] (0.0105)
Adjusted R^2	0.8029	0.8470	0.6039	0.6963	0.8554	0.8981

주: 앞의 표와 동일.

2) 패널 추정모형과 분석결과

이상의 실증분석결과는 OLS 추정방식을 적용한 것이다. 그러나 본 연구의 분석자료인 기업 인사데이터는 그 속성상 5개년 패널자료로 구성되어 있어 패널데이터 분석모형을 적용할 수 있다. 패널자료는 근로자의 관찰되지 않는 이질성(unobserved individual heterogeneity)을 효과적으로 통제할 수 있을 뿐만 아니라 그 자체로서 효율적인 추정이 가능한 환경을 제공해 주며, 특히 경제변수의 시간에 걸친 조정과정, 즉 동태적 조정과정을 연구할 수 있는 자료이다.[68] 본 연구에서는 이러한 패널자료의 특성을 활용하고자 한다. 기존의 연구들이 횡

---

68) 패널자료의 장점과 한계에 대한 자세한 내용은 Baltagi(2005)의 pp.4 – 9 참조.

단면 자료인 노동부의 「임금구조기본통계조사」 자료를 주로 활용하여 임금함수를 추정한 결과를 분석하고 있기 때문에 추정 상의 편의(bias)가 발생했을 것으로 판단되며, 앞서 OLS 추정결과도 유사한 문제를 가지고 있을 것으로 보인다. 따라서 본 연구에서는 이하의 패널데이터 분석을 통해 이러한 편의 문제를 해결할 수 있을 것으로 기대된다.[69)]

일반적으로 횡단면 자료와 시계열 자료를 결합한 패널자료를 활용하여 분석하는 것은 횡단면 자료의 특성과 시계열 자료의 특성을 동시에 고려하면서 추정을 하되, 각각의 효과를 분리하여 분석할 수 있기 때문이다. 본 연구에서는 식 (1)을 패널데이터 분석모형으로 전환하여 적용한다.

일반적으로 패널데이터 분석모형은 추정모형의 오차 항을 어떻게 가정하는가에 따라 달라진다. 오차 항의 구성에 따라 일방향효과모형(one-way effect model)과 양방향효과모형(two-way effect model)으로 구분된다. 일방향효과모형은 식 (1)에서 정의한 오차 항 u_{it}에 대해 $u_{it} = v_i + \epsilon_{it}$, 즉 연도에 상관없이 근로자 개인별로 고유한 효과 v_i가 존재한다는 가정에서 회귀분석을 하는 방법이다. 이때 ϵ_{it}는 평균이 0, 분산이 상수라고 가정한다. 한편 양방향효과모형은 일방향효과모형의 개인별 고유효과에 추가하여 시간에 따라 일정한 효과 λ_t가 존재한다는 가정하에 오차 항의 속성을 $u_{it} = v_i + \lambda_t + \epsilon_{it}$과 같이 정의하고 있다. 즉, v_i는 근로자의 관찰되지 않은 효과(unobservable individual effect)를 나타내며, 동시에 관찰되지 않은 시간효과(unobservable time

---

69) 본 연구의 분석자료는 불균형 패널자료(unbalanced panel data)이다. 데이터탈락(attrition)이나 일시적인 절단(incidental truncation)현상이 다수 발생하고 있는 것을 확인할 수 있는데, 그 원인이 구체적으로 무엇인지 확인할 수 없었다. 다만, 대상자의 퇴직이나 전출, 또는 데이터 오류 등의 이유로 추정된다. 일반적으로 패널데이터가 불균형 자료일 때, 추정 상의 문제점이나 수정방법에 대해서는 Wooldridge(2002)의 pp.577-598 참조.

effect)를 의미하는 λ_t도 같이 추정에 반영하는 것이다.[70]

본 연구에서는 일방향효과모형을 적용한 임금함수 추정모형을 설정하여 분석한다.[71] 그러나 다년간의 횡단면 자료를 통합하여 추정하는 통합회귀분석(pooled regression)의 추정결과가 효율적이라면, 굳이 패널데이터 분석이 필요하지 않을 수 있다. 즉, 관찰되지 않는 효과가 존재하는지 존재하지 않는지를 사전에 판단함으로써 패널데이터 분석의 필요성을 검증할 필요가 있다. 이에 대한 검증방법은 Breusch and Pagan(1980)이 제안한 LM 검정(Largrangian multiplier test for random effect)인데, 이 검증결과를 보고 패널데이터 분석이 필요하다고 판단되면 그때 구체적인 패널데이터 분석모형을 설정하여 추정에 활용하게 된다.[72]

한편 v_i의 속성을 i에 대해서 그 값을 달리하는 상수로 가정하느냐 또는 확률변수(random variable)로 가정하느냐에 따라 패널데이터 분석에서는 고정효과모형(fixed effect model)과 확률효과모형(random effect model)으로 구분하여 적용하게 된다. 고정효과모형은 근로자 개인별 특성이 개인마다 다르다고 가정하며 시간에 따라 일정한 상수 값을 갖는다고 간주된다.[73] 보통 차분과정을 거쳐 개인이 가지는

---

70) 패널데이터 분석모형을 설명하는 방식이나 표기방법은 학자들마다 다르게 나타나는데, 본 연구는 앞서 설정한 표준화된 임금함수 추정모형에 기초하여 정리하였다. 패널데이터 분석에 대한 내용은 국문의 경우, 허윤식(1990), 서진교(2001), 이영훈(2001), 전승훈 외(2004)가 있고, 영문으로는 Lee(2002), Wooldridge(2002), Arellano(2003), Hsiao(2003, 2nd ed.), Baltagi(2005, 3rd ed.), Cameron and Trivedi(2005) 그리고 일문자료로는 北沢良継(2001), 北村行伸(2005), 樋口美雄·太田清·新保一成(2006)을 참조. 또한 Stata 통계패키지를 분석에 활용하기 위해 Stata Corporation(2003b)에서 발간한 패널데이터 분석에 대한 매뉴얼과 Baum(2006)을 참조하였다.
71) 본 연구에서 일방향효과(one-way effect)모형을 선택하게 된 것은 임금함수 추정 시 근로자의 관찰되지 않는 개인효과에 주목하기 때문이다.
72) LM 검정에 대한 이론적인 내용은 北村行伸(2005)의 pp.72-73 참조. 北村行伸(2005)은 패널데이터 분석 시 모형선택에 대한 검증방법과 절차를 자세하게 기술하고 있다.
73) 이때 고정효과는 마치 개인별 더미변수를 포함한 형태가 되는데, 이러한 형태 때문에 최소자승더미변수(least square dummy variable, LSDV) 추정이라고도 한다.

고유효과를 제거함으로써 관찰되지 않는 이질성에 따른 문제점을 해결할 수 있다. 한편, 확률효과모형은 고정효과모형에 비해 표준오차를 줄일 수 있기 때문에 추정의 효율성이 높아진다고 알려져 있다.

그러나 확률효과모형은 u_{it}가 설명변수들과 독립적이라는 가정하에 추정하는 것이기 때문에 만약 이러한 가정이 성립하지 않는다면 변수탈락(omitted variables)현상이 나타나 식별상의 오류가 발생할 수 있다. 따라서 본 연구에서는 이러한 문제점을 고려하여 고정효과모형과 확률효과모형으로 각각 추정한 후 Hausman 검정방법을 통해 u_{it}와 x_{it}에 대한 상관관계를 검정하였다.[74] 만약 상관관계가 유의하지 않을 경우, 확률효과모형의 추정결과를 적용하게 되며, 반대로 상관관계가 유의할 경우에는 고정효과모형의 추정결과를 적용하였다.

먼저 실질임금으로 변환한 종속변수, 즉 월급여, 보너스 및 연봉에 대해서 인적자본변수를 포함하여 추정한 임금함수의 패널데이터 분석결과는 다음 <표 2-19>과 같다. 표 하단의 LM 검정과 Hausman 검정결과를 보면 모두 고정효과모형이 적절한 추정모형이라는 것을 보여주고 있다. 월급여의 경우 고정효과모형을 통해 근로자의 관찰되지 않는 개인효과를 통제할 때 <표 2-14>의 OLS 추정결과와 비교해 보면, 인적자본변수의 추정계수 값에서 상당한 변화가 나타남을 알 수 있다. 이러한 변화는 보너스나 연봉에서도 발견되는데, 이는 근로자의 관찰되지 않는 개인효과를 통제하지 않았을 때에는 일반적인 임금함수의 추정결과가 나타나지만, 패널데이터 분석을 통해 근로자 간 이질성을 감안하게 되면 다음과 같이 다소 상이한 추정결과가 나타나는 것이다.

월급여의 경우, 교육연수와 경력연수의 계수 값이 크게 증가하고

---

74) Hausman 검정방법은 고정효과모형과 확률효과모형의 추정계수 간의 차이를 근거로 개인효과가 설명변수와 상관관계가 있는지의 여부를 기준으로 효율적인 추정모형을 판단하는 것이다.(北村行伸(2005)의 pp.71-72와 Wooldridge(2002)의 pp.288-291 참조)

있다. 한편 보너스의 경우, 근속연수만 통계적으로 유의미한 값을 가질 뿐 교육연수와 경력연수는 유의미하지 않게 된다. 연봉의 경우에는 OLS 추정결과와 유사한 형태로 나타나지만, 추정계수 값의 크기가 교육연수 〉근속연수 〉경력연수의 순서에서 반대로 경력연수 〉근속연수 〉교육연수로 바뀌어 근로자의 연간소득을 결정하는 요인으로서 경력연수가 가장 큰 영향력을 발휘하는 것으로 나타났다.

<표 2 - 19> 임금함수의 패널데이터 분석 추정결과 Ⅰ(실질임금)

	ln(월급여)		ln(보너스)		ln(연봉)	
	고정효과	확률효과	고정효과	확률효과	고정효과	확률효과
상　수	11.6498*** (0.3900)	12.7583*** (0.0107)	16.4309*** (0.8026)	15.0084*** (0.0117)	15.3924*** (0.3504)	15.8630*** (0.0082)
교육연수	0.1231*** (0.0245)	0.0727*** (0.0007)	-0.0482 (0.0504)	0.0407*** (0.0008)	0.0765*** (0.0220)	0.0598*** (0.0006)
근속연수	0.0780*** (0.0011)	0.0510*** (0.0008)	0.0902*** (0.0023)	0.0558*** (0.0011)	0.0806*** (0.0010)	0.0545*** (0.0006)
근속연수^2 / 100	0.0654*** (0.0091)	0.0146*** (0.0054)	-0.3121*** (0.0185)	-0.0556*** (0.0063)	-0.0653*** (0.0081)	-0.0413*** (0.0042)
경력연수	0.1044*** (0.0243)	0.0339*** (0.0009)	0.0490 (0.0501)	0.0437*** (0.0011)	0.0922*** (0.0219)	0.0373*** (0.0007)
경력연수^2 /100	0.0340*** (0.0069)	-0.0149*** (0.0032)	-0.3808*** (0.0142)	-0.0673*** (0.0036)	-0.0934*** (0.0062)	-0.0350*** (0.0024)
성별(여성=1)	-	-0.0568*** (0.0038)	-	-0.0414*** (0.0043)	-	-0.0766*** (0.0029)
결혼 여부 (기혼=1)	0.0237*** (0.0044)	0.0200*** (0.0034)	-0.0191** (0.0091)	0.0248*** (0.0044)	0.0119*** (0.0040)	0.0218*** (0.0027)

		ln(월급여)		ln(보너스)		ln(연봉)	
		고정효과	확률효과	고정효과	확률효과	고정효과	확률효과
표본 수		40,968	40,968	40,968	40,968	40,968	40,968
그룹 수		14,709	14,709	14,709	14,709	14,709	14,709
R^2	within	0.5245	0.5067	0.1405	0.0002	0.3272	0.3167
	between	0.7669	0.8011	0.2942	0.6658	0.8101	0.8534
	overall	0.7201	0.7658	0.1728	0.4608	0.7646	0.8143
F		4826.96		715.49		2128.35	
LM test		$\chi^2(1)=8759.39$		$\chi^2(1)=415.82$		$\chi^2(1)=8489.33$	
Hausman test		$\chi^2(6)=8844.81$		$\chi^2(6)=6048.42$		$\chi^2(6)=1386.65$	

주: ( )안은 표준오차이며, ***는 1%, **는 5%, *는 10% 유의수준에서 통계적으로 유의함. 임금데이터는 소비자물가지수로 조정되었음.

한편, 본 연구에서 주목하고 있는 직급과 직군더미변수를 포함한 고정효과모형의 추정결과는 다음 <표 2-20>과 같다. 이 경우에도 LM 검정과 Hausman 검정결과 패널데이터 분석의 고정효과모형이 적합한 것으로 나타나는데, 앞서 인적자본변수만의 추정결과와 비교할 때, 직급과 직군더미변수를 포함한 추정결과는 상당히 다른 모습을 보여준다.

<표 2-20> 임금함수의 패널데이터 분석 추정결과 Ⅱ(실질임금)

	ln(월급여)		ln(보너스)		ln(연봉)	
	고정효과	확률효과	고정효과	확률효과	고정효과	확률효과
상수	12.0526***	13.2607***	15.7091***	15.7187***	15.4483***	16.4529***
	(0.3742)	(0.0150)	(0.7749)	(0.0194)	(0.3442)	(0.0107)
교육연수	0.0881***	0.0298***	−0.0013	−0.0107***	0.0667***	0.0124***
	(0.0235)	(0.0011)	(0.0486)	(0.0013)	(0.0216)	(0.0008)
근속연수	0.0716***	0.0401***	0.0653***	0.0269***	0.0684***	0.0335***
	(0.0012)	(0.0009)	(0.0025)	(0.0012)	(0.0011)	(0.0006)

	ln(월급여)		ln(보너스)		ln(연봉)	
	고정효과	확률효과	고정효과	확률효과	고정효과	확률효과
근속연수^2 / 100	0.0576*** (0.0087)	−0.0207*** (0.0049)	−0.2508*** (0.0181)	−0.0592*** (0.0061)	−0.0521*** (0.0080)	−0.0480*** (0.0034)
경력연수	0.0878*** (0.0234)	0.0248*** (0.0008)	0.0653 (0.0484)	0.0217*** (0.0011)	0.0852*** (0.0215)	0.0219*** (0.0006)
경력연수^2 / 100	−0.0096 (0.0068)	−0.0339*** (0.0028)	−0.2916*** (0.0140)	−0.0483*** (0.0035)	−0.0946*** (0.0062)	−0.0374*** (0.0020)
성별(여성=1)	−	−0.0976*** (0.0035)	−	−0.0868*** (0.0044)	−	−0.1097*** (0.0024)
결혼 여부 (기혼=1)	0.0273*** (0.0043)	0.0050 (0.0032)	0.0039 (0.0089)	0.0117*** (0.0042)	0.0042*** (0.0040)	0.0090*** (0.0023)
영업직군더미	0.0019	0.0047	0.0747***	−0.0066	0.0285***	−0.0010
생산기술 직군더미	0.0445***	0.0949***	0.0660***	−0.0043	0.0519***	0.0601***
연구개발 직군더미	0.0129	0.0292***	0.1314***	−0.0027	0.0511***	0.0155***
기타 직군더미	−0.0097	0.2870***	0.0335	−0.0646*	0.0053	0.1722***
직급더미(L2)	0.0076**	0.0280**	0.2489***	0.2004***	0.0836**	0.0951**
직급더미(L3)	0.1239***	0.1079***	0.0742***	0.1059***	0.1120***	0.1345***
직급더미(L4)	0.2145***	0.1630***	−0.0286	0.2316***	0.1449***	0.2075***
직급더미(L5)	0.3622***	0.2678***	−0.0748***	0.4188***	0.2283***	0.3374***
직급더미(L6)	0.5313***	0.4224***	−0.2482***	0.4236***	0.2816***	0.4477***
직급더미(L7)	0.6166***	0.4892***	−0.3882***	0.5099***	0.2984***	0.5284***
직급더미(L8)	0.6710***	0.5249***	−0.4755***	0.5837***	0.3116***	0.5807***
직급더미(L9)	0.7392***	0.5942***	−0.4580***	0.6842***	0.3660***	0.6679***
직급더미(L10)	0.8385***	0.6932***	−0.4512***	0.7968***	0.4401***	0.7746***
직급더미(L11)	0.9104***	0.7411***	−0.3951***	0.9616***	0.5096***	0.8729***
표본 수	40,968	40,968	40,968	40,968	40,968	40,968
그룹 수	14,709	14,709	14,709	14,709	14,709	14,709
R^2 within	0.5633	0.5196	0.2006	0.0127	0.3524	0.3153
between	0.8123	0.8536	0.1431	0.7283	0.8398	0.9063
overall	0.7730	0.8118	0.0979	0.5145	0.7969	0.8626
F	1692.07		329.25		713.91	
LM test	$\chi^2(1)=2775.55$		$\chi^2(1)=1568.80$		$\chi^2(1)=1609.33$	
Hausman test	$\chi^2(20)=13580.15$		$\chi^2(6)=7534.01$		$\chi^2(6)=2801.12$	

주: 앞의 표와 동일함.

즉, <표 2－18>의 OLS 추정결과에서는 직급과 직군더미변수를 추가했을 때 모형의 적합도가 높아지지만 인적자본변수의 추정계수값들이 전반적으로 낮아지는 반면, 고정효과모형으로 추정했을 때에는 인적자본변수의 계수 값이 <표 2－18>의 추정계수 값과 비교할 때 오히려 증가하는 것으로 나타난다. 또한 직급더미변수에서도 보너스의 경우 상위직급이 오히려 하위직급보다 낮게 나타나는 음(－)의 부호 값을 보여준다. 한편 직군더미변수의 추정계수 값에서도 변화가 나타난다. 예를 들면 OLS 추정 시 보너스의 결정요인으로서는 직군이 큰 의미를 갖지 않는데, 고정효과모형의 추정결과에서는 경영지원직군에 비해 영업, 생산기술, 연구개발직군 모두 임금수준이 높게 나타난다.

이러한 추정결과들은 근로자의 관찰되지 않는 개인 이질성을 통제하여 추정 상의 효율성을 높인 결과이기 때문에 보다 정확한 분석결과라고 할 수 있다. 즉, 그러한 추정 상의 편의를 감안하지 않은 OLS 추정결과에 비해 고정효과모형은 효율성이 높은 추정 값을 보여준다는 것이다. 따라서 앞서 OLS 추정결과를 바탕으로 논의한 실증분석결과들은 다음과 같이 수정되어야 할 것이다.

직급더미와 직군더미변수의 추가로 인적자본변수가 임금에 미치는 영향력이 감소하기보다는 오히려 증가하고 있다. 이는 기업 인사제도운영상 중요한 판단기준인 근로자의 직급과 직군을 감안할 때에 인적자본변수가 임금결정요인으로서 담당하고 있는 그 역할이나 비중이 변화하지 않으며, 오히려 강화된다는 것을 의미한다. 직급과 직군더미변수는 임금의 성격에 상관없이 대부분 통계적으로 유의미한 값을 보이고 있어 개인의 고정효과에도 불구하고 임금결정요인으로서 그 역할을 담당하고 있다는 것을 확인할 수 있다.

한편 보너스의 추정결과는 월급여나 연봉과 상이하게 나타나는데,

앞서 OLS 추정결과와 같이 인적자본변수 중 근속연수의 계수 값만 통계적으로 유의하게 나타나 보너스의 결정요인에서는 학력과 상관 없이 근속연수가 중요하다는 사실을 보여주고 있다. 한편 직급별 더미변수의 계수 값은 예상한 대로 고직급일수록 높게 나타나고 있지만, 보너스의 경우에는 반대로 나타나는데, 이는 A기업 내에서 보너스의 운영기준이나 제도 적용상의 변화가 OLS 추정모형보다는 고정효과모형에서 잘 반영하고 있다는 것을 보여준다. 즉, 인사제도상 임금체계의 구성변화로 간부계층의 경우 보너스가 급격히 낮아지는 시기가 있었는데, 이러한 차이점을 반영한 결과로 볼 수 있기 때문이다.

3) 분석결과 정리

이상의 결과를 종합해 보면, 만약 근로자의 인적자본속성이 그 근로자의 생산성을 대표하는 지표라고 할 때, 인적자본변수를 통제한 후에도 이와 같은 직급별 임금격차가 존재한 사실은 본 연구가 관심을 두고 있는 내부노동시장에서의 임금결정이 일반적인 노동시장에서의 임금결정과 상당한 차이점이 있다는 것을 보여준다.

Doeringer and Piore(1971)의 내부노동시장 연구의 중요한 결과 중 하나는 내부노동시장에서의 임금이 경쟁시장에서 결정되기보다는 관료적 절차를 통해 이루어지며, 따라서 직무나 직급과 연계되어 있다고 한 것이다. 사실 수많은 실증분석 연구들은 직급과 직무가 임금과 강한 상관관계를 갖고 있다고 결론짓고 있다. 가령 Baker, Gibbs and Holmstrom(1994a, b), Treble et al.(2001), Grund(2005) 그리고 Kwon(2006)이 대표적인 연구이다. 또한 Seltzer and Merrett(2000)의 연구를 제외하고는 대부분의 선행연구가 위계구조와 보상 간의 관계를 추정할 때 직급을 활용하였다.[75]

대부분의 연구가 Doeringer and Piore(1971)의 주장을 뒷받침하는 결과를 도출했다. 만약 내부노동시장에서 임금이 직급이나 직무에 의해서만 결정된다면, 외부노등시장의 여건에 좌우되지 않는다는 것을 증명하기 때문에 내부노동시장의 존재에 대한 확실한 근거를 마련할 수 있다. 그러나 직급 나 그리고 직급 간 변동이 존재하고 이러한 변동이 시간에 따라 변동한다면 외부노동시장의 영향력이 작동하고 있다고 보는 것이 타당하다. Gibbs and Hendrick(2004)은 직급 내 임금변동이 존재한다고 하더라도 승진하지 않은 근로자들의 임금이 장기적으로는 그들의 직무와 연계되어 있다는 것을 발견하였다.

즉, 내부노동시장에서의 임금결정이 근로자의 생산성만으로 결정되는 것이 아니라 내부노동시장에서의 독특한 '제도의 힘'이 존재하기 때문이라고 보는 것이다. 본 연구에서 이러한 '제도의 힘' 중 하나로서 직급과 직군 차이에 주목하고 있는데, 특히 직급구조가 중요한 역할을 한다고 판단된다. 그 이유는 직급구조가 단순히 임금결정을 위한 수단이 아니라 조직 구성원의 효율적인 활용을 통한 기업의 성과창출을 위해 개별 근로자에게 적절한 역할과 책임을 부여하는 기준 잣대가 되고 있기 때문이다.

따라서 임금이 직급이나 직무에 의해서만 결정된다면, 외부노동시장의 여건에 좌우되지 않는다는 것을 증명하기 때문에 내부노동시장의 존재에 대한 확실한 근거를 마련할 수 있다. 그러나 본 연구의 추정결과를 종합해 볼 때, 순수하게 직급과 직군만으로 임금이 결정된다고 볼 수 없고, 직급 간 임금격차가 존재하며, 시간에 따라 변동한다면 일정 부분 외부노동시장의 영향력이 작동하고 있다고 보는 것이 보다 설득력이 있는 주장이라고 판단된다.76)

---

75) Seltzer and Merrett(2000)는 직무의 더미변수를 활용하여 임금에 영향을 미친다는 점을 발견하였다.

76) 다만, 근로자의 직급을 결정하는 요인으로서 인적자본변수가 영향을 미칠 것이라고 쉽게

제4절 결 론

본 연구는 내부노동시장에서의 임금결정에 대한 기존의 이론적 성과를 바탕으로 기업 인사제도나 관행이 임금결정에 중요한 역할을 담당하고 있음을 실증적으로 분석하였다. 기업 내부노동시장의 '제도의 힘'이 어떻게 작동하고 있는지를 확인하기 위해 기업 인사데이터를 활용함으로써 기존의 연구에서는 활용할 수 없었던 구체적인 직급과 직무정보를 도출하여 실증분석에 활용하였다.

먼저 기업 인사제도의 중심에 있는 직급별 임금테이블의 변화가 연도별로 어떤 특징을 갖고 있는지를 확인하기 위해 직급별 임금구조의 변화를 살펴보았다. 월급여의 경우 고직급일수록 높은 임금이 책정되는 형태이지만, 시기별로 직급별 월급여 수준이나 증감률이 변화하고 있고, 보너스의 경우에도 마찬가지인 것으로 나타났다. 이는 기업이 경영환경 변화에 따라 인사제도를 달리 적용하고 있다는 사실을 보여주는데, 특히 직급별로 임금상승률을 달리 책정하여 직급별 월급여 인상률이 다르게 나타난다는 점과 성과급제를 도입하면서 기존 보너스의 일부분이 월급여로 전환되어 보너스 수준이 직급별로 차이가 나는 것과 같이 기업이 인사제도의 변화를 꾀하면서 대상별로 제도 적용상의 차이를 둔다는 점을 확인할 수 있었다.

본 연구는 이러한 직급별 임금구조의 변화와 특징을 감안하여 임금함수를 추정할 때 일반적으로 적용되어 온 인적자본변수뿐만 아니라 인사제도의 변화를 간접적으로 대변할 수 있는 근로자의 직급 및

예측할 수 있기 때문에 계량경제학적인 관점에서 내생성 문제가 야기되어 확정적인 근거로 삼기에는 여전히 한계가 있으며, 향후 이러한 문제를 해결할 수 있는 방법을 모색하여 보다 엄밀한 의미에서 기업 인사제도의 중요성을 검증해야 할 필요성이 있다.

직군더미를 포함시켜 분석하였다. 또한 근로자의 관찰되지 않는 개인 이질성을 감안한 고정효과모형의 추정결과를 통해 보다 엄밀한 실증분석결과를 도출하였다. 이러한 추정결과를 종합해 보면 다음 몇 가지로 요약할 수 있다.

첫째, 임금함수를 추정할 때 인적자본변수가 임금결정요인으로서 유의미한 것으로 나타나며, 근로자의 직급 및 직군더미변수를 포함시켜 추정했을 때 OLS 추정의 경우는 약화되지만 고정효과모형에서는 오히려 강화된다. 이러한 현상은 기업 내부노동시장에서 인사제도의 변화를 간접적으로 나타내는 직급 및 직군더미를 추가하여 추정할 경우에도 인적자본이론에서 주장하는 바와 같이 근로자의 인적자본수준에 따라 임금수준이 달라진다는 것을 확인할 수 있었다. 다만, 보너스의 경우, 유독 교육연수의 영향력이 발견되지 않는데, 그 이유는 보너스가 기본적으로 근로자의 월급여를 기준으로 책정되기 때문에 그 영향력이 희석된 것이라고 볼 수 있다.

둘째, 인적자본변수에 직급 및 직군더미변수를 포함하여 추정한 결과, 모든 계수가 통계적으로 유의미한 영향력을 가지고 있어 의미가 있는 임금결정요인으로 파악되었다. 특히 직급더미변수의 유의성에 주목하게 되는데, 이러한 결과는 기업 내부적으로 이루어지는 임금결정방식이 임금함수 추정에 그대로 반영된 것으로 파악된다. 즉, 기업에는 직급별 임금테이블이 사전에 책정되어 있고 따라서 근로자의 임금결정 시 근로자의 직급에 따라 기본적인 임금수준의 범위가 먼저 결정되며 그 후에 근로자의 인적속성을 감안하여 추가적인 임금수준 조정이 이루어진다고 해석할 수 있는 것이다. 물론 실제 기업의 임금결정방식은 직급별 임금테이블에 따른 임금수준 결정이 일반적인데, 다소 조정이 가능한 부분은 특근수당이라든가 근로자 개인별로 다른 수당이 추가되거나 개인 신상의 특별한 사유로 월급여가 변동한 것들을 생각할 수 있다.

셋째, 이상의 결과를 종합해 보면, 근로자의 인적자본속성이 그 근로자의 생산성을 대표하는 지표라고 할 때, 인적자본변수를 통제한 경우에도 직급별 임금격차가 존재한 사실은 내부노동시장에서의 임금결정이 일반적인 노동시장에서의 임금결정과 상당한 차이점이 있다는 것을 보여준다. 즉, 내부노동시장에서의 임금결정이 근로자의 생산성만으로 결정되는 것이 아니라 내부노동시장에서의 독특한 '제도의 힘'에 의해서 좌우된다는 것이다. 따라서 내부노동시장에서의 임금결정에 대해 연구할 때 기업의 독특한 인사제도를 고려하는 것이 바람직한 것으로 판단할 수 있다.

제 3 장

인센티브로서의 승진과 그 결정요인[*]

---

* 본 장은 엄동욱(2006a)의 제3장을 수정·보완하여 「노동정책연구」 제7권 제1호(2007년 3월 간행)에 "기업에서의 승진 결정요인 변화: IMF 외환위기 전후 대기업 인사데이터에 대한 실증분석"이라는 제목으로 게재된 내용에 기초하고 있으며, 논문투고 이후 수정논문 작성과정에서 재정리한 것이다.

제1절 서 론

1. 문제제기

앞서 제2장에서 살펴본 것처럼 우리나라 내부노동시장에서는 근로자의 임금수준은 인적자본수준뿐만 아니라 기업 특유의 인사제도에 따라서 결정된다. 소위 직급별 임금테이블로 상징되는 임금결정의 제도적인 틀과 더불어, 유사한 직무집합이라고 할 수 있는 직군구분이 기업 인사제도를 운영할 때 중요한 의사결정의 근거가 되고 있다는 점에서 소위 '제도의 힘'의 중요성을 보여주었다고 볼 수 있다. 그러나 제2장에서 살펴본 내부노동시장에서의 임금결정에 대한 논의에서 유보한 부분이 있는데, 바로 그것이 승진에 대한 것이다.

승진은 내부노동시장에서 고유한 특징을 가지고 있다. 개별 근로자에게는 미래의 임금상승과 개인성장을 기대할 수 있는 중요한 인센티브 기능을 갖고 있다. 다른 한편으로는 기업의 입장에서 승진은 동일한 인적자본속성을 갖고 있더라도 상대적으로 우수한 능력을 가진 근로자를 구별해 내는 시그널장치로서 작동하고 있으며, 따라서 승진은 기업과 근로자 간 상호 매칭의 결과로 해석할 수 있다. 그렇다면 내부노동시장에서 승진을 결정짓는 요인은 무엇인가?

제3장에서는 승진의 결정요인을 다룬다. 내부노동시장에서 '시장의 힘'과 '제도의 힘'을 구별 짓는 독특한 인사제도 중 하나로서 대기업 노동시장에서의 승진이 갖는 위치는 남다르다고 할 것이다. 하지만 기존의 선행연구들이 제시하는 설명은 그리 만족스럽지 않다. 승진의 결정요인에 대한 연구들이 평면적인 분석에 그치는 경우가 많기 때문이다. 즉 기업체 설문조사 등을 통해서 확보한 기업별 조

사자료를 근거로 승진결정 시 중시하는 요인을 추론하고 있을 따름이다. 또한 승진결정요인에 대한 실증분석이 이루어진다고 하더라도 승진의 개념에 대한 이해나 접근이 제한적이기 때문에 내부노동시장에서 승진이 갖는 의미를 충분히 설명하기에는 미흡한 실정이다.

최근 성과주의 인사제도의 도입과 확산에 따라 임금결정방식은 물론 승진의 결정요인에서도 연공서열형에서 성과주의형으로 전환하고 있다는 주장이 나타나고 있다. 대표적인 연구가 신영수(2003)인데, 학력이나 근속연수가 승진에 미치는 영향력이 과거에 비해 상대적으로 감소되고 있다는 실증분석결과를 제시하면서 승진의 결정요소로서 연공적 요인들이 갖는 위상이 약화되고 있다고 주장하였다. 한편, 기업의 승진결정 시 아직도 학력이나 근속연수가 중요하다는 주장도 있는데, 정인수 외(2002)는 기업체 실태조사를 통해 근속기간이 승진의 결정에서 아직까지 가장 중요한 요인이라는 실태조사결과를 제시하고 있다. 또한 승진과 임금결정에서 개인 업적이나 성과가 중시된다고 응답한 업체가 소수라는 점을 들어 성과주의형 승진체계가 정착되지 않은 상태라고 주장한다.

이상의 논의를 종합해 보면, 내부노동시장에서의 승진은 외부노동시장에서 발견할 수 없는 독특한 인사제도임에도 불구하고 그 메커니즘이나 구체적인 결정요인에 대한 실증분석은 아직 미흡한 수준이라고 판단된다. 이는 기업 내부적으로만 확인할 수 있는 승진 여부나 직급구조, 인사고과결과에 대한 자료 확보가 어려운 상태에서 불가피한 결과이다. 따라서 본 연구에서는 제2장에서 소개한 기업 인사데이터를 활용하여 내부노동시장에서의 승진결정요인을 분석함으로써 그간 블랙박스(Black Box)로 여겨져 왔던 기업 내부의 승진 메커니즘과 그 결정요인에 대해 살펴보고자 한다.

2. 분석과제와 구성

본 연구의 과제는 내부노동시장에서의 승진을 결정하는 요인들을 분석하는 것이다. 본 연구의 핵심가설은 다음과 같이 정의된다. 즉, 내부노동시장에서의 승진결정에서 인적자본변수와 더불어 근로자 개인의 능력과 업적을 설명하는 인사고과결과가 중요한 역할을 담당한다는 것이다. 좀 더 자세히 언급한다면, 인사고과결과에 따라 근로자 개인별 승진확률의 차이가 나타난다는 것이며, 이는 인적자본변수를 통제하더라도 인사고과결과의 유의미한 영향력을 갖고 있다고 점을 발견하는 작업이 될 것이다. 또한 승진결정요인의 변화를 살펴보기 위해 IMF 외환위기 이전과 이후를 비교한다.[1]

따라서 본 연구는 이러한 승진결정요인과 그 효과를 파악하기 위해 프로빗(Probit) 모형을 적용한 승진확률함수를 추정한다. 특히 기존의 연구에서는 활용할 수 없었던 인사고과변수를 추가하여 근로자의 능력과 업적이 승진결정요인으로서 어떻게 영향을 미쳤는지를 살펴본다.

본 연구의 구성은 다음과 같다. 제2절은 기존의 내부노동시장에서의 승진에 대한 연구성과를 토너먼트 이론을 중심으로 정리한다. 제3절에서는 먼저 분석자료를 제시하고, 그와 더불어 A기업의 구체적인 승진체계를 검토한다. 또한 내부노동시장에서의 승진결정요인에 대한 실증분석으로서 승진확률함수를 추정하는 프로빗(Probit) 모형을 설정한다. 종속변수는 승진 여부이며, 설명변수는 전기(前期)의 인적자본변수와 인사고과 등을 포함한다. 승진확률함수의 추정결과를 통해 인적자본변수를 통제할 때 인사고과가 승진에 미치는 영향

---

1) 이러한 연구주제는 신영수(2003)가 승진결정요인의 변화를 살펴보기 위해 다년간의 임금자료를 활용한 이유이기도 하다.

을 계층별로 구분하여 살펴본다. 마지막 제4절에서는 본 연구의 연구결과를 요약정리한다.

제2절 선행연구 검토

1. 토너먼트 이론[2]

Lazear and Rosen(1981)에 의하여 제시된 토너먼트 모형은 승진을 설명하는 중요한 모형으로, 토너먼트의 승자에게 가장 큰 상품이 주어진다는 원리에 기초를 두고 있다. Lazear and Rosen은 다음과 같은 두 가지의 단순한 토너먼트 모형을 제시하였다.

모형 1 : 여기에서는 근로자와 기업 모두 위험중립적(risk – neutral)인 것으로 가정한다. 이때 기업은 생산성이 높은 근로자(winner)에게 고임금을, 생산성이 낮은 근로자(loser)에게는 저임금을 지급하며, 승부에 따른 임금격차가 클수록 근로자의 노력투입은 높아지게 된다.

모형 2 : 근로자는 위험회피적(risk – averse)인 반면, 기업은 위험중립적인 것으로 가정한다. 여기에서 위험회피적인 근로자는 실패하였을 경우에 대비하여 보험에 가입하려는 동기가 발생한다. 따라서 기업은 승부에 따른 임금격차를 적정수준까지 낮추게 된다.

---

2) 이하의 내용은 기본적으로 정인수 외(2003)의 부록에서 정리한 내용을 원용하였고, 원저인 Gibbons and Waldman(1999b)을 토대로 재정리한 것이다.

이러한 토너먼트 모형의 문제점 중 하나는 토너먼트가 동료 근로자 간의 협력을 방해한다는 것이다. Lazear(1989)는 자신의 생산량을 증대시키려는 노력과 함께 동료의 생산 활동을 방해(sabotage)하려는 행동을 근로자가 동시에 취하는 모형을 제시하였다. 이 모형에서 방해가 있을 경우의 최적상품(optimal prize)은 방해가 없을 경우보다 적어진다. 이러한 Lazear의 모형은 근로자 간 임금격차가 생산성 격차보다 적은 이유를 설명하고 있다.

대부분의 토너먼트 모형이 단기(one – period) 모형인 데 비해 Rosen(1986)은 운동경기와 같이 여러 단계에 걸쳐 발생하는 경쟁적 토너먼트 모형을 제시하였다. 이 모형을 간단히 설명하면, 먼저 2n의 근로자가 있을 때 경쟁은 n라운드에 걸쳐 발생하게 된다. 이 경우 처음 n – 1라운드까지는 경쟁의 승리에 따른 임금상승이 동일하다. 그러나 마지막 라운드에서 승리하였을 경우에는 임금상승 폭이 대폭 늘어난다. 그 이유는 다음과 같다. 즉, n – 1라운드까지는 토너먼트의 승리에 따른 보상이 즉각적으로 확보된 임금상승과 다음 라운드에 참여함으로써 얻을 수 있을 것으로 기대되는 임금상승의 둘로 구성된다. 그렇지만 마지막 라운드에서는 두 번째 보상을 기대할 수 없다. 따라서 근로자로부터 이전 라운드와 동일한 노력을 끌어내기 위해서는 승리자에 대한 임금상승의 폭을 증대시켜야 한다. 이 모형은 기업의 최고 경영자 계층에서 발견되는 것과 같이 승진에 따른 임금상승 폭이 큰 이유를 설명하고 있다.

한편, Meyer(1992)는 일련의 토너먼트 단계에서 첫 번째 단계의 우승자를 선호하게 되는 방식으로 그 다음 단계에서의 일종의 편의(bias)조치를 도입하는 것이 효율적이라고 본다. 즉, 두 번째 단계에서 편의가 발생함으로 해서 두 번째 단계에서의 노력은 감소하지만, 첫 번째 단계에서는 이를 염두에 둔 근로자들이 더 노력하게 된다는 것이다. 따라서 고속승진(fast track)제도는 이러한 인센티브 구조에서 도출된다고 할 수 있다.

결국 이러한 토너먼트 이론들은 승진이라는 기업 내부의 인사제도가 내부경쟁상황을 만들어 낼 수 있도록 토너먼트를 구성하고 토너먼트의 승부결과에 따른 보상수준을 결정함으로써 근로자의 노력투입을 최대한 이끌어 내려는 인센티브 수단이라는 것을 보여주고 있다.

2. 승진의 직무배치 및 인센티브 기능

앞서 제2장에서도 간단히 살펴본 것처럼 내부노동시장에서의 임금결정에서 승진의 중요성은 널리 알려진 사실이다. 이러한 현상에 대한 연구는 승진이 기업 내부적으로 어떠한 기능을 하고 있느냐에 따라 구분된다. 승진은 다음 2가지의 기능을 한다고 이해되고 있다. 즉 직무배치 기능(job assignment mechanisms)과 인센티브 기능(incentive mechanisms)이다.

첫째, 직무배치 기능으로서의 승진에 대해서는 Murphy(1986), Gibbons and Katz(1992) 등에서 다루어지고 있다. 기업이 근로자를 채용하고 나서 초기에는 근로자의 생산성과 능력을 정확하게 파악하지 못하지만, 시간이 지나면서 개별 근로자의 능력을 점차 정확하게 파악하게 되기 때문에 능력이 있는 근로자는 승진하게 되고, 능력이 떨어지는 근로자는 그 자리에 더물러 있거나 또는 도태된다고 설명하고 있다. 또한, 근속연수가 높아지면서 근로자는 경험을 쌓고 숙련도가 높아지게 된다고 보고, 이때 인적자본이 일정 기준치 이상으로 축적되어 능력이 향상되면 기업은 이 근로자를 승진시킨다는 본다.

이러한 직무배치 기능으로서의 승진에 대한 Murphy(1986)의 논의와 인적자본 축적에 따른 승진을 통합한 Waldman(1984)은 2기간 2개 직무(two period – two jobs)로 구성된 단순모형을 사용하여 승진을 다음과 같이 설명하고 있다. 먼저 첫 번째 기간의 초기에 기업은 젊은 근로자를 채용하며, 이때 근로자의 정확한 능력은 파악되지 않은 상태이다. 첫 번째 기간 중 근로자는 기업특수 인적자본을 축적하게 되고, 기업은 근로자의 능력을 정확하게 측정하여 능력이 기준치보다 높을 경우 두 번째 기간에 승진을 시키게 된다. 다른 기업은 승진을 근로자의 능력에 대한 긍정적 신호(signal)로 받아들여 스카우트를 하려고 하며, 이 기업은 다른 기업의 스카우트를 방지하기 위해 승진에 따른 임금상승 폭을 크게 한다는 것이다. 한편 Bernhardt(1995)는 Waldman(1984)의 모형을 다기간(multi – period) 모형으로 확장시킴과 동시에 기업특수 인적자본과 함께 일반 인적자본의 축적까지 고려한 모형을 고려하였다. 새로운 모형은 Waldman(1984)의 결과들을 포함하고 있으며, 그 외에도 고속승진을 설명하고 있다. 즉, 최초 승진을 빠르게 한 근로자는 이후에도 빠른 속도로 승진할 가능성이 높다는 것이다.

또한 Milgrom and Oster(1987)는 근로자를 visible workers와 invisible workers로 구분하고 노동시장에서의 차별을 설명하였다. visible workers는 이들이 노동시장에 진입하였을 때부터 능력의 수준이 알려진 근로자들인 반면, invisible workers는 이들의 실제 능력이 제대로 알려지지 않은 근로자로 정의된다. 일반적으로 여성이나 흑인과 같은 이들이 여기에 포함된다. 채용 후 첫 번째 기간이 경과한 뒤 고용한 기업은 이들의 실제 능력을 알게 되는 반면, 다른 기업들은 승진하였을 경우에만 이들의 능력을 알게 된다. 따라서 기업은 스카우트를 피하기 위하여 invisible workers의 실제 능력을 다른 기업이 알게 되는 것을 망설이게 되며, 이는 invisible workers에 대한 노동시장 차별을 불러일으킨다. 그 결과 invisible workers의 평균임금은 동일한 능력이 있더라도 상대적으로 낮으며, 인적자본에 대한 투자의 수익률이 상대적으로 낮아 인적자본에 대한 투자가 적고, 상대적으로 적은 숫자만이 승진하게 된다는 것이다. 이러한 Milgrom and Oster의 승진모형은 승진에 있어서 여성이 차별받는 원인을 설명하고 있다는 데 의의가 있다.

둘째, 인센티브 수단으로서의 승진을 이해하는 이론들은 '왜 많은 기업에서 인센티브의 수단으로서 승진을 금전적인 보너스보다 더 많이 활용하는가?'라는 퍼즐을 설명하려는 시도에서 출발하고 있다.[3] Malcomson (1984)은 Lazear - Rosen의 토너먼트 모형을 일반화하여 이를 설명하고 있다. 그는 기업이 개별 근로자의 생산량을 정확하게 측정 또는 검증할 수 없다고 가정할 때, 근로자의 생산량에 따라서 보너스를 결정하는 인센티브 계약(incentive contract)방식을 현실적으로 사용할 수 없다고 전제한다. 대신에 기업이 근로자들에게 상대적으로 우수한 일정 비율의 근로자를 상위직급으로 승진시키겠다는 약속을 함으로써 근로자의 근로의욕을 부추기는 방법을 사용한다고 설명하고 있어 승진이 곧 인센티브 수단이라는 점을 강조하고 있다.

또한 Fairburn and Malcomson(2001)은 고생산성 근로자와 저생산성 근로자의 두 종류 근로자가 있다는 가정하에 앞의 수수께끼를 설명한다. 기업에서 관리자(manager)는 근로자의 생산성을 정확하게 파악하며, 또한 업무실적에 대한 관리자의 평가에 근거하여 보상이 이루어진다면, 이 경우 근로자는 관리자를 매수(bribe)할 동기가 발생한다. 즉, 근로자는 관리자를 매수하여 자신의 평가를 실제보다 높게

---

3) '왜 동기부여 수단으로 승진이 보너스보다 더 중요한가?'의 의문을 Baker-Jensen-Murphy 수수께끼라 한다.

받고, 상향평가에 따른 임금증가분을 관리자와 배분하려 할 것이다. 관리자를 매수할 수 있을 때, 근로자는 근무태만을 하게 되며, 이때 표준 계약이론이나 토너먼트 이론은 비효율적이 된다. 그러나 관리자의 소득이 기업의 이윤에 달려 있으며, 고생산성 근로자가 승진하였을 때 기업의 이윤을 더욱 증대시킬 수 있다고 가정하면 상황이 달라진다. 이때 관리자는 저생산성 근로자로부터의 매수 시도가 있을지라도 정확한 평가를 하게 되고 결국 고생산성 근로자가 승진하게 된다. 따라서 이런 상황에서는 승진이 매수의 위험에도 불구하고 근로자의 근로의욕을 부추기는 인센티브 기능을 수행하게 된다.[4]

3. 승진과 그 결정요인에 대한 실증분석

실증분석의 경우, 연구대상에 따라 주로 CEO와 같은 고위경영진의 승진과 관련하여 기업행태를 실증 분석하는 연구와 근로자의 행태에 주목하는 연구로 구별된다.[5] 최근 DeVaro(2006)는 전략적 인적자원 관리의 관점에서 승진과 같은 인사제도가 기업성과와 어떠한 관계를 맺고 있는지를 실증분석하고 있는데, 특히 인센티브 수단으로서 승진의 역할에 주목하며 본 연구와 같이 근로자 개인별 인사고과변수를 설명변수로 활용하고 있다. 프로빗(Probit) 모형의 승진확률함수 추정을 통해 인사고과변수가 통계적으로 유의하게 나타고 있음을 보여주고 있다.[6]

---

4) 이외에도 Prendergast(1993a)와 Kahn and Huberman(1988) 등은 능력(skill) 축적의 동기부여 수단으로 승진을 설명하였다.

5) 실증분석의 최근 동향과 추정결과에 대한 자세한 내용은 DeVaro(2006), p.725를 참조.

6) DeVaro(2006)의 실증분석에 사용된 표본은 1992년부터 1995년까지 미국 애틀랜타, 보스턴, 디트로이트 및 로스앤젤레스와 같은 4개 대도시의 3,510개 사업장을 대상으로 한 MCSUI(Multi-City Study of Urban Inequality)의 조사결과를 활용하였다. 기본모형

한편 일본에서도 승진의 인센티브 시스템에 대한 연구가 진행되어 왔는데, 실증분석으로는 馬駿(1998)이 일본의 대표적인 전자기기제조업체인 M사에 근무하는 생산직 근로자의 인사데이터를 활용하여 승진의 효과를 규명하고 있다. 이 연구도 프로빗 모형의 승진확률함수를 추정하고 있지만, 본 연구와 달리 인사고과변수를 활용하기보다는 근속연수나 연령의 효과를 추정하여 승진에 있어서 연공효과를 확인하고 있다.[7] 더 나아가 馬駿(2004)은 기존의 연구들이 일본 기업의 승진제도를 분석할 때 연공효과의 설명변수로서 연령과 근속연수를 제대로 구분하지 못하고 있다는 점을 비판하고, '연령'과 '근속연수'를 그 역할에 따라 분리하여 해석하고, 승진뿐만 아니라 승급제도를 포함하는 것이 '연공(年功)'효과를 제대로 분석할 수 있다고 본다. 그는 이를 위해 승진확률함수를 동기입사 코호트와 동년배 코호트로 나누어 추정하였다. 추정결과, 근속연수는 승진에 그리고 연령은 승급에 정(+)의 영향을 미치고 있어 각각 근로자의 숙련형성을 위한 인센티브 기능을 담당하고 있다고 보고 있다. 즉 승진제도에 근속연수를 고려함으로써 기업특수 인적자본의 축적을 유인하고, 승급제도에는 연령을 반영하여 승진탈락자의 동기저하를 최소화하는 장치로 작용한다는 것이다.

은 본 연구와 유사하지만, 설명변수는 차이가 있다. 자세한 내용은 DeVaro(2006), p.726 참조.

7) 馬駿(1998)의 인사데이터는 개별 근로자의 승격속도(차상위직급으로 승진하는 데 소용된 연수)를 확인할 수 있으며, 이 정보로 활용하여 승진제도의 연공성을 다양한 각도에 분석하고 있다. 또한 승급정보를 활용하여 승진과 승급 간 관계도 분석하고 있어 향후 승진제도에 대한 연구에 도움을 줄 것으로 기대된다. 자세한 내용은 馬駿(1998)과 함께 M사에서의 근로자 숙련형성을 위한 인센티브 시스템을 분석한 馬駿(1997)을 함께 참조.

4. 국내 선행연구의 성과와 문제점[8]

우리나라 기업에서의 승진결정요인을 분석한 연구로는 금재호 (2002)와 신영수(2003)가 대표적이다.[9] 금재호(2002)는 한국노동패널 자료를 이용하여 응답자의 승진경험과 승진가능성을 종속변수로 두 고 근로자의 특성을 설명변수로 하는 로짓(Logit) 모형을 추정하였다. 종속변수는 제3차 한국노동패널자료에 포함된 승진과 관련된 2개의 질문에 대한 응답자료를 가지고 구성되었다. 그 질문들은 다음과 같 다. 즉 '___ 님께서는 현재의 고용주와 함께 일한 이후 상위직급이 나 직위로 승진하신 적이 있습니까?'라는 승진경험에 대한 질문과 함께 승진경험이 없는 근로자만을 대상으로 질문한 '___ 님께서는 현재 그 일자리에서 오래 근무하시거나 업적이 좋다면, 승진하실 수 있습니까?'라는 것으로 미래의 승진가능성을 물어본 것이다. 당초 연구가 승진에서의 남녀의 성별격차를 실증적으로 분석하는 데 초점 을 맞추고 있기 때문에 주로 남녀 간 차이에 주목하고 있으나, 학력 이나 근속연수의 증가에 따라 승진가능성과 승진경험의 확률이 높아

---

8) 본 연구에서는 임원승진에 대한 부분은 다루고 있지 않지만, 향후 기업 내부노동시장에 서의 승진 시스템에 대한 전체적인 조망이 이루어지려면 임원승진도 포함한 연구가 필 요할 것이다. 이와 관련하여 주목할 만한 연구가 있는데, 본 연구와 같이 실제 기업 인 사데이터를 확보하여 활용한 김용민(2000)이 있다. 그는 특정 기업의 임원승진에 관련 된 인사데이터(1994~1997년)를 대상으로 임원승진을 연구하였는데, 임원승진의 결정 요인으로서 인적자본요인, 사회자본요인, 토너먼트요인으로 나누고, 로짓(Logit) 모형을 활용하여 실증 분석하였다.

9) 필자가 파악한 바로는 노동부의 직종별 임금데이터를 대상으로 승진확률함수를 추정한 최초의 연구는 이효수·류재술(1990)이다. 이들은 1986년 노동부의 직종별 임금데이터 에 대해 승격확률함수를 추정하였는데, 대기업(근로자 500인 이상)을 대상으로 하였고, 추정에 로짓(Logit) 함수를 활용하였다. 한편 이민희(1996)는 프로빗(Probit) 모형을 적용 하여 1983년, 1986년, 1993년 3개 연도 자료에 대해 각각 승진확률함수를 추정하여 승 진의 결정요인을 비교하고 있고, 그 결과 1980년대에 비해 1990년대로 오면서 개별 기 업의 승진관리가 연공서열주의보다는 능력주의와 같은 합리적 기준에 의해 이루어진다 고 보았다.(이민희, 1996, pp.42-47 참조) 이러한 논의는 신영수(2003)의 IMF 외환위 기 전후 비교분석으로 확장된다.

진다는 것을 발견하는 등 승진의 결정요인에 대한 분석을 하고 있다.10)

한편 신영수(2003)는 기업에서의 승진이나 임금결정과정에서 학력이나 근속연수 중심에서 능력이나 업적 중심으로 평가기준이 바뀌고 있다는 점에 착안하여 실제 승진결정요인에서 그러한 변화가 관측되고 있는지를 살펴보고 있다. 분석자료는 1983년, 1986년, 1993년 그리고 1999년 4개 연도의 「직종별 임금실태조사」 원자료 테이프에서 남성 근로자만을 표본으로 추출한 것이다. 분석방법으로는 프로빗(Probit) 모형을 활용하여 승진확률을 추정하였다. 종속변수는 근로자의 직급정보에서 과장, 차장, 부장이면 1, 아니면 0인 더미변수를 사용하였고, 설명변수는 학력더미, 연령, 근속연수 등을 활용하였다. 기업규모의 차이에 따라 승진결정요인이 달라질 수 있다는 가정하에 추정결과를 분리하여 제시하고 있는데, 기업규모별로 구분하여 살펴본 추정결과의 차이가 미미하되, 인적자본변수가 승진에 미치는 영향은 유사하게 나타나는 것을 발견하였다. 시기별로 보면 인적자본변수가 승진에 미치는 영향이 시간이 지날수록 약화된다는 점에서 우리나라 기업의 승진체계가 학력이나 근속연수 중심에서 능력이나 업적 중심으로 변모하고 있다고 주장하고 있는 것이다.

그러나 이들의 연구는 몇 가지 문제점을 가지고 있는데, 먼저 공통적인 문제점을 살펴보자. 우선 승진의 조작적 정의가 실제 기업에서 적용되는 승진의 개념과 다르다는 것이다. 금재호(2002)는 한국노동패널자료에 포함된 2개의 질문에 대한 응답치를 가지고 승진의 개념을 적용하고 있지만, 해당 문헌의 본문에서도 언급한 바와 같이 실제 승진시점을 알 수 없는 승진경험 여부와 응답자의 순수한 기대

---

10) 금재호(2002)에서는 성별 임금격차에 대해서도 언급하고 있는데, Oaxaca and Ransom의 성별 임금격차 분해결과 승진가능성 및 승진경험이 성별 임금격차의 13.9%를 설명하고 있어 승진의 중요성을 강조하였다.(세부적인 방법론과 추정결과는 금재호(2002) 참조)

치인 미래의 승진가능성과 같은 정보를 승진에 대한 정확한 정의라고 보기에는 어렵다.[11] 또한 신영수(2003)는 「직종별 임금실태조사」에서 확인할 수 있는 근로자의 직급정보에서 통상 간부라고 불리는 과장, 차장, 부장의 직급에 해당되는지의 여부에 따라 승진을 정의하고 있다.

과연 이러한 직급상의 구분을 승진이라고 개념화할 수 있는가? 본 연구는 이러한 승진구분이 자료 제약 때문에 불가피하게 승진을 광의의 개념으로 파악한 것이라고 판단한다. 이들은 승진을 저량(stock) 개념으로 파악했다. 즉, 일정 시점에서 승진이 된 상태(state)인지의 여부만 관찰할 수 있는 경우, 불가피하게 승진을 직급상의 구분으로 확대 해석하는 것이다. 그러나 본 연구에서는 기업 인사데이터를 활용할 수 있다면 승진을 직급변동의 개념, 즉 특정 시점에서 특정한 직급에서 차상위직급으로의 이동으로 구분할 수 있다면 보다 명확하게 판단할 수 있다고 본다.[12]

이렇게 선행연구가 승진의 개념을 확대 해석하거나 실제 기업 현장에서 사용되는 승진개념과 달리 적용하는 것은 모두 각각의 분석자료가 갖는 한계에서 비롯되었다고 할 수 있다. 금재호(2002)는 한국노동패널조사의 질문내용이 갖는 내재적인 한계에서 벗어날 수 없었으며, 신영수(2003)의 경우에는 「직종별 임금실태조사」와 같은 횡단면 자료가 근로자 개인별 상태의 이동, 즉 동태(dynamics)를 확인할 수 없다는 점 때문에 광의개념의 승진을 종속변수로 활용했던 것

---

11) 승진경험의 데이터가 과거에 승진경험이 있었는가의 여부만 보여줄 뿐 승진의 시기나 승진된 직급, 승진에 따른 임금상승 등의 정보를 제공하지 않는다는 측면에서 문제가 있다.(금재호(2002), p.207 참조)

12) 실제로 본 연구의 분석자료에는 매년 해당 직급정보가 있어 전년도 지급과 당해 연도 직급의 일치 여부를 놓고 승진 여부를 판단할 수 있으며, 승진의 크기, 해당 직급, 승진 시 임금상승 정도 등을 구체적으로 파악할 수 있었다. 자세한 내용은 분석결과에서 언급한다.

이다.[13)]

또한 기존의 연구가 광의의 승진개념을 종속변수로 적용하면서 인적자본변수와 같은 설명변수를 사용할 때에는 추정 상의 오류가 발생할 수 있다. 즉, 이미 고직급자의 경우 상대적으로 우수한 능력이나 업적을 보인 근로자들로 구성이 되기 때문에 인적자본론에 입각하여 판단한다면 당연히 유의미한 추정결과를 보이게 되는 것이다.

또한 신영수(2003)의 연구에서는 우리나라 기업의 승진결정요인이 학력이나 근속연수를 중시하는 연공서열형에서 능력과 업적을 중시하는 성과주의형으로 전환하였다는 직접적인 증거를 제시하지 못했다는 점이다. 시기적으로 인적자본변수가 승진에 미치는 영향이 약화되었다고는 하나, 이를 곧 연공서열형 승진체계가 약화된 것이라고 확정 짓기에는 한계가 있다. 즉, 실제 근로자의 능력이나 업적을 나타내는 설명변수가 추정에 포함되어 그 영향력을 확인하였을 때, 비로소 승진체계의 변화 여부를 판단할 수 있기 때문이다.[14)]

---

13) 이승렬(2000)의 연구도 유사한 방식으로 승진을 정의하고 있으나, 근로자의 관찰되지 않는 능력을 통제하기 위한 방법으로 승진을 고려하고 있다.

14) 해당 문헌의 본문에서도 학력이나 근속연수와 같은 인적자본변수가 승진에 미치는 영향이 상대적으로 축소되고 있다는 결과가 직접적인 설명근거가 되지는 않는다고 언급하고 있다.(신영수(2003), p.38 참조)

제3절 A기업의 승진체계 및 분석자료

1. A기업의 승진체계[15)]

A기업의 승진체계는 상위직책(예: 담당간부 → 그룹장, 또는 팀장)으로 승진하는 직책승진과 상위직급(예: 주임 → 대리, 대리 → 과장 등)으로 승진하는 직급승진으로 구분된다. 여기서 직책승진은 직위 상승을 의미하며, 조직운영상 필요시 수시로 해당 직책으로의 승진이 가능하다. 한편, 직급승진의 경우, 1998년 성과급제가 도입되기 전에는 매년 3월 1일과 9월 1일, 연 2회에 걸쳐 이루어졌고, 성과급제가 도입되면서 그 횟수가 단축되어 매년 3월 1일자로 연 1회의 정기승격제도를 운영하게 되었다.

본 연구에서 정의하는 승진은 직급승진이다. 즉 승격을 분석상의 승진으로 간주한다. 실제로 A기업 인사데이터로는 직책승진의 정보가 담겨 있지 않아 파악하기 어려울 뿐만 아니라 임금상승 등 실질적인 인사제도상의 변화는 직급변경과 연관되어 있기 때문에 직급승진을 승진의 개념으로 파악하는 것이 타당하다고 할 것이다. A기업에서는 각 직급별 표준체류연한을 충족한 근로자에 한하여 승격대상자가 될 수 있으며, 사전에 설정된 직급별 승격 T / O에서 상위 점수자가 우선 승격되는 방식으로 운영되었다. 즉 직급별 승격률이 사전에 설정되어 그에 따라 승격자가 결정되는 방식이었다. 승격심사를 할 때 기준은 분석기간과 관련된 인사자료가 없어 확인할 수는 없으나, 인사고과, 전문성, 근속, 교육 등이 심사항목으로 포함되었고, 기

---

15) 승진체계에 대한 세부적인 설명은 A기업의 요청으로 최소한의 내용으로 국한하였다.

타 가감항목으로서 자격, 상벌, 학위 등을 고려한 것으로 추정된다.[16] 여기서 승격심사항목 중 가장 비중이 높은 것은 인사고과이다. 승격심사항목들은 직급별 체류연한 동안의 승격 포인트로 누적된 점수로 활용되었다.[17]

이상의 승진체계에 대한 정보를 종합해 보면, 승진의 결정요인은 직급별 표준체류연수의 충족 여부가 기본이 되기 때문에 근속연수가 중요한 요인으로 작용할 것이라는 것을 쉽게 예상할 수 있고, 심사항목 중 인사고과의 비중이 가장 크기 때문에 근로자 개인의 인사고과 결과가 승진의 결정요인으로 작용할 가능성이 높다고 할 것이다. 다만, 이러한 승진체계나 승격심사방식은 근로자 개개인의 인적자본변수를 고려하지 않은 상태에서 이루어지는 것이기 때문에 승진확률함수 추정을 사전에 예측하기 어렵다.

2. 분석자료

본 장의 분석자료는 제2장과 동일하다. 즉, A기업의 1996년부터 2000년까지 근무한 근로자들의 개인별 인사데이터로서 개별 근로자의 인적속성(연령, 성별, 교육연수, 근속연수)뿐만 아니라 임금(월급여, 보너스, 연봉), 직무, 직급 그리고 인사고과정보를 포함하고 있으며, 근속 1년 이상 근무한 정규직 근로자이다.[18]

---

16) 최근에는 어학능력을 강조하여 직급별로 일정 수준의 어학등급 보유 여부가 승격심사의 기본요건으로 작용하고 있다.(A기업 인사담당자 인터뷰 및 최근 승격제도 관련 자료)

17) A기업에서는 이런 방식을 고과 포인트 제도라고 명명하였는데, 구체적으로 근로자 개인별 심사항목정보를 모두 확보할 수 없었으며, 항목별 포인트 산정방식을 추적할 수 없어 실증분석에 이러한 승격 포인트 점수를 직접 활용할 수 없다. 다만, 승진확률함수 추정에서는 인사고과결과의 포인트 환산점수를 활용하여 적용하였다.

18) 분석자료를 근속연수 1년 이상으로 제한하는 이유는 입사 이후 1년간 인사고과가 유예

분석자료의 기본통계는 <표 2-7>와 같다. 다만, 승진자와 비승진자를 구분하여 인적자본변수의 통계적 특징을 살펴보는 것이 필요하다. 이는 본 연구의 서론에서 언급한 것과 같이 기존의 승진개념과 어떤 차이가 있는지를 명확하게 구분하는 데 도움이 된다.[19] 다음 <표 3-1>은 본 연구에서 적용하는 직급변동에 의한 승진구분에 따라 승진자와 비승진자의 기본통계를 살펴본 것이다. 성별, 결혼 여부를 제외하고는 승진자나 비승진자의 인적자본수준은 거의 유사하게 나타난다.

<표 3-1> 직급변동에 의한 승진의 인적자본 통계

	승진자				비승진자			
	평균	표준편차	최소	최대	평균	표준편차	최소	최대
교육연수	13.85	2.33	9	23	13.20	2.09	6	23
근속연수	6.98	4.59	2	27	6.35	4.64	1	28
경력연수	10.27	5.43	0	37	9.22	6.21	0	38
성별(여성=1)	0.19	0.39	0	1	0.39	0.49	0	1
결혼 여부(기혼=1)	0.59	0.49	0	1	0.48	0.50	0	1

그러나 직급변동에 의한 승진이 아니라 단순히 조사시점에서 고직급자인가 아닌가를 놓고 승진으로 구분하는 경우에는 그 양상이 달라진다. 다음 <표 3-2>가 차이점을 분명하게 보여준다. 우선 교육연수를 보면 직급구분에 의한 승진자가 비승진자보다 약 3.2년 정도

된다는 점, 즉 근속연수 1년 미만인 근로자의 경우 인사고과정보가 없어 제외하였다. 또한, 계약직 근로자를 제외한 것은 전체 근로자 중 계약직의 비율이 미미하여 고용계약의 특징에 따른 시사점을 도출하기 어려워 제외하였다.

19) 횡단면 자료에 의한 연구들은 승진을 고직급자와 저직급자로 나누어 고직급자이면 승진으로 구분하며, 신영수(2003)의 연구가 대표적인 케이스이다. 이와 유사하게 승진개념을 적용한 사례는 이승렬(2000)을 들 수 있다. 이승렬의 경우에도 승진 여부를 해당 근로자의 고직급 여부를 가지고 구분하였다.

많고, 근속연수는 약 6년, 경력연수도 약 10년이 많아 인적자본수준
이 높다는 것을 보여준다. 또한 성별로 보면 승진자 중 여성의 비율
이 0.1%로 거의 미미한 상황이라는 것과 함께 기혼자가 대부분이라
는 사실을 보여준다. 이는 기본적으로 A기업의 간부계층과 사원계층
간 인적속성의 차이와 같다.

<표 3-2> 직급구분에 의한 승진의 인적자본 통계

	승진자(=고직급 근로자)				비승진자(=저직급 근로자)			
	평균	표준편차	최소	최대	평균	표준편차	최소	최대
교육연수	15.918	2.304	9	23	12.719	1.652	6	23
근속연수	10.187	5.388	1	28	4.347	3.805	1	24
경력연수	15.945	5.090	0	36	6.621	5.232	0	38
성별(여성=1)	0.001	0.034	0	1	0.473	0.499	0	1
결혼 여부(기혼=1)	0.962	0.191	0	1	0.325	0.468	0	1

주: 이 표에서 고직급자는 신영수(2003)에서 분류한 과장 이상의 직급인 근로자임.

<표 3-1>과 <표 3-2>를 비교해 볼 때, 직급구분에 의한 승
진이 지나치게 승진의 개념을 확대 적용하고 있음을 발견할 수 있으
며, 본 연구에서 활용하는 직급변동에 따른 승진개념이 적절한 것으
로 판단된다.[20]

---

[20] 직급구분에 의한 승진개념을 적용하여 승진확률함수를 추정한 결과는 <표 3-3>에서
비교하였다. 즉 신영수(2003)에서 대기업의 승진확률함수 추정결과와 비교한 것인데,
기업 인사데이터 자료의 신뢰도를 확인하기 위한 것이다.

제4절 승진결정요인에 대한 실증분석

1. 승진확률함수의 추정모형

일반적으로 승진확률함수를 추정할 때 활용되는 모형은 로짓(Logit)이나 프로빗(Probit) 모형이다. 이러한 모형은 종속변수를 가변수로 하는 회귀분석모형들인데, 그 기본은 선형확률모형(linear probability model)이다. 이 모형은 근로자 개인별 승진확률은 선형함수의 형태로 표현할 수 있다는 가정하에 종속변수를 0과 1의 더미변수로 처리한 선형회귀모형 $y_i = X_i\beta + \epsilon_i$으로 나타난다. 이 모형에서 추정된 예측치 $E(y_i)$가 승진확률 P_i이 되는 것이다. 그러나 선형확률모형은 모든 관측치에 대한 오차 항의 분산이 동일한 값을 가지지 않는 이분산(heteroscedasticity)이 존재하여 β의 추정 상 문제가 있고, y_i의 예측치가 0과 1 사이를 벗어나는 경우가 있다는 단점이 있다고 알려져 있다.[21] 이러한 문제점은 누적확률분포함수 $P_i = F(X_i\beta) = F(Z_i)$를 이용한 변수의 전환(transformation)을 통해서 해결할 수 있는데, 그 추정방법으로 로짓(Logit)이나 프로빗(Probit) 모형이 사용되고 있다.[22]

---

21) 선형확률모형 또는 균등분포모형(uniform model)에 대한 자세한 설명은 윤석범(1987)의 pp.234-237 참조. 또한 프로빗 모형에 대한 보다 자세한 설명은 이성우 외(2005)를 참조. 본 연구에서 활용한 Stata 통계패키지의 프로빗 모형에 대한 추정절차나 해석은 Long and Freese(2001)를 참조.

22) y_i의 범위를 0과 1 사이로 제한하는 방법이라는 측면에서는 동일하나, ϵ_i의 누적분포를 어떻게 가정하는가에 따라 로짓 모형과 프로빗 모형을 구분한다. 로짓 모형은 로지스틱(Logistic) 함수로 가정하는 반면, 프로빗 모형은 누적정규분포함수로 가정한다. 일반적으로 계산상의 편의성 등의 이유로 로짓 모형을 사용한다.(곽상경(2003)의 pp.222-225 참조) 그러나 본 연구에서는 프로빗 모형을 사용하는데, 그 이유는 연속적인 분포인 정규분포가 내재해 있다는 가정이 더 설득력이 있기 때문이다.(박광배(2003)의 p.396과 Wooldridge(2006), p.585 참조)

본 연구에서는 프로빗 모형을 사용하는 데 정규누적확률분포함수를 이용하므로 다음 식 (1)과 같이 누적확률분포함수를 사용할 수 있다.

$$P_i = F(Z_i) = \frac{1}{\sqrt{2\pi}} \int_{-\infty}^{Z_i} e^{-\frac{1}{2}s^2} ds \qquad (1)$$

여기서 s는 평균이 0이고 분산이 1인 상호 독립의 정규확률변수이다. 이때 Z_i를 추정하기 위해서 정규확률분포함수의 역함수 Z_i를 사용한다.

$$Z_i = F^{-1}(P_i) = X\beta \qquad (2)$$

종속변수 P_i는 승진더미변수로서 승진 시 1, 아니면 0으로 한다. 본 연구에서 정의하는 승진은 기업 인사데이터의 특성을 활용하여 다음과 같은 방식으로 변수화하였다. 근로자 개인별로 전년도 직급과 비교할 때, 조사연도의 직급이 한 단계 이상 증가한 경우를 승진으로 보았다.[23] 설명변수인 X는 금기의 승진에 영향을 미칠 것이 판단되는 인적자본변수들인데, 승진결정시기가 통상 연초(3월 전후)에 이루어지므로 설명변수는 전년도의 자료를 사용하였고, 교육연수, 근속연수, 근속연수의 제곱 항, 외부시장 경력연수, 경력연수의 제곱 항, 근로자의 성별(여성은 1, 아니면 0), 결혼더미(기혼은 1, 아니면 0)가 포함되어 있다.

또한 본 연구에서는 전년도 인사고과변수를 승진확률함수의 설명

---

23) 즉 직급상승 폭이 1 이상인 경우를 승진으로 본 것이다. 상승 폭이 2인 경우가 있으나, 그 규모가 미미하여 분석에서 제외하였다.(총 25,564건 중 55건으로 0.2%에 불과함)

변수로 사용한다.[24] 인사고과변수는 크게 3가지로 나누어진다. 상반기 업적고과, 하반기 업적고과 그리고 역량고과(또는 능력고과)이다. A기업은 1998년에 평가체계를 5단계에서 9단계로 전환한 바 있으나, 평가단계별로 적용되는 포인트 환산 기준은 동일한 방식으로 적용했기 때문에 분석기간 전체(pooled) 및 각 연도별 추정 시 인사고과결과를 점수화하여 활용할 수 있다.[25] 다행히 평가제도의 변화는 승진체계의 변화, 즉 정기승격제도의 변화와 맞물려 있고, IMF 외환위기 이전과 이후를 비교할 수 있는 잣대가 되기 때문에 연도별로 승진확률함수를 추정하는 것이 바람직한 추정방식이라고 판단된다.[26]

---

24) 유의할 점은 전년도 직급과 비교하여 승진 여부를 확인한 것이기 때문에 1996년의 자료에 대해서는 승진확률함수를 추정할 수 없다.

25) 인사고과결과에 따라 산정되는 포인트 점수는 다음과 같다. 분석기간 중 해당 인사고과별 포인트는 최고 10점을 기준으로 하는데, 1997년 이전의 5단계 평가에서는 D=0, C=3, B=6, A=9, S=10이고, 1998년 이후에는 D=0, C−=2, C=3, C+=4, B=6, B+=7, A=9, A+와 S=10으로 환산된다. 실제 평가등급에서는 N, T와 같은 등급이 존재하는데, N은 근무부서 이동 등의 이유로 해당 평가기간 중 정확한 평가가 어려운 경우에 부여하고, T는 해당 평가기간 중 기업 내·외부의 교육기관에서 교육훈련 중인 경우에 부여하는 등급이다. 이 두 등급에 대해서는 포인트 환산할 때 C와 B등급의 중간 정도의 포인트를 부여한다.(A기업 인사담당자 인터뷰 결과)

26) 본 연구에 활용된 데이터가 기본적으로 패널데이터로 구성된 점에 착안하여 근로자의 보이지 않은 이질성(능력)을 감안한 패널데이터 분석(panel data Probit 추정)이 필요하다고 할 것이다. 그러나 본 연구의 연구목적이 IMF 외환위기 전후의 승진결정요인이 어떻게 변화했는지에 대해 초점을 맞추고 있어 해당 연도별 분석이 필요하며, 또한 외환위기 이전 자료(1996년, 1997년)가 제약되어 있어 패널데이터 분석을 효과적으로 적용하는 데에는 한계가 있다고 판단되어 추후 과제로 남겨놓는다. 확률효과 프로빗 모형을 활용한 연구는 Cobb−Clark(2001), Booth, Francesconi and Frank(2003)를 참고. 이들은 금재호(2002)와 같이 주된 관심사를 승진상의 성별 차이에 두고 있다.

2. 실증분석결과

1) 승진확률함수 추정결과

먼저 직급구분에 의한 승진개념을 적용한 신영수(2003)의 방식에 의한 추정결과와 함께 직급변동에 의한 승진을 종속변수로 한 추정결과를 비교해 본다. 그 결과는 다음 <표 3-3>과 같다. 본 연구의 분석자료를 가지고 직급구분에 의한 승진을 종속변수로 한 추정결과는 신영수(2003)의 1999년 추정결과와 유사하게 나타난다.

설명변수들의 계수 값은 신영수(2003)의 결과에 비해 크게 나타나지만, 인적자본변수의 부호나 상대적인 크기는 1999년 대기업(근로자 1000인 이상)에 대한 승진확률 추정결과와 유사하여 본 연구에서 활용되는 기업 인사데이터가 유사한 특성을 가지고 있음이 확인된다. 그러나 승진개념을 직급변동으로 구분하여 명확하게 파악하는 경우, 그 추정결과는 상당한 변화가 있음을 알 수 있다. <표 3-3>의 첫 번째 열이 그 결과를 보여주는데, 학력더미변수에서 중졸 근로자를 기준으로 할 때 고졸이나 초대졸 근로자의 승진확률과 차이가 없는 것으로 나타나며, 근속연수 변수의 유의성도 낮아져 신영수(2003)의 추정모형 그대로 사용한다면 연령이 높을수록 승진확률이 높아지고, 다만 대졸 이상의 학력을 가진 근로자의 경우 기본 승진확률(추정식의 절편) 자체가 높게 나타나는 것이다.

승진개념을 직급변동으로 구분하여 적용한 승진확률함수 추정결과는 분석기간 전체와 함께 1997년부터 2000년까지 연도별로 이루어졌다. 다음 <표 3-4>는 인적자본변수로만 추정한 결과이다. 분석기간 전체를 놓고 보면, 근속연수를 제외한 나머지 인적자본변수들은 1% 유의수준에서 통계적으로 높은 우의성을 보여주고 있다. 즉 승진확률

함수 추정에 활용된 인적자본변수들은 개별 근로자의 승진결정에 유
의한 변수라는 것을 나타내고 있다. 그 크기를 보면 교육연수가 가장
크고, 그 다음 경력연수이다.

<표 3-3> 승진확률함수 추정결과의 비교

	본 연구 전체	본 연구 전체	본 연구 1999년	신영수(2003) 1999년
종속변수(승진)	직급변동	직급구분	직급구분	직급구분
상수항	−5.7218 (−21.04)	−34.4818 (−35.31)	−33.4143 (−15.22)	−14.195 (73.9)
학력더미1(고졸)	0.2701[a] (2.46)	1.6613 (10.98)	1.8980 (4.48)	1.012 (29.8)
학력더미2(초대졸)	0.2510[a] (2.23)	2.7767 (17.72)	3.1117 (7.10)	1.546 (44.9)
학력더미3(대졸 이상)	0.4324 (3.94)	4.7607 (29.82)	5.0536 (11.38)	2.154 (71.8)
연 령	0.2967 (15.79)	1.2735 (22.97)	1.1699 (9.30)	0.547 (49.9)
연 령^2	−0.0046 (−13.45)	−0.0117 (−14.29)	−0.0098 (−5.27)	−0.005 (41.1)
근속연수	−0.0292[a] (−1.52)	0.5606 (16.18)	0.6070 (7.69)	0.101 (21.7)
근속연수^2	−0.0004[a] (−0.64)	0.0093 (14.96)	0.0111 (7.80)	0.002 (11.6)
연령×근속연수	0.0011[a] (1.59)	−0.0171 (−15.96)	−0.0194 (−7.98)	−0.002 (13.5)
표본 수	25,564	40,968	7,760	113,482
LR χ^2	898.47	25681.15	5326.83	보고되지 않음
Pseudo R^2	0.0357	0.7527	0.7506	〃
Log likelihood	−12145.423	−4217.7889	−885.02336	〃

주: ( )안은 z 값이며, 모든 계수 값은 a를 제외하고 1% 수준에서 통계적으로 유의함.
자료: 신영수(2003), p.34의 〈표 1〉 대기업의 승진확률함수 추정방식에 따라 추정된 결과임.

그러나 본 연구의 분석자료인 기업 인사데이터가 갖고 있는 성별 및 결혼 여부 정보를 활용하여 더미변수로 추가하면 모형의 적합도는 높아지지만, 앞서 모형에서는 유의하지 않았던 근속연수가 유의한 것으로 나타나고, 오히려 경력연수가 유의하지 않는 것으로 나타난다. 이는 승진확률 추정에서 성별 차이가 반영되면서 경력연수보다는 근속연수가 더 의미가 있는 정보가 된다는 것이다. 본 연구에서는 특정 기업의 인사데이터라는 한계를 가지고 있기 때문에 성별 인력구조의 특수성을 감안하는 것이 바람직하다고 판단하여 성별 및 결혼 여부 더비변수를 추정결과에 반영한다. 반영한 추정결과를 보면, 성별계수가 가장 크고 그 다음이 결혼 여부이며, 교육연수와 근속연수의 계수는 거의 유사하게 나타난다. 여성일수록 승진확률이 낮게 나타나는 것은 연도별로 동일하게 나타나고 있다.[27]

<표 3-4> 승진확률함수 추정결과 Ⅰ (인적자본변수만 포함)

	전체	전체	1997년	1998년	1999년	2000년
상수항	-2.0033^{***} (0.0572)	-1.2824^{***} (0.0700)	-1.7305^{***} (0.1509)	-0.9480^{***} (0.1419)	-0.7209^{***} (0.1520)	-1.4580^{***} (0.1280)
교육연수	0.0701^{***} (0.0041)	0.0402^{***} (0.0047)	0.0507^{***} (0.0100)	0.0342^{***} (0.0096)	-0.0278^{**} * (0.0104)	0.0762^{***} (0.0084)
근속연수	0.0614^{***} (0.0063)	0.0429^{***} (0.0067)	0.0514^{***} (0.0132)	0.0292^{**} (0.0136)	0.0877^{***} (0.0156)	0.0070 (0.0129)
근속연수^2 / 100	-0.2781^{***} (0.0369)	-0.2370^{*} (0.0373)	-0.2446^{*} (0.0805)	-0.2073^{***} (0.0786)	-0.4999^{***} (0.0874)	-0.0479 (0.0665)
성별(여성=1)	–	-0.1576^{***} (0.0265)	-0.3804^{***} (0.0535)	-0.6702^{***} (0.0509)	-0.4084^{***} (0.0568)	-0.6237^{***} (0.0536)
결혼 여부 (기혼=1)	–	-0.1576^{***} (0.0251)	-0.0391 (0.0510)	-0.1914^{***} (0.0508)	-0.0811 (0.0554)	-0.2474^{***} (0.0468)

27) 이하의 승진확률함수 추정결과에서 성별 및 결혼더미변수가 통계적으로 유의한 변수이고 계수의 크기도 상당하지만, 본 연구에서는 상세하게 다루지 않으며 별도의 연구주제로서 다룰 수 있는 내용이기 때문에 향후 연구과제로 삼고자 한다.

	전체	전체	1997년	1998년	1999년	2000년
표본 수	25,564	25,564	6,916	6,150	6,049	6,449
LR χ^2	451.49	870.70	207.97	289.36	109.14	324.36
Pseudo R^2	0.0179	0.0346	0.0361	0.0437	0.0209	0.0447
Log likelihood	-12368.913	-12159.305	-2775.046	-3163.994	-2551.566	-3468.433

주: ( )안은 z 값이며, ***는 1%, **는 5%, *는 10% 유의수준에서 각각 통계적으로 유의함.

<표 3 - 4>의 세 번째부터 여섯 번째 열은 연도별 추정치를 보여주고 있는데, 성별더미변수의 계수가 가장 큰 값으로 음(-)의 부호를 갖고 있어 승진에 있어 여성의 차별적 지위를 간접적으로 반영한다고 볼 수 있다. 그러나 제2장에서 살펴본 바와 같이 인적구성상 생산직 여성 근로자의 비중이 크고, 생산직을 제외한 나머지 직군에서의 여성의 비율이 미미하기 때문에 여성에 대한 승진차별의 직접적인 증거라고 보기 어렵다.[28]

한편 각 연도별 추정결과를 보면 매년 추정계수들이 일정한 패턴을 가지고 있기보다는 시기별로 판이하게 다른 형태를 보여주고 있다. 가령 1997년과 1998년에는 근속연수의 계수 값이 교육연수와 유사하게 나타나는 반면, 1999년에는 교육연수는 음(-)의 값을 갖고, 근속연수의 계수 값은 증가하며, 2000년에는 교육연수만이 유의하고, 근속연수는 유의하지 않는 것으로 나타났다.

왜 이런 현상이 나타나는 것일까?[29] <표 3 - 4>의 추정결과로 속단하기는 어렵지만, 몇 가지 원인을 추정할 수 있다.

---

28) 승진확률에 있어서 여성의 차별적 지위에 대한 연구는 금재호(2002)를 참조. 그는 승진 가능성이 낮은 직무에 여성들이 집중됨으로써 이러한 현상이 나타난다고 보고 있다.

29) 신영수(2003)에서는 1983년, 1986년, 1993년, 1999년 각각에 대해 승진확률함수를 추정하고 있는데, 본 연구의 추정결과와 달리 추정계수들의 패턴은 일정하게 나타나고 있다. 이는 신영수의 분석자료인 「직종별 임금실태조사」의 속성상 다수의 기업에 근무하는 임금근로자를 대상으로 한 추정결과이기 때문에 오히려 개별 기업의 특수성을 반영하지 못한다고 볼 수 있다.

첫째, 직접적인 요인이라고 할 수는 없지만, 경영환경의 변화에 따라 직급별 승격률을 수시로 조정했을 것이라는 추정이 가능하다. 즉, A기업이 시기별 경영상황에 따라 승진율, 즉 승격률을 조정했기 때문이라고 볼 수 있다. A기업은 1997년까지 안정적으로 인력을 운영했으나, 1997년 IMF 외환위기를 겪고 난 이후 1998년부터는 경영환경의 변화로 인해 인력운영상 승격률을 축소하거나 경우에 따라서는 예년에 비해 특정 계층에 대해서는 승격률을 확대하였을 것이라고 추정하는 것이다.[30] 이는 전체적인 인력구성의 문제로 인해 매년 동일한 승격률을 적용하기보다는 경영환경에 맞게 승격률을 조정하는 것이 기업 입장에서는 효율적인 선택이라고 볼 수 있기 때문이다.

둘째, 승진결정요인이 교육연수와 근속연수 중에서 둘 다거나 한쪽이 유의미한 결정요인으로 작용하는 이유는 매년 각 직급별로 승격대상자, 즉 표준체류연한을 충족하고 일정 수준 이상의 승격 포인트를 받은 근로자들이 승격심사의 대상자가 되는데, 이 승격대상자들이 가진 인적자본의 특성이 매년 균일하게 나타나는 것이 아니라 상이했기 때문이다.[31]

셋째, <표 3-4>의 결과는 해당 연도 말 재직하고 있는 모든 근로자를 대상으로 추정이 이루어진 것으로 보다 정확한 승진의 결정요인을 분석하기 위해서는 표본을 어떻게 재설정하느냐가 중요한 문제가 된다는 것을 보여주고 있다. 이에 대해서는 다음 소절에서 구체적으로 다룬다.

---

30) A기업의 인사담당자는 과거 승격률 책정은 가급적 안정적으로 운영하는 것이 원칙이었으나, 경영환경의 변화와 구조조정에 따라 특정 계층의 승격률에 대해서 별도의 고려가 필요했고 그에 따라 상당부분 조정이 있었을 것이라고 추정하고 있다.

31) 이를 확인하기 위해서는 각 연도별 승격대상자에 대한 정보를 파악하여 그 인적자본속성을 비교하여야 하지만, 현재의 분석자료로는 이를 확인할 수 없다. 이는 기업의 인사 데이터 관리가 주로 해당 시점의 인사제도 적용결과를 관리하는 데 초점이 맞추어져 있어 제도운영상 과정 중에 발생한 정보는 그리 큰 주의를 기울이지 않기 때문이다. 즉, 승진 여부의 정보는 인사기록으로 관리하되, 승진대상자 여부는 기록으로 관리되지 않으며, 승진시기에 해당 여부만 기존 정보를 통해 확인한다는 것이다.

2) 분석대상의 조정

한편, <표 3-4>의 경우에는 금년도의 승진자가 차연도에는 비승진자로 구분되어 추정결과에 영향을 미치는 문제가 발생한다. 즉, 체류연한을 충족한 근로자가 승진대상자로 구분되고 일정한 인적자본속성을 가진 근로자가 한번 승진하고 나면 차연도에는 비승진자로서 추정 시 분석대상에 포함되기 때문에 정확한 승진확률함수 추정이 어렵다는 것이다. 따라서 패널데이터인 분석자료의 속성을 활용하여 매기마다 전기 또는 전전기의 승진자를 분석대상에서 제외한다면, 보다 정확한 승진확률함수 추정이 가능하다고 판단되어 이를 반영한 추정결과를 <표 3-5>에 제시하였다.[32]

1997년을 제외하고는 매년 추정대상의 표본 수가 <표 3-4>에 비해 적어지는데, 이는 전기 또는 전전기의 승진자를 표본에서 제외시켰기 때문이다. 가령 2000년의 경우, 1997년, 1998년 그리고 1999년의 승진자를 제외한 결과, 추정대상자가 종전의 6,449명에서 3,932명으로 감소하였다. 그에 따라 모형의 적합도는 매년 증가하게 되는데, 이는 표준체류연한을 채운 승격대상자 중 승진이 된 근로자가 차기 승진확률함수 추정에서는 제외되므로 시간이 지날수록 보다 정확한 승진확률함수 추정이 가능해지기 때문이다.

<표 3-5>의 결과를 <표 3-4>와 비교해 보면, 1998년의 경우, 근속연수의 계수 값이 높아지고 성별더미의 계수 값도 상당히 높아졌다는 점을 발견할 수 있다.[33] 한편 2000년의 경우, <표 3-

---

32) 이 문제를 보다 효과적으로 해결하기 위해서는 승진을 근로자 개인별 event로 반영하여 개인별 승진이력을 감안하여 분석하는 방법, 가령 생존분석(survival analysis)이 필요하지만, 본 연구의 분석자료가 5개년 자료에 불과하여 개인별로 승진이력을 추적, 파악하기에는 한계가 있다. 향후 유사 인사데이터의 시계열적 확장을 통해 해당 분석기법을 활용할 수 있는 연구과제로 남겨 놓는다.

33) 1997년의 경우는 전기의 승진자 여부를 확인할 수 없기 때문에 표본조정은 이루어지지 않았다.

4>와 달리 근속연수가 통계적으로 유의한 것으로 나타나고 있어 보다 정확한 추정결과임을 감안할 때 근속연수가 지속적으로 유의하다는 것을 발견할 수 있다.

<표 3-5> 승진확률함수 추정결과 Ⅱ(인적자본변수만 포함)

	전체	1997년	1998년	1999년	2000년
상수항	-1.2824^{***} (0.0700)	-1.7305^{***} (0.1509)	-1.1063^{***} (0.1518)	-0.7906 (0.1739)	-1.5146^{***} (0.1631)
교육연수	0.0402^{***} (0.0047)	0.0507^{***} (0.0100)	0.0511^{***} (0.0104)	-0.0143^{***} (0.0122)	0.0784^{***} (0.0108)
근속연수	0.0429^{***} (0.0067)	0.0514^{***} (0.0132)	0.0575^{**} (0.0144)	0.1803^{***} (0.0176)	0.1521^{***} (0.0162)
근속연수^2 / 100	-0.2370^{*} (0.0373)	-0.2446^{*} (0.0805)	-0.3385^{***} (0.0839)	-0.9461^{***} (0.1008)	-0.6283 (0.0853)
성별(여성=1)	-0.1576^{***} (0.0265)	-0.3804^{***} (0.0535)	-0.7399^{***} (0.0528)	-0.6267^{***} (0.0624)	-0.8377^{***} (0.0610)
결혼 여부 (기혼=1)	-0.1576^{***} (0.0251)	-0.0391 (0.0510)	-0.2087^{***} (0.0542)	-0.1191 (0.0653)	-0.3622^{***} (0.0590)
표본 수	25,564	6,916	5,378	4,130	3,932
LR χ^2	870.70	207.97	395.52	320.13	548.18
Pseudo R^2	0.0346	0.0361	0.0640	0.0729	0.1080
Log likelihood	-12159.305	-2775.046	-2892.188	-2036.631	-2262.767

주: ( )안은 z 값이며, ***는 1%, **는 5%, *는 10% 유의수준에서 각각 통계적으로 유의함.

이제 이러한 추정 상의 변화를 감안하면서 계층별로 승진확률함수 추정결과가 어떤 차이점이 있는지 살펴보도록 한다. 먼저 <표 3-6>은 사원계층의 추정결과이고, <표 3-7>은 간부계층의 추정결과이다. 사원계층의 경우, 인적자본변수가 모두 통계적으로 유의하지만, 간부계층의 경우 1997년에는 인적자본변수 모두가 통계적으로 유의하지 않으며, 이후의 시기별로 일정한 패턴을 갖기보다는 상황에 따라 다른 결과를 보이고 있음을 알 수 있다. 이는 기본적으로 사원과 간부계층 간 승진 메커니즘의 차이가 존재하고 있음을 보여주고 있는데, 일반적으로 사원계층의 경우 양성기간에 해당되기 때문에 객관적인 인적자본수준에 따라 승진이 결정되지만, 간부계층의 경우 이러한 객관적 기준보다는 기업 내부적으로 축적된 개개인에 대한 평가나 인물평의 결과를 활용하는 비중이 높아지기 때문이라고 추정할 수 있다.[34]

<표 3-6> 사원(L1~L5)의 승진확률함수 추정결과(인적자본변수만 포함)

	전체	전체	1997년	1998년	1999년	2000년
상수항	-2.2504^{***} (0.0836)	-1.2384^{***} (0.1008)	-1.5579^{***} (0.2174)	-1.5621^{***} (0.2098)	-0.7348^{***} (0.2484)	-1.6115^{***} (0.2321)
교육연수	0.0808^{***} (0.0060)	0.0300^{***} (0.0069)	0.0349^{**} (0.0150)	0.0802^{***} (0.0147)	0.0443^{**} (0.0180)	0.0707^{**} (0.0152)
근속연수	0.1135^{***} (0.0100)	0.0971^{***} (0.0103)	0.0698^{***} (0.0181)	0.0981^{***} (0.0206)	0.3566^{***} (0.0287)	0.2772^{***} (0.0286)
근속연수^2 / 100	-0.7201^{***} (0.0690)	-0.7381^{***} (0.0708)	-0.4105^{***} (0.1290)	-0.6398^{***} (0.1436)	-2.3897^{***} (0.2058)	-1.8938^{***} (0.1978)
성별(여성=1)	–	-0.5602^{***} (0.0276)	-0.3912^{***} (0.0564)	-0.7156^{***} (0.0550)	-0.6867^{***} (0.0648)	-0.8766^{***} (0.0631)
결혼 여부 (기혼=1)	–	-0.1957^{**} (0.0270)	-0.1123^{*} (0.0555)	-0.2625^{***} (0.0579)	-0.1128 (0.0704)	-0.3900^{*} (0.0639)
표본 수	20,912	20,912	5,845	4,579	3,523	3,212
LR χ^2	307.67	722.89	113.78	347.07	336.25	417.71
Pseudo R^2	0.0160	0.0377	0.0259	0.0690	0.0953	0.1083
Log likelihood	-9439.603	-9231.995	-2136.315	-2341.807	-1595.347	-1719.424

주: ( )안은 z 값, ***는 1%, **는 5%, *는 10% 유의수준에서 통계적으로 유의함.

---

[34] 그러나 승진확률함수 추정 상 표본설정의 문제점은 여전히 남아 있기 때문에 확정적인 근거라고 보기는 한계가 있다.

<표 3-7> 간부(L6~L11)의 승진확률함수 추정결과(인적자본변수만 포함)

	전체	전체	1997년	1998년	1999년	2000년
상수항	0.2692 (0.1919)	0.4097[*] (0.2156)	0.0362 (0.4503)	1.7466[***] (0.5436)	1.3955[**] (0.5903)	−0.0065 (0.4888)
교육연수	−0.0455[***] (0.0103)	−0.0464[***] (0.0103)	−0.0306 (0.0220)	−0.1053[***] (0.0262)	−0.1102[***] (0.0298)	−0.0367 (0.0231)
근속연수	0.0081 (0.0123)	0.0091 (0.0123)	−0.0041 (0.0240)	−0.0014 (0.0301)	0.0718[**] (0.0316)	0.1878[***] (0.0288)
근속연수^2 / 100	−0.1346[**] (0.0556)	−0.1379[**] (0.0556)	−0.1030 (0.1220)	−0.2219[*] (0.1335)	−0.4356 (0.1424)	−0.7216[***] (0.1299)
성별(여성=1)	−	−0.2559 (0.6419)	0.6471 (0.8810)	−	−	−
결혼 여부 (기혼=1)	−	−0.1373 (0.9479)	−0.0409 (0.1950)	−0.0826 (0.2066)	−0.1676 (0.2417)	−0.0065 (0.2440)
표본 수	4,652	4,652	1,071	799	607	720
LR χ^2	30.62	32.88	7.09	24.36	21.44	59.73
Pseudo R^2	0.0054	0.0058	0.0057	0.0227	0.0270	0.0619
Log likelihood	−2812.223	−2811.096	−617.948	−523.204	−386.749	−452.605

주: ( )안은 z 값, ***는 1%, **는 5%, *는 10% 유의수준에서 통계적으로 유의함.

3) 계층별 추정결과

이제 본격적으로 기업 인사데이터에서만 추적이 가능한 전년도 인사고과변수로 추가하여 승진결정요인으로서 인사고과의 중요성을 확인한다. 예상되는 추정결과는 인사고과 더미변수가 포함될 때 오히려 인적자본변수의 효과가 상당히 감소할 것으로 예상할 수 있다. 인적자본변수와 인사고과변수와 함께 포함시켜 승진확률함수를 추정할 때 설명변수 간에 상관관계가 커서 다중공선성의 문제가 야기될 것이라고 예상되지만, 실제로는 인사고과변수는 <표 3-8>과 같이 인적자본변수와 상관관계가 약하기 때문에 인적자본변수와 함께 추

정하는 것이 가능하다.[35]

<표 3-8> 인적자본변수와 인사고과변수의 상관관계

	교육연수	근속연수	성별	결혼 여부	상반기 업적	하반기 업적
상반기 업적고과 (25,111명)	0.0456 (0.000)	0.1027 (0.000)	-0.0865 (0.000)	0.1028 (0.000)	1	
하반기 업적고과 (25,336명)	0.0688 (0.000)	0.0851 (0.000)	-0.0980 (0.000)	0.0994 (0.000)	0.1093[a] (0.000)	1
역량고과 (14,122명)	0.1066 (0.000)	0.0781 (0.000)	-0.0537 (0.000)	0.0865 (0.000)	0.1896[b] (0.000)	0.3138 (0.000)

주: ( )는 유의도 수준. 고과변수에 따라 표본 수가 다르며, 상반기 업적고과는 25,111명, 하반기 업적고과는 25,336명, 역량고가는 14,122명이다. 인사고과 간의 상관계수를 나타내는 항목에서의 표본은 a가 25,111명, b는 14,059명의 자료임. 인사고과변수는 승격 시 적용되는 고과 포인트로 산출된 값으로 최대 10, 최소 0의 값을 가지며, 성별 및 결혼 여부와 같은 더미변수와의 상관관계는 point biserial correlation의 값으로 구함.

인사고과변수를 포함한 승진확률함수의 추정결과는 다음 <표 3-9>에 제시되어 있다. 그 결과는 인사고과변수가 포함되지 않은 <표 3-5>의 추정결과와 상당한 차이를 보인다. <표 3-5>에서는 인적자본변수가 대부분 통계적으로 유의한 값을 보이고 있으나, 인사고과변수를 반영할 결과, 일정 시기의 인적자본변수는 유의하지 않아 인사고과변수의 적용 여부에 따라 인적자본변수의 유용성에 영향을 미친다고 할 수 있다. 또한 인사고과변수는 승진확률함수 추정 시 분석기간 전체적으로 모두 통계적으로 유의한 결과를 보인다. 계수 값의 크기를 놓고 보면, 역량고과의 영향력이 제일 크고 그 다음 하반기 업적고과 그리고 상반기 업적고과 순서로 나타난다.[36]

---

35) 인적자본변수와 인사고과변수 간의 상관관계를 간부와 사원계층으로 나누어 구해 보았으나, 계층별 구분을 하더라도 전체 표본과 유사한 형태로 나타났다. 사원의 경우 오히려 교육연수와 상반기 업적고과 그리고 근속연수와 역량고과 간의 상관관계의 유의도가 낮아진 형태로 나타났으나, 상관관계 계수의 크기가 미미하기 때문에 큰 의미를 부여하기는 어렵다고 판단된다.

한편, 연도별 추정결과를 비교하여 IMF 외환위기 이전과 이후로 구분할 때, IMF 외환위기 이전인 1997년에 비해 IMF 외환위기 이후 인사고과변수의 영향력이 증가한 것으로 나타나 기업의 승진체계가 연공서열형에서 성과중시형으로 변화하였다는 근거를 발견할 수 있다. 즉 1997년 추정결과에는 상반기 업적고과는 유의하지만 음(−)의 부호를 가지는 한편, 하반기 업적고과나 역량고과가 양(+)의 부호로 승진확률에 영향을 미치고 있지만, 1998년 이후 상황은 달라지는 것이다. 1998년 이후 상반기 업적고과나 하반기 업적고과 그리고 역량고과 모두 유의한 영향을 미치고 있다.[37]

<표 3-9> 승진확률함수 추정결과(인사고과변수 포함)

	전 체	1997년	1998년	1999년	2000년
상수항	−2.0253[***] (0.1024)	−1.9365[***] (0.1990)	−2.2945[***] (0.2234)	−0.6185[*] (0.3280)	−2.6751[***] (0.3001)
교육연수	0.0243[**] (0.0059)	0.0451[**] (0.0114)	0.0373[**] (0.0127)	−0.1286[***] (0.0195)	0.0852[***] (0.0166)
근속연수	−0.0401[**] (0.0082)	−0.0102 (0.0150)	−0.0841[**] (0.0178)	0.0486[**] (0.0244)	0.0307 (0.0219)
근속연수^2 / 100	0.1305[**] (0.0420)	0.0888 (0.0840)	0.3073[**] (0.0917)	−0.4287[**] (0.1250)	−0.0618 (0.1106)
성별(여성=1)	−1.0291[***] (0.0764)	−1.0425[***] (0.1372)	−1.4817[***] (0.1374)	0.4041 (0.3143)	−1.3671 (0.3107)

---

36) 왜 이러한 영향력의 차이가 발생하는 것일까? 본 연구에서는 이 점에 대해서 심층적으로 다루지는 않지만, 일반적으로 차기 승진대상자일 때 그 점을 감안한 평가가 이루어진다는 점에서 가급적 승진 직전의 평가결과에 이러한 고려가 반영되었으리라고 추정할 수 있다.

37) 승진확률함수 추정 시 인사고과의 중요성을 발견하였지만, 왜 개별 고과결과의 영향력이 차이가 나는지 또한 왜 연도별로 변호가 있는지에 대해서는 현 단계에서 명확하게 설명하기 어렵다. 인사고과변수가 승진심사 시 반영되는 비율에 따라서 달라질 가능성도 있으나, A기업 인사담당자에게 확인한 바로는 해당 시기 중에는 승진심사 시 인사고과 점수의 비중이 계속 동일한 비중을 적용하고 있었다고 한다. 이 부분에 대한 보완도 향후 연구과제로 남겨둔다.

	전 체	1997년	1998년	1999년	2000년
결혼 여부 (기혼＝1)	-0.2046*** (0.0321)	-0.1029* (0.0590)	-0.3276*** (0.0670)	-0.2632** (0.1107)	-0.6282*** (0.0915)
상반기 업적고과	0.0208*** (0.0056)	-0.0216* (0.0110)	0.0801*** (0.0130)	0.0716*** (0.0175)	0.0885*** (0.0160)
하반기 업적고과	0.0818*** (0.0057)	0.0244** (0.0116)	0.1132*** (0.0123)	0.1206*** (0.0168)	0.1090*** (0.0157)
역량고과	0.1642*** (0.0058)	0.1131*** (0.0118)	0.2240*** (0.0129)	0.2187*** (0.0176)	0.1374*** (0.0154)
표본 수	14,052	3,998	2,935	1,508	1,633
LR χ^2	1826.40	249.14	769.78	401.54	348.26
Pseudo R^2	0.1227	0.0670	0.2089	0.2168	0.1543
Log likelihood	-6529.394	-1734.592	-1457.827	-725.109	-954.656

주: ( )안은 z 값이며, ***는 1%, **는 5%, *는 10% 유의수준에서 통계적으로 유의함.

특기할 만한 것은 인사고과변수를 승진확률함수 추정에 추가하는 경우, 시기와 상관없이 음(-)의 값을 가지면서 계수 값이 지속적으로 증가하던 성별더미변수가 1999년부터는 통계적으로 유의하지 않게 된다는 것이다. 그러나 인사고과변수를 고려할 때 남녀 간 승진확률에서 차이가 사라지는 현상을 곧바로 승진에서의 성별 차이가 없어졌다고 판단하기는 어렵다. 그 이유는 승진확률함수만을 가지고만 결론에 이끌어 내기에는 일정한 한계가 있기 때문이다. 다만, 적어도 인사고과와 같이 개인별 능력과 업적을 평가하는 제도가 공식적으로 운영되고, IMF 외환위기 이후 기업의 인사전략이나 제도가 투명하고 공정한 인사라는 기조를 강조하고 반영하려는 추세를 감안한다면, 과거보다 훨씬 더 합리적인 인사관리가 가능해졌기 때문에 나타난 현상이라는 것을 간접적으로 시사해 준다.

그렇다면 이러한 변화가 일반적으로 알려져 있는 직군별 승진체계의 차이와 어떻게 연결되어 있는가?[38] 이 점을 확인하기 위해 그 특징이 두드러질 것이라고 예상되는 사원계층의 사무직과 생산직을 구분하여 승진확률함수를 추정하였다. 그 결과는 다음 <표 3 - 10>과 같은데, 사무직은 물론 생산직에서도 일정한 패턴이 존재하지 않는다는 것을 발견할 수 있다. 그러나 본 연구의 핵심주제인 IMF 외환위기 전후 인사고과변수의 영향력 변화는 직군에 상관없이 나타나고 있다. 즉, 1997년에는 사무직은 역량고과만, 생산직은 하반기 업적고과와 역량고과만 유의적인 영향력이 있으나, 1998년 이후에는 지속적으로 인사고과변수 모두가 승진확률에 영향을 미치고 있다.

〈표 3 - 10〉 사원(L3~L5)의 직군별 추정결과(인사고과변수 포함)

	1997년		1998년		1999년		2000년	
	사무직	생산직	사무직	생산직	사무직	생산직	사무직	생산직
상수항	−1.8925[***]	−1.9262[***]	−1.2609	−4.2039[***]	2.1004[*]	0.6579	−0.6296	0.0298
	(0.6424)	(0.4882)	(0.8410)	(0.4988)	(0.1784)	(0.7447)	(1.3743)	(0.7774)
교육연수	0.0654	0.0119	0.0052	0.1341[***]	−0.2788[***]	−0.1978[***]	−0.0736	−0.1055[**]
	(0.0388)	(0.0306)	(0.0495)	(0.0300)	(0.0736)	(0.0469)	(0.0800)	(0.0458)
근속연수	−0.0472	−0.0029	−0.2542[***]	−0.0459	0.0782	0.1340[**]	−0.1183	0.0800
	(0.0428)	(0.0306)	(0.0552)	(0.0381)	(0.0857)	(0.0615)	(0.1095)	(0.0660)
근속연수^2 / 100	0.3383	0.1196	1.2699[***]	0.3545	−1.0871[**]	−1.2354[***]	0.2874	−0.6758[*]
	(0.2712)	(0.1771)	(0.3096)	(0.2225)	(0.5510)	(0.3888)	(0.6889)	(0.3835)
성별 (여성＝1)	−0.7832[***]	−1.5326[***]	−1.0941[***]	−1.9489[***]	−0.0772	−	0.3013	−
	(0.2144)	(0.2746)	(0.2506)	(0.2616)	(0.6848)		(0.6482)	
결혼 여부 (기혼＝1)	−0.1933	−0.1970[**]	−0.5974[***]	−0.2660[***]	−0.4460[*]	−0.4063[**]	−0.5922	−0.9658[***]
	(0.1284)	(0.0934)	(0.1492)	(0.1030)	(0.2176)	(0.1842)	(0.2301)	(0.1768)

---

38) 한국 기업에서 일반적으로 인식되고 있는 바는 사무직과 생산직 간 승진체계가 서로 상이하다고 보는 것이다. 이 점을 두 분의 심사자가 공히 지적해 주었는데, 본 연구에서 활용한 A기업의 경우, 승진심사에 고려되는 심사항목의 소분류(즉, 평가요소)에서는 직군별 특성에 따라 그 내용이 차이가 있지만, 심사기준상의 고과점수로 반영할 때에는 동일한 비율로 적용되고 있어 승진확률함수 추정을 통해서 직군 간 승진체계의 차이점을 발견하는 데에는 일정한 한계가 따른다. 다만, 인적자본변수와 인사고과변수의 추정결과를 통해 연도별로 어떤 변화가 있었는지 또한 직군별로 어떤 특징을 보이는지를 살펴볼 수 있다.

	1997년		1998년		1999년		2000년	
	사무직	생산직	사무직	생산직	사무직	생산직	사무직	생산직
상반기 업적고과	-0.0194 (0.0274)	-0.0160 (0.0188)	0.0543[*] (0.0318)	0.0987[***] (0.0225)	0.1168[***] (0.0455)	0.0588[*] (0.0323)	0.1258[**] (0.0496)	0.1299[***] (0.0350)
하반기 업적고과	-0.0078 (0.0294)	0.0570[***] (0.0195)	0.1529[***] (0.0312)	0.1396[***] (0.0204)	0.1117[***] (0.0393)	0.1266[***] (0.0302)	0.1616[***] (0.0512)	0.0828[***] (0.0306)
역량고과	0.0895[***] (0.0289)	0.1473[***] (0.0201)	0.2302[***] (0.0339)	0.2318[***] (0.0214)	0.1436[***] (0.0435)	0.1571[***] (0.0315)	0.0835[*] (0.0478)	0.0758[**] (0.0312)
표본 수	796	1,628	518	1,247	265	440	226	451
LR x^2	41.39	144.66	160.54	366.29	60.60	83.88	36.87	67.88
Pseudo R^2	0.0626	0.1138	0.2413	0.2619	0.1857	0.1633	0.1544	0.1387
Log likelihood	-309.825	-563.063	-252.368	-516.157	-132.832	-214.894	-100.999	-210.799

주: ( )안은 z 값이며, ***는 1%, **는 5%, *는 10% 유의수준에서 각각 통계적으로 유의함. 사무직은 경영지원직과 영업직으로 구성되어 있으며, 생산직은 생산기술직에 해당됨. 생산직의 경우, 1999년과 2000년 자료는 여성 근로자로만 구성되어 있어 성별더미변수의 추정 값은 제외됨.

또한, 이러한 성향을 간부계층의 승진확률함수 추정결과에서도 발견할 수 있는데, 다음 <표 3 - 11>과 같다. <표 3 - 8>와 <표 3 - 9>과 같이 인적자본변수들의 유의성이나 영향력이 일정한 패턴을 찾기 어렵지만, 인사고과변수는 IMF 외환위기 이후인 1998년부터 지속적으로 유의적인 추정결과를 보여주고 있다.[39] 그러나 2000년의 경우 근속연수의 추정 값만 유의하게 나타나 앞서 지적한 것과 같이 매년 동일한 패턴이 존재한다고 하기보다는 해당 연도의 특수성이 감안된 것으로 볼 수 있다.

---

39) 간부계층에서의 여성인력의 비중이 극히 미미하기 때문에 성별더미가 포함되지 않았다.

〈표 3-11〉 간부(L6~L11)의 승진확률함수 추정결과(인사고과변수 포함)

	전 체	1997년	1998년	1999년	2000년
상수항	-0.9685^{***} (0.2461)	-0.3557 (0.4923)	-0.3484 (0.6177)	-0.0954 (0.7784)	-2.7053^{***} (0.6425)
교육연수	-0.0626^{***} (0.0112)	-0.0323 (0.0224)	-0.1130^{***} (0.0287)	-0.1703^{***} (0.0371)	-0.0288 (0.0276)
근속연수	0.0034 (0.0134)	-0.0016 (0.0244)	-0.0095 (0.0332)	0.0548 (0.0386)	0.2242^{***} (0.0351)
근속연수^2 / 100	-0.1759^{***} (0.0613)	-0.1091 (0.1233)	-0.2307 (0.1470)	-0.4664^{***} (0.1764)	-0.9302 (0.1605)
성별(여성=1)	0.2225 (0.6377)	0.6340 (0.8594)	$-$	$-$	$-$
결혼 여부 (기혼=1)	-0.0739 (0.1093)	-0.0736 (0.1970)	-0.0225 (0.2348)	-0.2377 (0.3460)	0.1240 (0.3253)
상반기 업적고과	0.0339^{***} (0.0094)	-0.0301 (0.0189)	0.0844^{***} (0.0238)	0.0527^{*} (0.0290)	0.0969^{***} (0.0286)
하반기 업적고과	0.0751^{***} (0.0099)	0.0242 (0.0197)	0.0803^{***} (0.0234)	0.0777^{***} (0.0297)	0.1404^{***} (0.0283)
역량고과	0.2036^{***} (0.0101)	0.0980^{***} (0.0205)	0.2690^{***} (0.0241)	0.3196^{***} (0.0317)	0.2166^{***} (0.0296)
표본 수	4,573	1,070	799	588	688
LR χ^2	872.27	38.32	247.40	251.62	281.17
Pseudo R^2	0.1572	0.0313	0.2310	0.3278	0.3057
Log likelihood	-2338.532	-601.721	-411.686	-258.009	-319.369

주: ( )안은 z 값이며, ***는 1%, **는 5%, *는 10% 유의수준에서 통계적으로 유의함

제5절 결 론

본 연구는 기업 내부노동시장에서의 승진이라는 제도가 갖는 의미를 재확인하고, 그간 자료 제약 등으로 실증분석에서 확인하지 못했던 기업의 승진결정요인을 분석하였다. 본 연구에서는 기업 인사데이터를 분석자료로 활용하여 프로빗(Probit) 모형을 사용한 승진확률함수를 추정하였다. 특히 기업 인사데이터에서만 추적할 수 있는 인사고과정보를 활용함으로써 기업의 승진체계가 학력이나 근속연수를 중시하는 연공서열형에서 개인의 능력과 업적을 중시하는 성과주의형으로 변화하고 있는지의 여부를 확인할 수 있는 계기를 마련하였다.

본 연구는 기존의 연구가 직급구분에 따른 승진 여부의 정보, 즉 근로자가 고직급 근로자(간부 이상)인지 아닌지의 여부를 가지고 승진 여부를 파악하고 있어 기업이 실제 적용하고 있는 승진개념과는 분명 다르다는 점을 강조하였다. 따라서 본 연구에서는 직급변동, 즉 해당 직급에서 차상위직급으로의 직급상승을 승진으로 구분하여 승진확률함수 추정의 종속변수로 활용하였다.

기존의 연구가 주로 횡단면 자료를 활용했기 때문에 불가피하게 광의의 승진개념을 사용할 수밖에 없었으나, 본 연구에서는 기업 인사데이터를 분석하여 근로자의 정확한 승진정보를 추출하였고 승진시점과 그 시점에서의 인적자본수준 그리고 승진시점 직전의 인사고과정보들을 활용할 수 있었다. 한편 보다 정확한 승진확률함수를 추정하기 위해서는 직급별 체류연한을 감안한 승진대상자를 구분하여야 하지만, 분석자료의 한계로 인하여 구분할 수 없었다. 다만, 전기의 승진자를 다시 추정대상으로 삼는 오류를 최소화하기 위해 추

정대상을 매년 조정함으로써 가급적 정확한 추정결과를 얻을 수 있었다.[40]

본 연구의 승진확률함수 추정결과를 요약하면 다음과 같다.

첫째, 기존의 직급구분에 의한 승진확률함수 추정은 승진의 개념적 오류에도 불구하고 인적자본변수가 영향을 미친다고 보았는데, 본 연구와 같이 직급변동에 다른 승진개념을 적용했을 때에도 인적자본변수들은 통계적으로 유의미한 추정결과를 보임으로써 학력이나 근속연수와 같은 인적자본변수가 승진의 결정요인으로 작용한다는 점을 확인하였다.

둘째, 인사고과변수를 승진확률함수 추정에 사용함으로써 그간 실증분석을 통해서 확인되지 못했던 승진에서의 인사고과의 중요성을 확인하였다. 분석기간 전체적으로 인사고과변수는 대부분 승진확률에 양($+$)의 효과를 미치고 있어 승진의 중요한 결정요인이라고 판단할 수 있다. 또한 인사고과변수의 영향력이 IMF 외환위기를 전후로 변화하였다는 점이 확인되었는데, 예상한 대로 IMF 외환위기 이후 업적고과나 역량고과의 영향력은 점차 증가하고 있다. 이는 기존의 연공서열형 승진체계에서 성과주의형 승진체계로의 전환이 진행되고 있음을 보여주는 근거라그 볼 수 있다. 다만, 승진대상자만을 표본으로 한 추정이 이루어지지 않았기 때문에 확정적인 근거라고 주장하기에는 한계가 있다.[41]

---

[40] 물론 정확한 추정대상을 구별해 내기 위해서는 승진대상자 여부의 정보가 필요하지만, 본 연구에서는 최소한 전기 또는 전전기의 승진자를 제외하는 방법을 활용하여 추정의 정확성을 높일 수 있도록 표본을 구성하였다.

[41] 자료의 한계로 인해 본 연구에서는 승진대상자를 구분할 수 없었다. 이로 인해 야기될 수 있는 문제점으로 예상되는 것은 근속연수가 승진확률에 미치는 영향이 과도평가(over−estimate)될 가능성이 높다는 점이다. 이와 같은 추정 상의 편의를 해결하기 위해서는 보다 정확한 표본설정(승진대상자 여부 등)이 필요할 것이다.

셋째, 분석자료의 제약으로 확정적인 결론을 내리기는 어렵지만, 승진의 결정요인으로서 인사고과변수를 반영할 때, 주목할 만한 추정결과를 발견할 수 있다. 즉, 인적자본변수의 추정결과가 일정한 패턴을 보이고 있지 않지만, 전체 표본을 대상으로 했을 때 성별더미변수의 영향력이 사라지고 있다. 또한 간부계층의 승진결정에서 인사고과변수가 사원계층보다 상대적으로 강한 영향력을 갖고 있다는 점을 확인할 수 있었다.

이러한 결과를 종합할 때, 우리나라 기업이 IMF 외환위기 이후 성과주의 인사제도를 도입하면서 근로자의 업적이나 능력에 대한 평가(인사고과결과)의 영향력이 증가하고 있어 연공서열형 승진체계에서 성과주의형 승진체계로의 전환이 이루어지고 있다는 것을 확인할 수 있다. 또한, 성과주의 인사제도가 도입되면서 승진제도에서도 보다 투명하고 공정한 인사라는 기업 인사전략의 기조가 지속적으로 반영되고 있다는 점을 보여준다고 하겠다.

그러나 이러한 성과에도 불구하고 본 연구는 활용데이터의 속성이나 방법론 차원에서 다음과 같은 일정한 한계를 갖는다. 첫째, 본 연구에서 사용된 데이터가 특정 대기업에 국한된 인사데이터이기 때문에 이상의 분석결과를 일반화하는 데 어려움이 있다. 따라서 기업의 승진체계가 어떻게 변하고 있는가에 대한 흐름을 추적하는 데에는 도움이 되지만, 단일기업 표본이기 때문에 우리나라 기업의 정형화된 사실로 간주할 수 없다. 둘째, 분석자료인 인사데이터가 패널데이터의 형식을 취하고 있음에도 불구하고 근로자 개인별로 갖고 있는 이질성(heterogeneity)을 통제할 수 있는 패널데이터 분석의 가능성이 충분히 활용하지 못한 점이다. 앞서 지적했던 것처럼 IMF 외환위기 전후의 비교를 위해서 불가피한 점도 있지만, 패널데이터의 시계열 확장을 통해 보다 엄밀한 분석이 필요하다는 점에서는 한계가 있다.

아울러 본 연구는 주로 기업 내 승진의 결정요인에 초점을 맞추었지만, 기업 내부노동시장에서의 승진 메커니즘을 보다 확실하게 이해하기 위해서는 승진을 둘러싼 다양한 이슈들에 대해서 추가적인 연구가 필요하다. 가령, 승진에 따른 임금격차(wage spread)나 그 결정요인[42], 더 나아가 기업 내부적으로 최적의 임금체계(optimal compensation scheme)가 어떻게 결정되는지에 대한 연구도 필요하며, 이러한 작업들은 추후 연구과제로 남겨 놓는다.

---

[42] 최근 김경묵(2005)은 한국 상장기업 200개를 대상으로 직급 간 임금격차에 영향을 미치는 요인을 조직 차원에서 분석하고 있다. 기존의 연구가 개인수준의 실증분석이 대다수인 점을 고려하여 조직수준의 변수(환경특성, 규모, 소유구조, 노동조합의 힘 등)들을 활용하여 분석하고 있다. 종속변수로 쓰인 임금격차지수에 활용된 임금자료가 기업 인사데이터가 아닌 임금정보를 제공해 주는 웹사이트의 자료를 활용했다는 점에서 본 연구와 다르다. 임금격차지수에 대해서는 Shaw, Gupta and Delery(2002)를 참조.

■ ■ ■

제 4 장

성과급제 도입의 임금효과 분석[*]

---

[*] 본 장은 엄동욱(2006a)의 제4장을 수정·보완한 것으로서 필자가 「노동경제논집」 제29권 제2호(2006년 8월 간행)에 "우리나라 기업의 성과급제 도입효과 – IMF 외환위기 전후 대기업 인사데이터를 중심으로 – "라는 제목으로 게재한 내용을 기초로 재정리한 것이다.

제1절 서 론

1. 문제의식

제4장의 연구는 한 기업에서 성과급제[1]를 도입했을 때 임금효과, 즉 임금구조와 임금결정요인이 어떻게 변화되었는지를 살펴본다.[2] 제2장에서 살펴본 것처럼 내부노동시장에서 근로자의 임금수준은 인적자본수준과 기업의 인사제도에 따라 결정된다. 따라서 특정 기업이 성과급제를 도입했다면, 이러한 인사제도의 변화가 실제 임금구조를 어떻게 변화시켰는지 그리고 임금결정요인 측면에서 어떤 변화가 나타났는지 살펴보는 것이 필요하다.

---

1) 본 연구에서 정의하는 성과급제는 기업 내에서 주로 연봉제로 불리는 임금체계를 의미한다. 기업 현장에서는 연봉제라는 의미가 성과주의형 임금체계의 대표 격으로 지칭되고 있으나, 실제 성과주의형 임금체계는 보다 다양한 내용을 포함하고 있다. 또한 연봉제라는 개념 자체는 월급여의 지급방식을 의미하기 때문에 본 연구에서는 가급적 성과급제라는 용어를 사용하며, 필요 시 연봉제라고 표현할 것이다. 통상적인 연봉제는 비호봉제 형태의 기본급과 능력과 성과에 따라 기본급을 조정하는 고과승급 그리고 기타 부가급여를 조정하는 인센티브로 구성되어 있다.(박준성(2004)의 p.53 참조)

2) 본 연구에서 임금효과는 임금구조와 임금결정방식의 변화를 의미한다. 일반적으로 임금구조는 산업 간, 지역 간, 기업 간, 직종 간, 남녀 간, 연령 간 임금격차가 나타나는 임금분포를 의미하지만, 기업 인사데이터를 대상으로 할 경우, 직종 간, 남녀 간 그리고 연령 간 임금격차에 초점을 맞추게 된다. 이는 경영학(인적자원관리)에서 관심을 갖는 임금체계의 개념과는 차이가 있다. 또한 임금결정요인은 기존 경제학에서 중점적으로 다루는 임금함수 추정 시 인적자본이론에서 제시한 요인들(학력, 근속연수, 성별 등)을 중심으로 논의한다. 따라서 경영학에서 보는 임금결정요인과는 개념상으로 차이가 존재한다. 즉, 경영학(인적자원관리)에서는 임금이 조직 내·외부 환경적 요소와 개인별 차별요소에 의해서 영향을 받는다고 보는데, 여기서 개인별 차별요소 중 종업원의 상대적 가치와 교육의 신호기능이 본 연구에서 관심을 두는 임금결정요인이라고 볼 수 있다.(이진규(2001)의 pp.408 - 412 참조) 한편 인력시장에서의 인력수급상황과 경쟁업체에서의 보상 등 외적 환경요소와 조직체의 지불능력, 직무의 가치 그리고 구성원 자신의 능력 등 조직체의 내적 요소로 보상의 결정요소를 구분하기도 한다.(이학종(1995)의 p.335 참조) 최근의 보상체계 및 실증분석에 대해서는 Gerhart and Rynes (2003)를 참조.

성과급제, 특히 연봉제에 대한 기존의 연구들은 주로 경영학의 인적자원관리 분야 문헌에서 발견되는데, 크게 다음과 같이 3가지 영역으로 구분할 수 있다. 첫째, 성과급제 도입의 필요성, 도입과정에서의 유의할 사항, 실제 도입사례 등 성과보상의 차원에서 바람직한 연봉제의 내용이나 제도의 설계기준을 다룬 연구들[3], 둘째, 성과주의 급여체계의 도입에 따른 근로자의 임금만족, 직무만족, 조직몰입, 공정성 인식, 수용도 등의 개인 측면에서의 효과에 초점을 맞춘 연구[4] 그리고 셋째, 성과급제와 기업의 조직성과의 관계를 분석한 연구들이 있다.[5] 여기서 두 번째, 세 번째 연구들은 경영학의 인적자원관리 측면에서 성과급제와 같은 보상제도의 변화가 야기하는 개인 및 조직 차원에서의 효과성에 대해 논의를 하고 있는 것이다.[6]

그러나 이러한 경영학(인적자원관리)의 연구들은 성과급제 도입이 내부노동시장에서의 임금구조에 영향을 미친다는 것을 인지하고 있음에도 불구하고 구체적인 내용에 대해 그다지 큰 관심을 기울이지 않고 있다. 그 이유는 몇 가지를 생각할 수 있는데, 먼저 성과급제를

---

3) 이러한 연구들이 공통적으로 언급하는 연봉제 도입의 문제점은 평가의 공정성과 객관성에 대한 것과 함께 학력과 연공서열을 중시하는 고정된 개념에서 능력과 업무성과를 중시하는 가치관으로의 의식개혁의 필요성을 지적하기도 한다.(이학종(1995)의 p.360 참조)

4) 양혁승(2003)은 성과주의 보상제도에 대한 조직 구성원들의 수용도가 제도-개인 간 가치적합성에 의해 영향을 미친다는 점을 실증 분석하고 있다. 자세한 내용은 양혁승 (2003) 참조.

5) 김진배·변동헌·신준용(2004)과 김성수(2003) 참조. 한편 최근에는 경영자와 성과보상의 관점에서 성과급제의 효과를 분석한 연구가 등장하고 있다. 주목할 만한 실증연구로 경영자의 성과-보상 민감도 분석을 중심으로 우리나라 IT벤처기업의 보상체계를 연구한 이경원 외(2003)가 있다.

6) 성과급제의 효과를 평가할 때, 인적자원관리 교과서에서 언급되는 평가기준은 개인 업무성과 향상에 대한 동기부여와 조직의 가시적인 조직성과를 구분하여 이루어진다. 가령, 개인성과 측면에서는 개인별 업무성과관리가 충실히 이행되고 있는가, 또는 개인별 성과평가와 보상에 대한 불만족은 없는가와 같은 내용이며, 조직성과로는 종업원 성과 향상 노력으로 조직성과가 향상되었는가, 성과급제의 시스템 공정성을 확보하여 제도적으로 정착될 수 있는가와 같은 내용이다.(이진규(2001)의 pp.440-441 참조)

도입할 때 이미 구체적인 설계내용, 즉 새로운 임금결정방식이 검토되고 확정되기 때문에 설계된 대로 운영된다고 하면 임금결정방식이나 임금구조에 대해서 그다지 새로운 이론적, 실증적 함의를 발견하기 어렵다고 판단하기 때문이다. 그리고 근로자 개인별 임금수준이 사전에 설정된 임금결정방식에 따라 결정될 경우, 기업이 의도한 바 보상전략의 효과를 달성했다고 간주할 수 있다고 보기 때문이다.

한편 일반적으로 성과급제에서 활용하고 있는 근로자 개인별 임금결정방식을 살펴보면, 근로자의 임금은 직급별 임금테이블을 기준으로 승격 여부와 전년도 성과(주로 인사고과)를 반영하여 새로운 연봉수준으로 책정되는 것이다. 결국 근로자의 직급정보와 그에 해당하는 임금테이블상의 임금수준 그리고 전년도 인사고과결과만 보면 해당 근로자의 연봉수준을 쉽게 알 수 있다. 그러나 이러한 정보들은 대부분 對外秘이거나 人秘성격의 자료로서 부서장이나 인사부서 담당자를 제외하고는 근로자나 외부에서는 접할 수 없는 것이다. 더구나 근로자 개개인의 임금수준에 대한 정보는 노동부의 공식적인 통계조사를 제외하고는 외부에서 확인할 수 없는 경우가 많다. 따라서 기존의 연구들이 임금구조의 변화에 대해서 관심을 두지 못하는 것은 실제 기업의 임금데이터를 확보하지 못하는 상황에서 성과급제 도입에 따른 임금구조의 변화를 살펴본다는 것은 거의 불가능한 것이라고 보기 때문이라고 할 수 있다.

이에 본 연구는 우리나라 대기업의 인사데이터를 통해 성과급제 도입 전후의 임금구조와 임금결정요인의 변화에 초점을 맞춘다. 성과급제의 임금결정방식은 명확하게 보인다고 하더라도 실제 임금구조가 어떻게 변화했는지 그리고 경제학에서 일반적으로 임금결정요인으로 강조하고 있는 인적자본변수와 관련하여 임금결정요인들의 영향력이 어떻게 변화했는지를 구체적으로 살펴보는 것이다. 특히 본 연구는 기업이 내부노동시장의 유연성 제고, 즉 임금유연성의 확보를 위해서 성과급제를 도입했다는 가정하에 기업이 의도한 바를 실제로 달성했는지를 검증한다. 즉, 성과와 상관없이 연령이나 근속연수가 증가함에 따라 계속 임금이 상승하는 연공서열형 임금체계를 성과와 연동된 임금상승으로 귀결되는 성과주의형 임금체계로 바꾸려는 기업의 직접적인 의도에 초점을 맞춘다. 따라서 본 연구는 다음과 같은 2가지 성과급제 도입의 임금효과를 다룬다. 첫째, 임금연공성의 변화로서 연령이나 근속연수에 따른 임금 프로파일을 살펴 성과급제 도입 전후에 어떻게 바뀌었는지를 보고, 둘째, 성과에 따른 보상의 격차, 즉 동일한 인적자본을 가진 근로자들을 기준으로 인사고과에 따라 임금격차가 어떻게 바뀌었는지를 보는 것이다.

2. 우리나라 기업의 성과급제 도입현황

널리 알려져 있는 것처럼 IMF 외환위기를 계기로 우리나라 기업들은 성과급제를 활발하게 도입하였다. 노동부의 「연봉제 및 성과배분제 실태조사」 결과에 따르면, 1996년에 연봉제를 도입한 기업은 조사대상의 1.6%에 불과했다. 그러나 <표 4-1>에서 볼 수 있는 것처럼, IMF 외환위기 이후 1999년부터 연봉제를 도입한 기업의 비율이 계속 증가했다.[7] 또한, 기업들은 이러한 성과급제를 도입한 결

---

7) 노동부가 최근 2005년 6~8월에 실시한 연봉제 및 성과배분제 실태조사결과를 보면, 연봉제와 성과배분제 도입업체가 지속적으로 증가 추세를 보이고 있으며, 연봉제 확산속도가 상대적으로 빠르게 나타나고 있다. 조사대상인 100인 이상 사업장 2,974개소 중 연봉제는 1,440개소(48.4%), 성과배분제는 2,890개소 중 927개소(32.1%)가 도입·실시하고 있어 성과주의 임금체계가 확산되고 있는 것으로 보인다. 하지만, 임금체계 현황 실태조사결과를 보면 100인 이상 응답사업장(3,053개 사) 중 62.8%가 호봉급을 운영하고 있어 성과급제가 확산되고는 있지만 연공급적 임금체계가 여전히 우세라는 것으로 보여주고 있다.(노동부 임금근로시간정책팀, 2005 참조)

과, 근로자의 생산성이 향상되고 인건비 관리가 용이해지는 등 나름
대로 긍정적인 평가를 하고 있는 것으로 나타났다.

<표 4-1> 연봉제 도입실태

(단위: 개소, %)

구　분	'96.11	'97.10	'99.1	'00.1	'01.1	'02.1	'03.1	'04.6	'05.6
연봉제 도입업체 (도입비율)	94 (1.6)	205 (3.6)	649 (15.1)	932 (23.0)	1,275 (27.1)	1,612 (32.3)	1,712 (37.5)	1,829 (41.9)	1,440 (48.4)
조사업체 수	5,830	5,754	4,303	4,052	4,698	4,998	4,570	4,370	3,086

주: '96~'97년은 임금교섭 타결현황 조사와 병행하여 조사, '99년부터 별도의 설문조사 실시
자료: 노동부 임금근로시간정책팀(2005), 「연봉제 및 성과배분제 실태조사」.

　그러나 기업이 연봉제와 같은 성과급제를 도입했다고 해서 연공서
열형 임금체계가 곧바로 성과주의형 임금체계로 바뀌었다고 볼 수
없다. 즉, 성과급제 도입이 곧 '성과주의형 임금체계 구축'은 의미하
는 것은 아니라는 것이다. 노동부의 조사결과를 구체적으로 살펴보
면, 연봉제를 도입한 기업에서도 일부 직종이나 직무(특히 생산직의
경우)에 대해서는 여전히 연봉제 적용을 유예하거나 적용대상에서
제외하고 있다. 또한, 노동부의 「임금구조기본통계조사」 결과를 보
면 연봉제를 적용받는 근로자의 비율이 그리 높지 않다는 것을 확인
할 수 있다. 즉, 조사항목의 임금지불형태를 보면, 연봉제가 적용되
고 있는 임금근로자는 2000년 조사대상자의 12.0%에 불과하며,
2002년의 경우에도 조사대상자의 19.4%로 나타나 연봉제를 도입한
기업의 비율보다 낮게 나타난다.[8] 이는 기업 차원에서는 연봉제가

---

8) 물론 기업단위 조사와 근로자 개인단위 조사의 차이 때문에 직접적으로 비교하기는 어
　렵다. 즉 기업단위 조사는 100인 이상 기업을 대상으로 한 조사이고, 근로자 개인단위
　조사는 5인 이상 기업에 종사하는 근로자를 대상으로 한 조사이기 때문에 직접적으로
　비교할 수는 없지만, 전반적인 추세를 보는 데는 무리가 없다고 판단된다.

도입되었다고 하더라도 근로자의 직급이나 직무에 따라서 연봉제가 직접 적용되는 범위가 한정되어 있었기 때문이라고 판단된다.[9]

<표 4-2> 임금지불형태의 변화추이

(단위: %)

구 분	'96	'97	'98	'99	'00	'01	'02
시 급	11.2	10.3	9.1	9.5	9.9	8.9	7.7
일 급	12.6	11.4	10.6	11.6	11.0	9.6	7.7
주 급	0.0	0.0	0.0	0.0	0.0	0.0	0.0
월 급	74.6	76.1	76.3	70.9	66.6	66.4	64.9
연봉제	1.3	2.0	3.7	7.7	12.0	14.9	19.4
도급제등 능률급	0.2	0.1	0.2	0.3	0.4	0.3	0.2
전 체	100.0	100.0	100.0	100.0	100.0	100.0	100.0

자료: 노동부, 「임금구조기본통계조사」, 각 연도.

이러한 내용을 종합해 보면, IMF 외환위기 이후 우리나라 기업들이 성과주의 인사제도(연봉제)를 도입하는 사례가 활발해졌지만, 기존의 연공서열형 임금체계, 즉 연령이나 근속연수가 높아질수록 임금이 상승되는 임금결정방식이 여전히 그 기저에서 작동하고 있다고 볼 수 있다.

한편 기업이 적용대상을 구분하지 않고 전 종업원을 대상으로 연봉제를 도입한 경우라고 하더라도 연봉제 도입 자체가 임금유연성의 확보, 즉 성과주의형 임금체계로의 전환이 성공적으로 이루어졌는지에 대한 의문은 지속적으로 제기되고 있다. 기업들은 연봉제를 도입하면서 호봉제를 폐지하는 것, 그리고 성과에 연동한 처우차별화를

---

9) 실제로 본 연구의 분석대상인 A기업의 경우에도 1998년에 연봉제를 도입하면서 적용대상을 L6 이상 간부로 제한하였고, 1999년에 그 적용대상을 대졸사원으로 확대한 바 있다.

통해 개인의 능력과 업적에 따라 임금 차등 폭을 확대하는 것을 기본원칙으로 제시하였다. 여기서 호봉제 폐지는 그 자체로 의미가 있으나, 과연 호봉제 폐지로 연공임금성 약화가 의도한 대로 관철되었는지는 확인하기 어렵다. 또한 개인별 능력과 업적에 따른 임금차별화를 꾀하고 있는 경우, 임금차별화를 위한 제도설계에도 불구하고 여전히 연공에 따른 임금효과가 높다고 한다면 기업이 의도한 대로 임금유연성을 확보하는 데 성공했다고 하기 어려울 것이다. 이런 관점에서 본 연구는 과연 기업이 의도한 바 임금유연성이 제고되었는가에 초점을 맞추는 것이다.[10]

앞서 살펴본 노동부의 「연봉제 및 성과배분제 실태조사」 또는 「임금구조기본통계조사」의 결과들은 단지 연봉제나 성과배분제와 같은 제도의 도입 여부나 임금지불형태의 구성비율만 확인할 뿐, 실제 성과급제 도입에 따른 효과를 추정하기에는 한계가 있다.[11] 또한 이런 미비점을 해소하고자 특정 기업을 선정하여 사례 분석을 한다고 하더라도 기업의 인사제도 변화만 시점별로 기술할 뿐, 실제 그러한 제도변화가 구체적으로 임금구조나 임금결정방식에 어떠한 영향을 미쳤는지에 대해서는 확인하기 어렵다. 따라서 제도 도입에 따른 효과를 엄밀하게 추정하려면, 제도 도입 이전과 이후의 임금구조를 파악해야 한다. 그래서 기업의 인사데이터가 필요한 것이다. 또한 동일한 근로자에 대해 다년간의 인사데이터를 입수할 수 있게 되면, 그

---

10) 물론 성과주의 인사제도의 도입에 따라 기업의 생산성 향상이나 성과를 높이는 데 기여했는지를 살펴보는 것이 궁극적인 판단근거가 될 수 있으나, 성과급제 도입에 따른 기업 전체의 성과나 효과성을 확인하기 어려운 실정이다. 성과주의 인사제도의 도입이 지향하는 바가 임금유연성 제고 그 자체보다는 기업의 성과 제고에 초점이 맞추어 있다고 보는 것이 타당하다. 따라서 기업의 성과 제고를 위해서 특정 기업에서는 임금유연성을 그다지 필요하지 않을 가능성은 항상 열려 있다고 볼 수 있다.

11) 이런 점에서 한국노동연구원이 개발, 관리하고 있는 사업체 패널조사(Workplace Panel Survey; WPS)는 그 대안이 될 수 있는 통계이다. 자세한 내용은 한국노동연구원 홈페이지를 참조.

것을 이용한 패널데이터 분석으로 횡단면 분석보다 보다 정밀한 분석이 가능할 것이다.[12]

3. 선행연구 검토

성과급제 도입의 효과에 대한 연구는 경제학보다는 경영학의 연구 테마라고 인식되어 왔다. 실제로 경영학의 인적자원관리 분야에서 성과급제에 대한 연구가 상당히 진행되어 있다. 그러나 기업의 인사데이터를 가지고 성과급제 도입효과를 다룬 연구는 그리 많지 않다. 기업단위의 패널데이터를 가지고 연구한 사례는 다수 존재하나, 아직 우리나라에서는 기업 인사데이터를 직접 활용한 연구가 없다.[13]

최근 기업의 임금체계에 대한 상세한 분석을 통해 간접적으로 인사제도 변화를 살펴본 연구들이 등장하고 있다. 대표적인 연구가 김동배 · 박우성 · 박호환 · 이영면(2005)이다. 이들은 우리나라 기업의 임금유연성을 제고하기 위한 방안을 제시하고자 먼저 임금유연성을 임금체계의 유연성과 임금결정방식의 유연성으로 구분하였다. 그중 기업의 임금체계 유연성에 대한 연구로서 3개 회사에 대한 사례조사를 실시하였다. 이들은 소위 임금체계 변화의 역사적 사례 분석을 통해서 임금체계의 변화가 다음과 같이 진행되었다고 보고 있다. 즉, 연공급과 혼합된 직무급이 주로 생산기능직을 대상으로 적용되었고, 근로자 수용성과 노사관계요인으로 인해 임금체계가 직무급에서 직

---

12) 특히 연봉제와 같이 연공임금성의 약화에 초점을 맞추는 경우, 임금함수상의 연령에 대한 계수에 주목하게 되는데, 횡단면 자료의 추정보다 패널데이터를 이용한 추정이 바람직하다.(井川靜惠(2004), p.54 참조)

13) 한국노동연구원의 사업체 패널데이터 구축이 이루어지면서 본격적인 연구성과들이 축적되었다고 볼 수 있다. 사업체 패널데이터를 활용한 것으로서 정인수 외 (2003), 『기업 내부노동시장의 변화』(한국노동연구원)를 대표적인 연구라고 할 수 있다.

능급으로 변했다고 정리하고 있다. 한편, 임금결정방식의 유연성에 대해서는 임금결정요인의 구체적인 변화(가령, 근속급의 변화)를 보고자 하는데, 앞서 사례조사의 대상이 되었던 기업들의 인사데이터가 아니라 노동부의 「임금구조기본통계조사」를 사용함으로써 실제 관련 기업에서 임금구조가 어떻게 변화했는지를 간접적으로 확인할 수밖에 없었다.

한편, 외국에서는 기업의 인사데이터를 활용하여 인사제도 변화에 따른 효과를 실증 분석한 연구가 다수 존재한다. 먼저 근속, 급여와 생산성에 대해 분석한 Medoff and Abraham(1980, 1981)이 가장 대표적인 연구이다.[14] Baker, Gibbs and Holmstrom(1994a, 1994b)은 미국 특정 기업의 20년간 축적된 인사데이터로부터 승진이나 임금에 대해 실증적인 분석을 하고 있다.[15] 또한, 기업 인사데이터를 패널데이터 분석에 적용한 연구로는 松繁寿和 등(2002)이 있다. 이들은 일본 중소기업의 인사데이터를 활용하여 기업에서의 평가, 승격, 임금격차에 대한 패널분석을 실시하여 개인효과가 존재한다는 것을 보여주었다.

본 연구는 연봉제와 유사하게 성과주의 인사제도를 도입한 결과, 임금구조나 임금결정요인이 어떻게 바뀌었는지를 분석한 일본의 선행연구들에 주목한다.[16] 일본 기업의 인사데이터를 대상으로 한 다

---

14) Blinder(ed., 1989)는 기업 보상체계의 변화(특히 생산성 임금제도)가 기업경영의 성과와 어떤 관계가 있는지를 분석한 연구들을 제시하고 있으며, Ehrenberg(ed., 1990)는 *Industrial and Labor Relation Review*, Vol.43의 특별호에 게재된 일련의 논문들을 따로 모은 것인데, 기업 보상정책의 중요성을 다양한 관점에서 접근하고 있다. 특히 성과주의 보상제도가 기업성과에 미치는 영향에 대해 주목하고 있다.

15) 일본에서는 이러한 기업 인사데이터를 활용한 연구가 활발하게 진행되었는데, 기업 내의 임금이나 승진·승격 분석에 대해 기업의 인사데이터를 이용한 분석으로 승격에 있어서의 인사고과와 근속의 역할을 분석한 富田安信(1992)과 大竹文雄(1995) 등이 있다.

16) 일반적으로 한국과 일본의 인사제도는 공통점이 많은 것으로 알려져 있다. 따라서 구미계통의 기업에 대한 선행연구보다는 일본의 선행연구가 시사점을 제공할 것으로 판단하여 일본의 연구자료에 의존하였다. 한편 Higuchi(2004)와 같이 특정 기업의 인사제

음 3개의 연구이다. 먼저 中嶋哲夫, 松繁寿和, 梅崎修(2001)는 기업의 인사제도 개혁이 기업에서 의도한 대로 임금구조를 변화시킬 수 있었는지를 검토하였다. 분석에 사용한 자료는 인사제도 개혁 전후의 2개년 인사데이터(1995년과 2000년)이다. 분석의 대상기업은 1995년부터 5년 동안 지속적으로 임금결정에 있어서 연공적 부분을 약화시키고, 성과와 연동된 부분을 강화시키기 위해 종업원 간 임금격차를 확대하려고 했다. 그러나 기업이 의도한 바와 달리 관리자계층에서는 오히려 임금연공성이 강화되었을 뿐만 아니라, 임금격차가 현저하게 축소하였다. 왜 그런 현상이 나타났는지 분석한 결과, 그 원인으로서 평가제도의 운영상 문제가 있었다는 점을 발견하였고, 그 결과 종업원 간 임금격차가 감소했다고 주장하였다. 그들은 기업이 인사제도 개혁을 통해 성과주의를 더욱 강화하려고 했지만, 전혀 의도하지 않은 결과가 나타난 사례를 제공하였다. 이런 사례를 통해 알 수 있는 것은 제도가 의도한 대로 효과를 내기 위해서는 단순히 제도설계만으로는 부족하다는 점이다. 한편 이 연구는 상이한 시점을 비교 분석한 연구이며, 패널데이터 분석을 통한 보다 정밀한 추정이 이루어지지 않았다.

또한, 都留康 · 阿部正浩 · 久保克行(2003)은 일본의 3개 기업을 대상으로 인사데이터를 통합하여 분석하였다. 이들 기업은 각각 독특한 임금체계를 가지고 있었는데, 성과주의 인사제도의 도입에 따른 임금구조[17]의 변화를 통해 연령이나 근속의 효과가 약화되고, 인사고과와 직무의 효과가 강화된 것을 보여주어 기업이 의도한 바 그대로 달성된 사례를 제공하였다. 한편, 井川静惠(2004)는 성과주의

도 변화를 사례연구형태로 연구한 경우도 있으나, 인사데이터에 의존하기보다는 제도개편내용에 대한 비교분석을 통해 시사점을 도출하고 있다.

17) 해당 연구에서는 報酬構造라고 표현하고 있으나, 임금구조와 동일한 의미라고 봐도 무방하다.

인사제도 개혁을 실시한 기업을 대상으로 제도변화에 따라 어떻게 임금구조가 바뀌었는지를 실증적으로 분석하였다. 이용한 자료는 특정 기업의 데이터이고 패널데이터로 구성되었다. 인사제도의 변화는 상·하반기 지급되는 상여제도를 성과주의에 따라 개선한 것인데, 제도변화에 따른 효과를 확인하기 위해 소위 실적점 및 상여에 대한 회귀분석을 실시하였다. 또한, 승급점과 기본급에 대해서도 회귀분석을 실시하여 비교하였다. 그들은 패널 추정을 활용하여 횡단면 추정의 왜곡을 수정하여 임금실태의 변화를 보다 정밀하게 추정하였고, 결국 상여의 연공성이 감소된 것을 확인하였다. 앞서 都留康·阿部正浩·久保克行(2003)과 같이 이들의 분석대상이 된 기업은 인사제도의 변화가 의도한 바대로 효과를 낳은 사례라고 할 수 있다.[18)

최근 일본에서는 성과주의 인사제도에 대한 효과를 검증하는 과정에서 더욱 활발한 연구 활동이 이루어지고 있는데, 그 일련의 성과는 경영학자(인적자원관리)들보다는 노동경제학자들이 주도하고 있는 상황이다.[19) 또한 일본 기업의 인사시스템이 갖고 있는 특징을 인사경제학적 관점에서 모형화하고 분석하는 노력도 함께 병행되고 있다.[20)

---

18) 이들의 연구에서 특기할 만한 것은 통상 인사제도 개혁이 이루어지더라도 임금안정성 확보를 위해 가급적 안정적으로 운영하는 기본급에서도 소위 비연공화가 진행되고 있다는 점을 발견하였다. 세부적인 내용은 井川靜惠(2004)를 참조.

19) 都留康·阿部正浩·久保克行(2005), 松繁寿和·梅崎修·中嶋哲夫(2005), 阿部正浩(2005), 阿部正浩(2006), 樋口美雄·八代尚宏·日本經濟研究センター(2006)를 참조.

20) 일례로 伊藤秀史(2000)는 역사제도분석(historical institutional analysis)이라는 관점에서 일본 기업의 장기고용, 임금 프로파일, 기업 내 인재육성 등과 같은 특징들을 Kanemoto and MacLeod(1989)와 MacLoed and Malcomson(1989)의 모형에 기초하여 분석하고 있다. 또한 그는 인사제도 간 보완성(institutional complementarity)의 측면에서도 실증분석이 필요하다고 지적하고 있다. 그의 최근 저작은 伊藤秀史(2002), 伊藤秀史·小佐野広(2003), 伊藤秀史(2004)를 참조.

4. 분석과제와 구성

본 연구는 기업사례 분석이나 기업단위 패널데이터 분석에서는 확인할 수 없는 성과급제 도입에 따른 임금구조 및 임금결정구조의 변화를 특정 기업 인사데이터를 통해 분석한다. 즉 기업 인사데이터에 전통적인 임금함수의 추정방법을 적용하여 성과급제 도입 전후의 변화를 검토하는 것이다. 제1절에서 언급한 바와 같이 연공임금성 약화와 성과에 따른 보상이 기업의 의도라고 가정하고, 과연 그 의도대로 이루어졌는지를 확인하기 위해 본 연구의 과제로서 다음과 같은 2가지 가설을 설정하였다.

첫 번째 가설은 성과급제 도입 이전에 비해 도입 이후 연령이나 근속연수와 같은 연공의 증가에 따라 임금상승이 둔화되었을 것이라는 것이다. 이는 기업이 성과급제를 도입할 때 호봉제를 폐지하면서 성과와 상관없이 연령이나 근속연수의 증가에 따라 자동적으로 임금이 상승하는 것을 억제하려고 했다는 기업의 의도가 제대로 반영되었다고 보는 것이다. 이를 검정하기 위해서 본 연구는 먼저 연도별 연령-임금 프로파일과 근속연스-임금 프로파일을 살펴본다. 이는 전체적인 임금수준과 연령, 근속연수 간의 관계를 파악함으로써 연공임금성의 강도를 파악하기 위한 것이다. 그 다음 인적자본변수를 통제한 임금함수 추정을 통해 그해진 근속연수 계수 값을 활용하여 연도별 근속연수-임금 프로파일의 변화를 파악한다. 이는 임금함수의 특성을 활용하여 표준 근로자를 기준으로 근속연수가 증가할 때 어떤 임금상승 곡선을 그리는지 확인하는 것이다.

한편 성과급제 도입에 따른 연공임금성의 변화를 보다 구체적으로 파악하기 위해 근속연수 계수 값의 변화에 대한 2가지의 세부가설을 설정한다.[21] 먼저 성과급제 도입 이전과 도입 이후를 구분하여 추정한 근속연수 계수 값이 서로 같다는 귀무가설(세부가설 1 - 1)을 설정한 것이다. 만약 귀무가설이 채택된다면, 성과급제 도입에도 불구하고 근속연수의 영향력은 변화가 없다는 것을 의미하며, 반대로 기각된다면 성과급제 도입에 따라 연공임금성의 변화가 나타난다는 것을 보여주게 된다.

즉 $H_0 : \beta_{\text{도입 이전}} = \beta_{\text{도입 이후}}$, $H_a : \beta_{\text{도입 이전}} \neq \beta_{\text{도입 이후}}$ 가 된다.

또한 성과급제 도입 이후 연봉가급률 확대에 따라 그 효과가 다른지 여부를 검정하기 위해 연봉가급률 확대 이전과 확대 이후를 구분하여 근속연수의 추정계수 값에 대해 다음과 세부가설 1 - 2를 설정한다. 여기서 귀무가설이 기각된다면 가급률 적용방식의 변화에 따라서도 연공임금성의 변화가 있음을 발견할 수 있게 된다.

즉 $H_0 : \beta_{\text{가급률 확대 이전}} = \beta_{\text{가급률 확대 이후}}$,

$H_a : \beta_{\text{가급률 확대 이전}} \neq \beta_{\text{가급률 확대 이후}}$ 가 된다.

이는 특정 시점과 분석대상(예를 들어 간부의 경우, 성과급제 도입 직전인 1997년과 직후인 1998년, 또는 연봉가급률 확대 이전인 1999년과 이후인 2000년)을 구분하여 근속연수 계수 값 변화의 통계적 유의성을 검정하는 것이다. 이상과 같은 세부가설을 검정함으로써 소위 연공임금성의 약화가 기업이 의도한 대로 이루어졌는지를 보다 명확하게 확인

---

21) 심사과정에서 익명의 논평자들 공히 본 소절인 연구가설의 설정과 전개방식에서 수정이 필요하다고 지적하였다. 특히 첫 번째 가설을 검정하기 위해서는 보다 구체화된 가설을 설정하여 검정하는 것이 필요하며, 이를 위해서는 특정 시점의 특정 대상을 지정하여 추정계수 값의 변화 여부를 통계적으로 검정하는 것이 바람직하다고 강조하였다. 본 절의 세부가설은 이상의 지적 사항을 반영한 것이며, 본 연구에서 관심을 갖는 근속연수에 초점을 맞추어 설정되었다.

할 수 있는 것이다.

두 번째 가설은 성과급제 도입 이전에 비해 도입 이후 근로자의 인적속성(인적자본이나 성별, 결혼 여부 등)을 통제할 때, 근로자 개인별 임금을 결정하는 요인으로서 개인별 능력과 성과(본 연구에서는 개인별 인사고과결과)의 영향력이 증가할 것이라는 것이다. 기업 인사데이터에서 확인할 수 있는 개인별 인사고과정보가 실제 해당 근로자의 능력을 대리하는 변수가 될 수 있다는 점에서 소위 능력과 성과에 따라 보상을 한다는 성과주의 임금제도의 특성을 제대로 살펴볼 수 있으리라 판단한다. 이러한 추가정보를 활용하여 기존 임금함수 추정에 포함시켜 그 영향력의 변화를 살펴봄으로써 기업의 의도가 과연 관철되었는지를 살펴볼 수 있다. 여기서 근로자의 인적속성을 통제하는 이유는 제도 자체의 설계방식에 따라 성과급제가 적용된다고 해도, 임금결정은 인적속성에 의해 영향을 받기 때문이라고 보기 때문이다. 이렇게 근로자의 인적속성을 통제하면서 임금함수를 추정한다면, 성과에 따른 보상 여부를 가늠하는 인사고과의 순수한 임금효과를 추정할 수 있다.

본 연구의 구성은 다음과 같다. 먼저 제2절에서는 분석대상이 되는 A기업의 인사제도 변화를 성과급제 도입과 그 변화를 중심으로 정리한다. 제3절에서는 분석자료의 기초통계량을 살펴본 후 연령 — 임금 프로파일과 근속연수 — 임금 프로파일을 통해 연공임금성의 변화를 살펴보고, 임금함수 추정결과를 활용하여 세부가설 1 — 1, 1 — 2를 검정한다. 또한 개인별 인사고과정보를 활용한 임금함수 추정결과를 통해 성과에 따른 보상의 변화를 살펴보고, 두 번째 가설을 검정한다.[22] 마지막으로 제4절에서는 본 연구의 연구결과와 시사점을

---

22) 본 연구의 실증분석에서는 통계패키지 Stata 9.1을 활용하여 실증분석을 하였다. Stata의 활용을 위해서 Stata Corporation(2003a)을 주로 참고.

요약하고, 추가적으로 보완이 필요한 점들을 정리한다.

제2절 A기업의 인사제도와 성과급제

1. A기업의 임금체계[23)]

본 연구에서 사용된 자료(1996~2000년의 A기업 인사데이터)를 제대로 활용하기 위해서는 먼저 A기업의 임금체계를 이해하는 것이 필수적이다. 따라서 임금체계의 변화를 성과급제 도입 이전과 이후를 비교하고, 성과급제의 구체적인 구성과 결정방식 그리고 실제 연봉등급의 분포를 살펴보기로 한다.

1998년 A기업은 간부계층에 먼저 성과가급형 연봉제를 도입 · 적용하였다. A기업의 임금체계 변화는 <표 4 - 3>와 같다.[24)]

---

23) 본 내용은 A기업의 1996~2000년간 인사제도를 정리한 것이다. 실증분석을 위한 기초자료로서 가급적 상세하게 언급하고 있으나, 자료의 대외비 성격상 구체적으로 소개하는 데 한계가 있다. 기타 관련된 내용은 이미 제2장에서 언급한 바 있다.

24) 성과가급형 연봉제는 기본급(기본연봉)에 대해서는 직급별 동일인상률을 적용하고, 업적급(보너스)에 대해서는 비누적방식으로 개인별로 지급하는 성과급제의 한 형태를 의미한다. 이러한 구분은 노동부 근로기준국 임금정책과의 「연봉제 및 성과배분제 실태조사」에서 정의한 연봉제 유형에 따른 것이다.(연봉제 유형에 대해서는 박준성(2004)의 p.198 참조)

<표 4-3> A기업 임금체계 변화(연봉제 도입 전후)

연봉제 도입 전			연봉제 도입 후		
임금체계			임금체계		비 고
월급여	기본급	공통급	월급여	기본급	전 직군 공통 직급별 초호봉기준 동일정액
		능력급			
	공통 수당			기본능력급	상 동
	차량유지비				
	정기상여(500%)				
부가급여	상여가급 (0~200%)			능력가급	개인별 능력 / 업적에 따라 비누적 차등 (기준 능력급×가급률)
	설 / 추석상여 (200%)		부가급여	설 / 추석 귀성여비	전 직군 공통 기본급×200%
	생산성 격려금 (200~300%)			생산성 격려금	회사 / 조직단위별 업적에 따라 차등 지급

자료: A기업의 내부자료(1998).

　기존 호봉제에서는 월급여가 공통급과 능력급의 호봉에 따른 임금테이블로 구성되어 있었으며, 각종 수당들이 많아 임금체계의 복잡성을 가중시키고 있었다.[25] 1998년 연봉제를 도입하면서 임금체계의 단순화와 더불어 개인의 연봉이 전년도 개인과 조직성과에 따라 연동되어 결정되도록 바꾼 것이 큰 변화이다. 여기서 기본연봉은 해당 직급과 급여밴드에 따라 동일정액으로 고정되어 있고, 그 외 집단성과급이라고 할 수 있는 생산성 격려금은 조직성과에 따라 차등 지급되는 방식으로 설계되었다. 따라서 A기업의 연봉제는 개인의 능력과 업적은 물론 근로자가 속한 조직의 성과에 따라 연봉수준이 결정되었다. 1999년에는 대졸사원계층(L3 이상)으로 그 적용범

---

[25] 기업들은 기존 임금체계의 복잡성을 해소하기 위해서 연봉제를 도입한다고 하는 인식도 가지고 있었다. 특히 각종 명목의 수당이 난립한다고 할 만큼 그 수나 산정기준이 다양했는데, 이에 대해서는 박준성(2005)을 참조.

위를 확대하였으며, 연봉등급에 따른 능력가감급의 차등 폭도 지속적으로 확대하였고, 생산직 근로자에 대해서는 기존 월급제를 유지하였다.[26] 한편 성과급제와는 별도로 성과와 연계되는 집단성과급으로 IMF 외환위기 이전부터 생산성 격려금(productivity incentive, PI)이라는 제도가 있다. 이 제도는 전 사원 대상으로 한 보상제도로서 집단성과에 대한 보상 차원에서 1992∼1993년 사이에 도입되었고, 회사 / 조직평가에 따라 차등 지급되었다.[27] 또한 집단성과급인 PI제도는 연 2회, 즉 1월과 7월에 지급되는데, 지급규모는 상여기초액[28]을 기준으로 한다. 지급률은 조직평가결과에 따라 차등 결정되며, 평가방법은 3×7단계로 구분된다.[29]

2. A기업의 성과급제

1) 기본연봉(계약연봉)의 결정방식

근로자 개인의 연봉에서 상당부분을 차지하는 계약연봉은 매년 3월 연봉계약과 동시에 결정된다. 이때 기본적으로 직급과 급여밴드별 기준 연봉에서 능력가감급 부분을 매년 다시 책정하게 되며, 그

---

26) A기업의 연봉제의 특징은 비누적식 연봉제라는 것이다. 즉 매년 연봉수준이 재결정되지만, 기본연봉은 근로자의 직급과 급여밴드에 따라 고정적으로 결정되며 전년도의 연봉가급분은 누적적으로 반영되지 않는다. 이 점에 대해서는 임금결정요인 분석에서 자세하게 언급된다.

27) 또 하나의 집단성과급인 이윤배분제(profit sharing, PS)는 2000년에 도입되었는데, 본 연구의 분석기간 중 제도가 도입되었으나, 시행되지는 않았다.

28) 상여기초액은 개인별로 월급여의 55∼70%에 상당하는 금액이다.

29) 세부적인 내용은 언급하기 어려우며, 제도를 소개하는 차원에서만 활용된다. 연도별 임금추이를 분석한 결과, 1997년에 평균적으로 연봉하락 현상이 발생하고 있는데, 1997년 11월 IMF 외환위기로 인하여 당해 연도 연말 보너스 지급액이 대폭 감소하여 임금하락현상이 발생한 것이다.(A기업 인사담당자 인터뷰 결과)

결과로 인해 개인별 성과에 따라 차등 지급이 되는 것이다. 즉, 매년 임금인상률이 적용되는 것은 직급 / 급여밴드별 기준 연봉이며, 전년도 연봉평가에 따라 결정된 연봉등급이 결정되면 기준 연봉 중 능력급을 기준으로 사전에 정해진 연봉가급률을 적용하여 해당되는 능력가감급 금액이 결정됨으로써 연봉이 차등 지급되는 것이다.[30]

연봉등급은 상위등급을 1, 2등급으로 분류하고 기준등급을 3등급 그리고 하위등급을 4, 5등급으로 나누어 총 5단계로 구분한다. 가령 연봉등급이 3등급인 경우에는 능력가감급은 발생하지 않기 때문에 직급 / 급여밴드별 기준 연봉의 연간 베이스업 부분만 그대로 반영된다고 하겠다. 상위등급인 1, 2등급의 경우 능력가급이 추가되어 연봉이 증가하며, 반대로 하위등급인 4, 5등급의 경우 능력감급의 형태로 연봉이 감소하게 된다. 이러한 능력가감급의 존재가 성과급제를 통한 성과에 따른 보상을 실현하는 메커니즘으로 작용하는 것이다.

도입 당시에는 제도 도입의 충격을 완화하기 위하여 연봉등급에 따른 연봉가급률의 차이가 크지 않았으나, 2000년에는 대리, 간부계층에서 상위등급의 가급률을 확대함으로써 성과주의 보상체계를 한층 강화시켰다. 또한 2000년에는 연봉가급률을 연봉등급에 따라 획일적으로 적용하던 방식에서 벗어나 간부의 경우 가급률에 최소ー최대의 범위를 두어 동일 연봉등급 내에서도 가급률을 달리할 수 있도록 하여 조직의 장이 개인별르 연봉가급률을 차등하여 적용할 수 있게 하였다.[31]

---

30) 직급과 급여밴드에 따라 능력기준급이 결정되게 되는데, 통산 월급여(기준급)의 40%~45% 수준이다.

31) 조직의 부서장이 부하 간부에 대한 연봉등급을 결정하는 동시에 연봉가급률의 차등을 두게 함으로써 개인별 보상차별화를 보다 확실하게 이루려고 한 것이다. 물론 조직 전체의 등급별 평균 가급률을 가이드라인으로 제시하여 개인별 차별화를 하더라도 회사 전체적인 수준에서는 인건비 통제가 가능하도록 하였다.(A기업 인사담당자 인터뷰)

2) 연봉등급의 평가(연봉평가)

그렇다면, 연봉가급률을 결정하는 연봉등급은 어떻게 결정되는가? 세부적인 연봉등급의 평가, 소위 연봉평가의 프로세스는 다음 <그림 4-1>과 같이 연봉등급의 책정, 조정 그리고 연봉금액의 확정 등 3단계로 진행된다.

A기업의 경우, 개인별 연봉등급은 전년도 고과결과의 종합순위를 토대로 연봉등급이 결정된다. A기업의 인사고과는 연간 3회 실시되는데, 업적고과 2회 그리고 역량고과(과거에는 능력고과로 지칭) 1회이다. 상반기 업적고과는 통상 6월 말에 실시하며, 역량고과는 9월 중에 실시하고, 하반기 업적고과는 12월 말에 실시한다.[32]

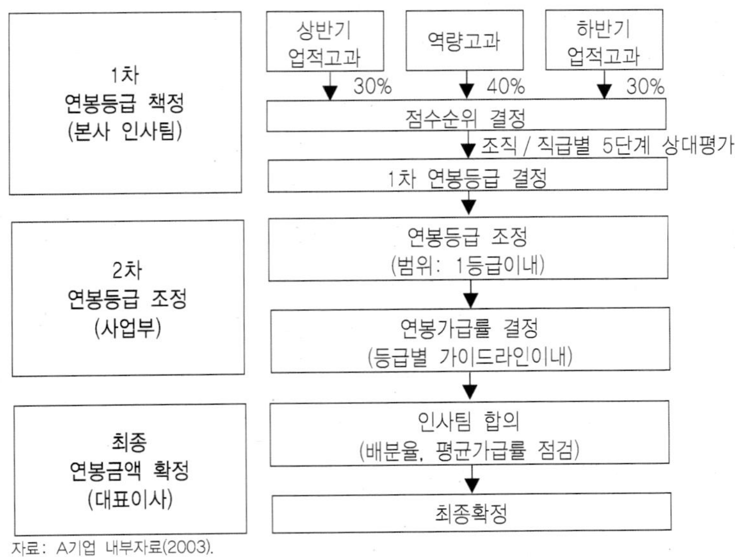

자료: A기업 내부자료(2003).

〈그림 4-1〉 연봉평가의 프로세스

---

32) 이상의 3가지 고과결과를 연봉등급에 반영할 때, 과도한 단기업적을 강조하는 것을 지양하기 위해 업적(상 / 하반기)고과와 역량고과의 비중을 6대4로 적용한다.

3) 연봉평가결과(연봉등급)의 분포

이상의 연봉평가 프로세스를 거쳐 실제 연봉등급이 부여된 결과는 다음 <그림 4-2>에서 확인할 수 있다. 제도적으로는 등급별 배분율에 따라 1등급이 10%, 2등급이 25%, 3등급이 50%, 4등급이 10% 그리고 5등급이 5%이지만, 실제로는 하위등급인 4, 5등급 부여자의 비율이 낮게 나타난다.

이와 같이 연봉등급 결과가 당초 제도설계의 내용과 달라진 원인으로는 연봉의 실질적인 하락을 의미하는 하위등급을 현업에서 쉽게 부여하기 어려운 점을 들 수 있으나, 일부 하위등급을 부여받은 근로자가 퇴직을 하여 본 분석자료에서 관찰되지 않았을 가능성이 있다.[33] 또한 직군별로 살펴볼 때 경영지원직이 상대적으로 상위등급이 많아 직군의 특성도 연봉등급 결정 시 감안된다는 것을 보여준다. 또한 연봉등급의 분포상 주목할 만한 것은 직급계층별로 상대적으로 하위직급보다는 상위직급이 상위등급을 많이 받는다는 점이다. 즉 L3~L5직급을 사원계층, L6~L8직급을 담당간부계층, L9~L11을 중견간부계층으로 구분할 경우, 동일한 계층 내에서 상대적으로 높은 직급인 근로자들의 상위등급 비율이 높게 나타난다. 이러한 연봉등급 분포의 특이성을 <그림 4-2>에서 확인할 수 있다.[34]

---

33) 본 연구에서 활용되는 기업 인사데이터는 매년 12월 말을 기준으로 인사데이터상에 존재하는 재직근로자에 한하여 조사된 것이기 때문에 퇴직 여부를 판단하기 어렵다.

34) 왜 이런 현상이 발생하는 것일까? 본 연구에서 심도 깊게 다루기는 어렵지만, 일반적으로 해당 계층 내의 근로자들은 거의 유사한 권한과 책임을 가지고 있기 때문에 계층 내 고직급인 근로자의 능력이나 성과가 상대적으로 높다고 판단한 결과라고 추정할 수 있다. 또한 상대평가에 의한 배분율이 평가그룹단위로 적용되는 것이기 때문에 직급별로 평가그룹을 어떻게 구성하느냐가 실제 연봉등급 분포에 영향을 미쳤을 것이라고 추측할 수 있다. 그러나 본 연구의 인사데이터에는 이러한 평가그룹에 대한 정보는 확인할 수 없다.

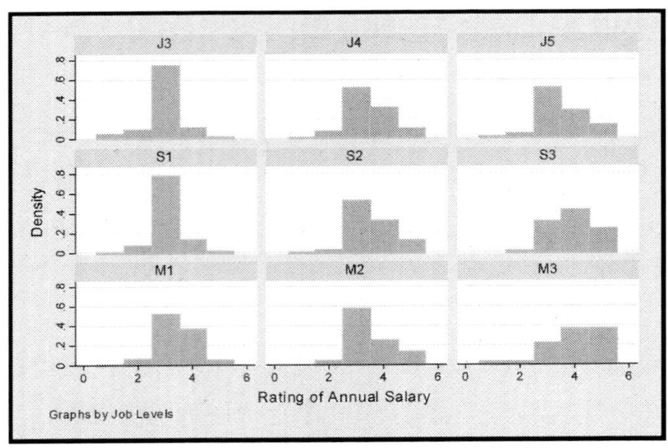

주: 연봉등급 구분은 1 = 5등급, 2 = 4등급, 3 = 3등급, 4 = 2등급, 5 = 1등급
을 의미함.

〈그림 4 - 2〉 직급별 연봉등급의 분포

제3절 성과급제 도입효과의 실증분석

1. 분석자료

본 연구에서 사용된 자료는 1996~2000년의 각 연도 연말기준으
로 재직상태인 A기업 근로자의 인사데이터이다.[35] 분석대상은 일반
사원을 비롯하여 대리, 과장, 차장, 부장이다.[36] 또한 직무기준에 따

---

35) 데이터 시점이 연말인 관계로 해당 연도 중에 입사하고 같은 해에 퇴사한 근로자의 정보는 제
외된다. 따라서 A기업의 인력수급에 대한 구체적인 추이를 살펴보기 어렵다.
36) 임원을 포함한 경영층의 인사데이터는 A기업 담당자의 요구에 따라 본 연구의 분석대
상에서 제외하였다.

라 경영지원직군, 생산기술직군 그리고 R&D직군을 포함하는 자료로 구성되어 있다.[37] 분석에 사용하는 변수들은 다음 제2장과 같으며, 노동부 「임금구조기본통계조사」 자료의 조사항목에 준하여 정의하였다.[38]

또한, 신입사원 채용 시 일반적으로 1년 동안 인사고과대상이 되지 않기 때문에 근속연수 1년 미만인 경우(9,919명의 데이터) 분석에서 제외하였으며, 정규직 근로자만 분석에 활용하였다.[39] 그 결과 원래 인사데이터가 51,299개에서 40,985개로 20% 정도 축소되었다. 임금변수의 경우, 인플레이션어 따른 조정이 필요하기 때문에 통계청의 소비자물가지수를 활용하여 수정하였다.[40]

2. 연공임금성의 변화

1) 연도별 임금 프로파일

이제 연령 – 임금 프로파일과 근속연수 – 임금 프로파일을 확인해 보자. 이 프로파일은 각각 연도별 기준 연령대(20~24세) 또는 5년 미만 근속연수를 기준으로 하여 연령과 근속연수가 높아질수록 어떠한 형태를 보이는지를 보여준다. 먼저 연령 – 임금 프로파일(age –

---

37) 대외비 자료인 기업의 인사데이터를 활용하기 때문에 A기업에 대한 상세한 내용을 밝힐 수 없으며, 실증분석결과를 해석할 때 필요한 범위 내에서 언급한다.

38) 1999년과 2000년의 경우, A기업이 노등부 조사대상으로 포함되어 있어 해당 조사항목의 정의한 자료를 입수할 수 있었으나, 1996, 1997 그리고 1998년 자료는 별도의 작업을 통해 노동부 조사항목 및 기준에 따라 정의된 것이다.

39) 계약직 근로자가 일부 존재하지만, 연동제의 대상이 아니기 때문에 분석에서 제외한다.

40) 통계청 자료에 근거하여 적용한 소비자물가지수는 2000년을 기준(100)으로 1996년은 86.389, 1997년은 90.224, 1998년은 97.002, 1999년은 97.791이다.

earnings profile)을 보면, 1996년의 경우 20~24세 평균 연봉을 기준으로 할 때 45~49세의 평균 연봉이 거의 3배에 가까울 정도로 가파르게 나타나는 반면, 1997년에는 최대 2.5배 수준으로 낮아지면서 그 이후로는 유사한 형태로 나타난다(<그림 4-3>의 A 참조).[41]

한편, 근속연수에 따른 임금수준의 변화를 나타내는 근속연수-임금 프로파일은 다음 <그림 4-3>의 B와 같은데, 연령-임금 프로파일이 1997년에 기울기가 낮아진 후 계속 그 형태가 거의 동일하게 유지되거나 약간 높아지는 데 반해, 근속연수에 따라서는 1997년에 기울기가 낮아진 이후 근속연수별로 그 차이가 지속적으로 벌어지고 있음을 발견할 수 있다.

이는 1996년과 비교할 때, 연령에 따른 임금차이는 1997년 이후 큰 변화가 없지만 근속연수, 즉 기업특수 인적자본 축적에 따른 임금차이가 1997년에 급격히 축소된 이후 계속 예년 수준으로 증가하고 있음을 보여준다.[42]

---

41) 횡단면 자료를 토대로 한 연령-임금 프로파일에 대해서는 최효철(1983)을 참조.

42) 연봉제가 도입되기 이전인 1997년에 연령-임금 프로파일과 근속연수-임금 프로파일 모두 전년에 비해 기울기가 하락한 것은 1997년의 보너스가 대폭 감소한 데 기인한다. 당시 인사데이터를 확인해 본 결과, 전년 대비하여 연봉이 평균 8.1%가 감소하였다. 이는 당시 IMF 외환위기 상황에서 연말 상여지급률이 대폭 낮아졌기 때문인데, 그 감소 폭은 사원보다 간부계층에서 두드러졌다고 한다(A기업의 인사담당자 인터뷰).

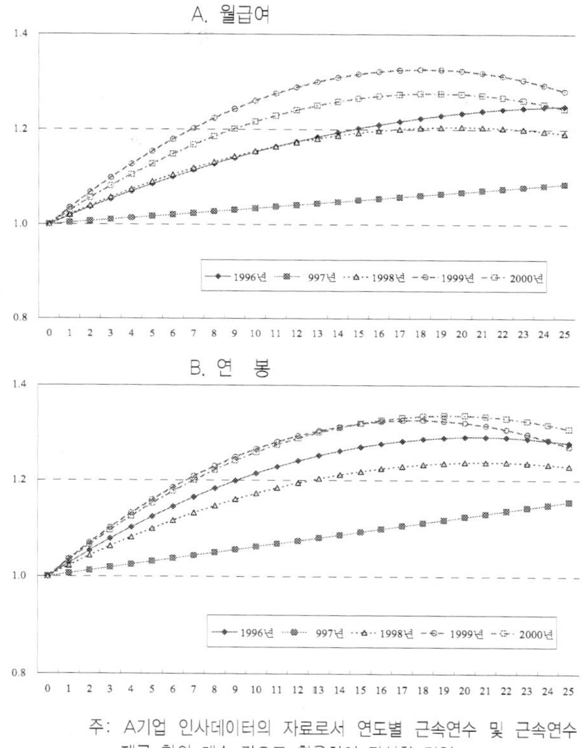

주: A기업 인사데이터의 자료로서 연도별 근속연수 및 근속연수
제곱 항의 계수 값으로 활용하여 작성한 것임.

〈그림 4-3〉 연도별 근속연수-임금 프로파일(OLS 추정결과)

이상의 임금 프로파일을 보면 통상 연령이나 근속연수가 높을수록 임금이 높다는 연공임금의 형태는 유지되고 있지만, IMF 외환위기 이전과 이후를 비교할 때 임금연공성의 강도는 상대적으로 낮아진 것으로 볼 수 있다. 즉 연령에 따른 임금수준의 변화를 나타내는 프로파일의 기울기가 낮아졌고 그 형태가 2000년까지 큰 변화 없이 유지되었고, 근속연수의 경우에드 그러하다. 다만, 근속연수의 경우 그 자체가 연령과 달리 기업특수 인적자본의 축적량을 나타내기 때문에 비교적 초기(10~15년)의 기울기가 시간이 지날수록 가파른 형태로 바뀌고 있으며, 20년 이상이 되면 큰 변화가 없다.

그러나 이러한 임금 프로파일의 형태는 임금을 결정하는 다른 요인들을 통제하지 않은 상태에서 해당 연도의 연령과 근속연수만의 정보를 가지고 구성된 것이기 때문에 엄밀한 의미에서 연공임금성의 존재 여부를 판단하기 어렵다. 따라서 다음 소절에서는 임금함수 추정을 통해 연공임금의 변화를 살펴본다.

2) OLS 추정결과에 따른 임금 프로파일

본 연구는 성과급제 도입의 효과를 보기 위해 Mincer(1974)의 임금함수를 기본모형으로 사용한다.[43]

$$\ln W_{it} = X_{it}\beta + \gamma R_{it} + u_{it} \qquad (1)$$

여기서 $\ln W_{it}$ 는 월급여와 연봉의 대수치이다.[44] X_{it} 는 t 년도의 근로자 i 의 인적속성을 나타내는 변수들이다. 여기에는 근로자의 교육연수, 근속연수, 근속연수의 제곱 항, 외부시장 경력연수, 외부시장 경력연수의 제곱 항, 결혼더미(기혼은 1, 아니면 0), 성별더미(여성은 1, 아니면 0)가 포함되어 있다. R_{it} 는 근로자의 직급과 직군더미

---

43) 본 논문의 과제는 최강식(2004)의 전개방식을 참고하여 정리한 것이다. 최강식(2004)은 숙련편향적 기술진보가 미치는 임금효과에 주목했다고 한다면, 본 연구는 기업 인사제도로서 성과급제 도입에 따른 임금효과 추정에 관심을 둔 것이다. 따라서 모형 설정이나 부호 등은 최강식(2004)에서 설정한 방식을 준용한다.

44) 임금변수로서 보너스를 포함하여 추정이 가능하나, 연공임금성을 확인할 때 월급여와 연봉에 초점을 맞추기 때문에 본 연구에서는 제외하였다. 또한 성과급제 적용시점에 따른 임금수준의 차이를 사전에 조정하기 위해 종속변수인 임금변수 $\ln W_{it}$ 에 통계청의 소비자물가지수(2000년＝100)를 반영하여 재산출하였다. 적용한 소비자물가지수는 2000년 기준(100)으로 1996년은 86.389, 1997년은 90.224, 1998년은 97.002, 1999년은 97.791이다.

로서 L1직급과 경영지원직을 기준으로 하였으며, 기업 인사제도에 있어서 제도변수로 간주하여 함께 포함시켜 추정한다.[45] 또한 u_{it}는 i.i.d.라고 가정한다.

이러한 식 (1)에서 우리가 살펴볼 근속연수-임금 프로파일의 기울기는 근로자 i의 근속연수(tenure)에 의존하게 된다. 가령 근속연수와 근속연수의 제곱 항을 포함시켰을 경우 식 (2)와 같다. 여기서 근속연수의 계수 값 β_1와 근속연수 제곱 항의 계수 값 β_2를 활용하여 근속연수가 증가할수록 임금이 어떻게 변화하는지를 보여줄 수 있다.

$$\partial \ln W \, / \, \partial\, ten = \beta_1 + 2\beta_2 ten \qquad (2)$$

이상의 계수 값을 구하기 위해 연도별로 나누어 OLS(Ordinary Least Square) 추정을 하였다. 추정은 종속변수인 월급여와 연봉으로 구분하여 실시하였는데, 그 결과는 각각 <표 4-4>와 <표 4-5>이다.

먼저 월급여에 대해서 살펴보면, 본 연구의 관심사인 근속연수의 계수나 근속연수의 제곱 항의 계수는 1997년의 근속연수 제곱 항을 제외하고는 모두 유의하게 나타났다. 계수의 크기를 보면 성과급제 도입 이전인 1996년에는 근속연수는 0.0192, 제곱 항은 -0.0356으로 나타났으나, 성과급제 도입 이후인 1999년, 2000년에는 근속연수의 계수 값이 더 커졌다. 이는 성과급제 도입에도 불구하고 근속연수가 높을수록 임금이 높아지는 성향이 더욱 강해졌다는 사실을 보

---

45) 근로자의 직급과 직군더미변수를 임금함수에 포함시켜 실증분석을 한 결과는 제2장을 참조. 특히 직급변수를 임금함수에 포함시킬 때, 추정 상 내생성의 문제가 남아 있으나 추후 연구과제로 남겨 놓는다. 다만, 노동부 자료와 달리 본 연구의 분석자료는 기업 고유의 특정한 직급체계를 정확하게 묘사할 수 있다는 점에서 이점이 있다.

여주고 있다. 학력이나 경력연수의 경우에도 유사하게 나타나는데, 1996년과 2000년의 계수 값을 비교하면 성과급제 도입 이전에 비해 도입 이후의 계수 값이 큰 것으로 나타났다. 이는 A기업이 호봉제를 폐지하고 성과급제를 도입했음에도 불구하고 연공임금성을 약화시키는 데 성공하지 못했다는 것을 보여준다고 하겠다. 한편 <표 4-5>에서 보는 바와 같이 연봉에 대한 추정결과를 보면, 근속연수의 계수 값은 1996년과 비교할 때 1998년 이후 약간 높아지고 있다. 그러나 학력이나 경력연수의 계수 값은 연봉제 도입 이후 더 높아졌는데, 1996년과 비교할 때 2000년의 계수 값은 약 2배가 된다.

〈표 4-4〉 연도별 OLS 추정결과: 월급여

	1996	1997	1998	1999	2000
상수항	13.5449[***] (0.0204)	13.7202[***] (0.0223)	13.5747[***] (0.0237)	13.4338[***] (0.0265)	13.5907[***] (0.0213)
교육연수	0.0113[***] (0.0015)	0.0014 (0.0016)	0.0095[***] (0.0017)	0.0165[***] (0.0019)	0.0135[***] (0.0015)
근속연수	0.0192[***] (0.0012)	0.0034[***] (0.0013)	0.0212[***] (0.0013)	0.0368[***] (0.0016)	0.0303[***] (0.0013)
근속연수^2 / 100	−0.0356[***] (0.0064)	−0.0014 (0.0067)	−0.0520[***] (0.0066)	−0.0984[***] (0.0073)	−0.0790[***] (0.0058)
경력연수	0.0057[***] (0.0010)	0.0057[***] (0.0011)	0.0007 (0.0011)	0.0092[***] (0.0013)	0.0120[***] (0.0011)
경력연수^2 / 100	0.0412[***] (0.0057)	0.0318[***] (0.0061)	0.0401[***] (0.0075)	0.0170[**] (0.0079)	−0.0119[*] (0.0068)
성별(여성=1)	−0.1705[***] (0.0042)	−0.1159[***] (0.0049)	−0.0872[***] (0.0049)	−0.0918[***] (0.0061)	−0.1568[***] (0.0048)
결혼 여부 (기혼=1)	0.0441[***] (0.0043)	0.0299[***] (0.0045)	0.0271[***] (0.0050)	−0.0008 (0.0056)	0.0015 (0.0050)

	1996	1997	1998	1999	2000
영업직군더미	−0.0107[*]	−0.0072	0.0060	−0.0163[*]	−0.0222[***]
생산기술직군더미	0.0542[***]	0.1058[***]	0.1153[***]	0.0862[***]	0.0607[***]
연구개발직군더미	0.0097	0.0173[***]	0.0218[***]	0.0353[***]	−0.0164[**]
기타 직군더미	−0.1053	0.0340	0.2216[***]	0.2808[***]	0.2308[***]
직급더미(L2)	0.0803[***]	0.1019[***]	0.0625[***]	0.0647[***]	0.0599[***]
직급더미(L3)	0.1719[***]	0.1710[***]	0.0595[***]	0.2732[***]	0.3378[***]
직급더미(L4)	0.2184[***]	0.2560[***]	0.0786[***]	0.3142[***]	0.3998[***]
직급더미(L5)	0.3395[***]	0.3820[***]	0.2096[***]	0.4511[***]	0.5076[***]
직급더미(L6)	0.5049[***]	0.5109[***]	0.5998[***]	0.5583[***]	0.6198[***]
직급더미(L7)	0.6038[***]	0.6125[***]	0.7102[***]	0.6463[***]	0.7240[***]
직급더미(L8)	0.6349[***]	0.6488[***]	0.7596[***]	0.6802[***]	0.7875[***]
직급더미(L9)	0.7286[***]	0.7367[***]	0.8363[***]	0.7635[***]	0.8260[***]
직급더미(L10)	0.8221[***]	0.8548[***]	0.9480[***]	0.8503[***]	0.9450[***]
직급더미(L11)	0.8616[***]	0.8962[***]	1.0135[***]	0.9676[***]	1.0495[***]
표본 수	8,145	8,573	7,487	7,760	9,003
F	3381.65	1837.68	2079.82	2073.86	4011.51
Adjusted R^2	0.8971	0.8132	0.8536	0.8487	0.9034

주: ( )안은 표준오차이며, ***는 1%, **는 5%, *는 10% 수준에서 통계적으로 유의함. 직급 및 직군더미변수의 표준
오차는 생략.

〈표 4-5〉 연도별 OLS 추정결과: 연봉

	1996	1997	1998	1999	2000
상수항	16.5357[***] (0.0149)	16.5496[***] (0.0179)	16.4535[***] (0.0178)	16.3366[***] (0.0211)	16.4962[***] (0.0164)
교육연수	0.0114[***] (0.0011)	0.0021 (0.0013)	0.0117[***] (0.0013)	0.0192[***] (0.0015)	0.0203[***] (0.0012)

	1996	1997	1998	1999	2000
근속연수	0.0290[***] (0.0009)	0.0062[***] (0.0010)	0.0232[***] (0.0010)	0.0382[***] (0.0012)	0.0358[***] (0.0010)
근속연수^2 / 100	−0.0688[***] (0.0047)	−0.0087 (0.0054)	−0.0540[***] (0.0049)	−0.1054[***] (0.0058)	−0.0903[***] (0.0045)
경력연수	0.0064[***] (0.0007)	0.0075[***] (0.0009)	0.0058[***] (0.0008)	0.0166[***] (0.0010)	0.0159[***] (0.0008)
경력연수^2 / 100	0.0368[***] (0.0042)	0.0220[***] (0.0049)	0.0201[***] (0.0057)	−0.0060 (0.0063)	−0.0179[***] (0.0052)
성별(여성＝1)	−0.1372[***] (0.0031)	−0.1152[***] (0.0039)	−0.0807[***] (0.0037)	−0.0812[***] (0.0049)	0.1385[***] (0.0037)
결혼 여부 (기혼＝1)	0.0295[***] (0.0031)	0.0272[***] (0.0037)	0.0214[***] (0.0037)	0.0035 (0.0045)	0.0023 (0.0038)
영업직군더미	−0.0041	−0.0108[**]	0.0044	−0.0162[**]	0.0262[***]
생산기술직군더미	0.0313[***]	0.0694[***]	0769[***]	0.0497[***]	0.0300[***]
연구개발직군더미	0.0177[***]	0.0109[**]	0.0209[***]	0.0205[***]	−0.0235[***]
기타 직군더미	−0.0795	0.0270	0.1728[***]	0.2143[***]	0.1734[***]
직급더미(L2)	0.1110[***]	0.1267[***]	0.0999[***]	0.1085[***]	0.0907[***]
직급더미(L3)	0.1985[***]	0.2075[***]	1333[***]	0.1239[***]	0.0936[***]
직급더미(L4)	0.2736[***]	0.3082[***]	0.1737[***]	0.1785[***]	0.1553[***]
직급더미(L5)	0.4124[***]	0.4431[***]	0.3184[***]	0.3213[***]	0.2595[***]
직급더미(L6)	0.5605[***]	0.5632[***]	0.4356[***]	0.3923[***]	0.3561[***]
직급더미(L7)	0.6600[***]	0.6593[***]	0.5172[***]	0.4800[***]	0.4492[***]
직급더미(L8)	0.6912[***]	0.6958[***]	0.5658[***]	0.5204[***]	0.5069[***]
직급더미(L9)	0.7788[***]	0.7803[***]	0.6390[***]	0.5944[***]	0.5503[***]
직급더미(L10)	0.8735[***]	0.8962[***]	0.7393[***]	0.6812[***]	0.6533[***]
직급더미(L11)	0.9374[***]	0.9509[***]	0.8057[***]	0.7770[***]	0.7544[***]
표본 수	8,145	8,573	7,487	7,760	9,003
F	7208.51	3457.17	2967.70	2429.05	4319.63
Adjusted R^2	0.9489	0.8946	0.8927	0.8679	0.9097

주: ( )안은 표준오차이며, [***]는 1%, [**]는 5%, [*]는 10% 수준에서 통계적으로 유의함. 직급 및 직군더미변수의 표준오차는 생략.

이러한 근속－임금 프로파일의 변화를 임금함수 추정결과를 이용하여 도식화하면 <그림 4－4>와 같다. 이 그림은 월급여와 연봉을 기준으로 근속연수와 근속연수 제곱 항의 추정계수 값을 이용하여 근속연수의 증가에 따라 임금수준이 어떻게 변화하는지를 보여준다.[46] 여기서도 1998년 성과급제 도입 이후 1999년과 2000년에는 연공임금성은 오히려 이전보다 강화되는 형태를 보여준다. 다만, 앞서 지적했던 것처럼 1997년의 경우 전체적인 연봉의 하락 현상이 반영되어 근속연수에 따른 임금차이가 1996년에 비해 상대적으로 적게 나타났고, 1998년까지 그러한 현상이 유지되다가 1999년과 2000년에는 오히려 연공임금성이 더 두드러지게 나타나고 있다.[47]

---

[46] 근속연수－임금 프로파일은 각 연도별 인적자본변수의 평균값을 취하여 기준으로 삼아 그 비율을 구한 것으로 미혼 남성으로서 경영지원직군의 대졸사원을 표준으로 하였다.

[47] 연봉에 대한 근속연수－임금 프로파일에 대해 <그림 4－3>의 B와 <그림 4－4>의 B를 비교해 보면 근속연수 외의 인적자본변수를 통제했을 때 예상되었던 것과 같이 근속연수 증가에 따른 임금상승 폭이 낮아진다.

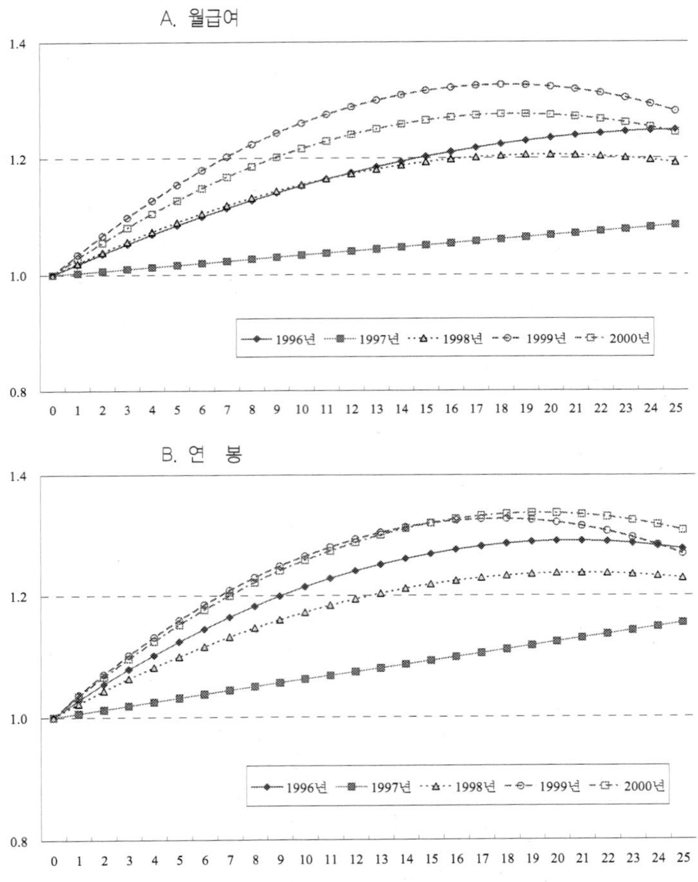

주: A기업 인사데이터의 자료로서 연도별 근속연수 및 근속연수 제곱 항의 계수 값으로 활용하여 작성한 것임.

〈그림 4 - 4〉 연도별 근속연수 - 임금 프로파일(OLS 추정결과)

3) 근속연수 추정계수 값의 변화

이제 연공임금성의 변화 여부를 구체적으로 살펴보기 위해 본 연구의 세부가설 1 - 1, 1 - 2에 대해 논의한다.[48]

<표 4-6> 세부가설의 검정결과

| 비교
대상 | 비교시점 | 표본 수 | 추정결과 | | 검정결과 |
			근속연수	근속연수 제곱	
성과급제 도입효과	사원	1998년	6,418	0.0275*** (0.0014)	−0.0818*** (0.0080)	$F(2, 12833)=136.06$ Prob $\rangle$ $F=0.0000$
		1999년	6,434	0.0527*** (0.0016)	−0.1892*** (0.0086)	
	간부	1997년	1,145	−0.0133*** (0.0015)	0.0691*** (0.0056)	$F(2, 2194)=50.87$ Prob $\rangle$ $F=0.0000$
		1998년	1,069	−0.0004 (0.0016)	0.0236*** (0.0055)	
가급률 확대효과	대리	1999년	944	0.0060*** (0.0020)	0.0150 (0.0094)	$F(2, 1991)=38.08$ Prob $\rangle$ $F=0.0000$
		2000년	990	0.0302*** (0.0026)	−0.0603*** (0.0112)	
	간부	1999년	1,326	0.0017 (0.0030)	0.0190* (0.0104)	$F(2, 2750)=2.36$ Prob $\rangle$ $F=0.0944$
		2000년	1,444	0.0019 (0.0024)	0.0106 (0.0079)	

주: 성과급제 도입효과의 경우, 계층별로 각각 도입 직전, 직후의 계수 값을 비교하였으며, 가급률 확대효과에 대해서는
   대리와 간부계층에 대해서만 2000년에 변화가 있었기 때문에 1999년과 2000년의 추정결과를 비교함.
   ( )안은 표준오차이며, ***는 1%, **는 5%, *는 10% 수준에서 통계적으로 유의함.

앞서 언급한 것처럼 연공임금성의 변화를 확인하기 위해서는 성과
급제 도입 및 제도개선의 시기와 대상을 구분할 필요가 있는데,
<표 4-6>과 같이 각각의 가설에 대해 성과급제 도입 전후와 더불
어 연봉가급률의 변화가 있었을 때 전후의 임금함수 추정결과를 활

---

48) 세부가설의 검정방식은 서로 다른 집단에 대한 추정결과를 활용하여 특정 계수 값의
   동일성 검정이 가능하도록 연도별 더미변수의 활용을 통해서 이루어졌다. 즉 비교하고
   자 하는 근속연수와 근속연수 제곱변수에 각각 해당 더미변수를 곱하여 검정하고자 하
   는 변수를 생성하였고, 비교대상별 기간의 Pooling 자료에 대한 추정결과에서 F 값을
   구한 것이다. 자세한 검정방식은 다음 Stata 사이트를 참조하라.
   http://www.stata.com/support/faqs/stat/chow.html와 Wooldridge(2006)의 제4장을 참조.

용한 검정결과를 보여준다.

먼저 성과급제 도입효과에 대해서는 사원이나 간부 모두 추정계수 값의 변화가 통계적으로 유의미하게 나타나는데, 앞 절에서 살펴본 것처럼 성과급제 도입 전에 비해 도입 후 근속연수의 영향력이 더 높아지고 있다. 이는 추정계수 값의 크기를 비교해 보더라도 쉽게 추측할 수 있다. 검정결과도 그러한 추측을 지지하고 있다. 한편 연봉가급률의 확대가 연공임금성에 어떤 영향을 미쳤는지를 살펴보기 위해 대리계층과 간부로 구분하여 그 영향력을 살펴본 결과, 대리의 경우에는 계수 값이 보여주는 것처럼 정(+)의 효과가 더욱 강해졌으며, 간부의 경우 변화가 없는 것으로 나타났다.

4) 소결

이상의 결과를 종합할 때 성과급제 도입으로 연공임금성을 약화시키려는 기업의 보상전략은 그다지 성공적이지 않다고 판단된다. 그렇다면 왜 이런 결과가 초래된 것일까? 그 이유는 다음 두 가지를 들 수 있다.

첫째, 中嶋哲夫·松繁寿和·梅崎修(2001)의 연구결과와 같이 성과급제를 도입하면서 새로 설계된 평가제도를 엄격하게 적용하기 어려웠던 결과라고 추측된다. A기업의 평가제도는 기본적으로 상대평가를 원칙으로 한다. 따라서 평가그룹이 지정되면 정해진 고과배분율을 엄격하게 적용해야 하는데, 이는 현실적으로 결코 쉬운 일이 아니다. A기업에서 4, 5등급자의 경우 기준 능력급에서 감급률을 적용함으로써 성과가 기대 이하인 근로자에 대해서는 실질적인 임금감소가 초래되도록 설계되어 있다. 그러나 실제로 4, 5등급을 받은 비율은 기준 배분율을 밑도는 상황이었다. 또한 당초 성과급제를 도입한 취지가 성과가 기대 이하인 근로자에게 자극을 준다기보다는 성과가 기대 이상으로 높은 근로자를 대상으로 그에 걸맞게 충분한 수준으로 보상한다는 동기부여 효과에 초점을 맞춘 것으로 이해되었기 때문에 굳이 임금하락을 초래하는 4, 5등급을 부여할 필요는 없었다고 판단된다.

둘째, A기업의 연봉제는 기본적으로 정기승급제와 유사한 기본급을 기반으로 제도를 운영하고 있기 때문에 호봉제를 폐지한다고 해도 근속연수의 증가에 따른 임금상승을 효과적으로 억제하기 어려웠다. 직급별로 별도의 급여밴드를 두어 일정 기간 근속하고 평균 이상의 인사고과를 받게 되면 자동적으로 상위의 급여밴드로의 승급이 이루어지는 방식으로 운영되었다. 따라서 특별히 능력이나 성과가 부진하지 않은 근로자의 경우 대부분 근속하게 되면 자연스럽게 임금이 상승하게 되는 것이다. 이와 같이 A기업의 임금체계는 기본적으로 이러한 직급체계와 긴밀하게 연계되어 있기 때문에 근본적으로 연공임금성을 약화시키는 데 한계가 있었다고 볼 수 있다.[49]

3. 성과에 따른 보상: 인사고과변수의 영향력 검증

성과급제 도입에 따른 두 번째 임금효과, 즉 성과에 따른 보상가설을 검증하기 위해서는 A기업 인사데이터가 제공하는 개인별 인사고과정보를 활용한다. 근로자의 관찰되지 않은 특성 중 임금에 영향을 미치는 요소 중 가장 많은 관심을 받고 있는 것이 바로 근로자의

---

[49] 한편 직급승진을 의미하는 승격의 경우, 기업 인사전략으로 승격률을 관리하고 엄격하게 승격심사를 실시하기 때문에 일방적으로 근속연수가 높아진다고 해서 임금이 상승하는 것은 아니다.

능력(ability)에 대한 변수인데, 이러한 능력을 객관적으로 측정하기 어렵지만 인사데이터의 전년도 인사고과결과를 감안한다면, 관찰되지 않는 근로자 개개인의 특성에 따라 발생할 수 있는 편의(bias)를 최소화하는 데 도움이 될 것이라 기대하기 때문이다.

A기업에서는 연간 3회에 걸쳐 생산직 근로자를 제외한 모든 근로자를 대상으로 평가가 이루어졌다.[50] 본 연구에서 활용할 수 있는 인사고과와 관련된 변수는 업적고과(상반기와 하반기), 역량고과 그리고 연봉등급이 있다. 분석대상 기간 중 1998년에 인사고과체계를 5단계에서 9단계로 전환하였기 때문에 1996년과 1997년의 인사고과 결과를 1998년 이후의 자료와 직접 비교할 수 없지만, 승격 포인트 환산방식을 원용하여 포인트 점수로 환산하여 활용하였다.[51] 연봉등급의 경우에는 직접 점수화가 어렵기 때문에 5단계의 등급으로 구분된 더미변수로 적용하였다. 연봉등급에 따른 임금조정이 이루어지지

---

[50] 앞서 살펴본 것처럼 업적고과가 상·하반기로 구분되어 2회 그리고 역량고과가 9월에 한 번 이루어졌다. 주의할 것은 본 연구의 인사데이터가 연말재직자의 자료로 구성되어 있기 때문에 평가대상자로 포함되었던 퇴직자의 정보는 포함되어 있지 않다. 논평자가 지적한 것처럼 특히 하위고과등급을 받은 근로자가 퇴사한 경우 그로 인해 임금함수 추정 시 편의(bias)가 발생했을 가능성이 높다고 할 수 있다. 그러나 본 자료에서는 연도별 퇴직자 정보를 확인하기 어렵다. 다만, 고과배분율의 하위등급 비율에는 못 미치지만, 분석자료에 하위고과자의 정보가 포함되어 있고, 제도 도입 당시 성과에 따른 보상이 상위고과자에 대한 동기부여에 초점이 맞춰 있었기 때문에 전체적인 해석에는 큰 영향을 미치지 않을 것으로 판단된다.

[51] 승격 포인트 환산방식은 다음과 같다. 가장 낮은 등급(D)을 0, 가장 높은 등급(A + 와 S)을 10점으로 계산하여 A기업 내부적으로 규정된 승격 포인트 방식에 따라 환산된다. 등급 간 격차는 연도와 상관없이 일정하게 유지된 형태이며, 따라서 인사고과체계가 변하더라도 동일한 기준에서 승격 포인트 환산이 가능하다. 또한 교육파견 등과 같이 소위 'N'등급(평가 보류)을 받은 경우에는 A기업 내부적으로 정해진 환산방식에 따라 해당 고과등급으로 환산하여 반영하였다. 이렇게 전환된 승격 포인트 점수를 개인별로 환산하여 임금함수 추정에 활용할 수 있었다. 아울러 연간 3개의 인사고과정보 중 한 번이라도 누락된 경우에는 표본에서 제외하였다. 따라서 <표 4-7>은 <표 4-4>와 <표 4-5>의 표본과 다르게 구성되어 있어 인적자본변수의 변화를 직접 비교하기는 어렵다. 다만, 논평자가 지적했던 것처럼 인사고과변수가 추가될 경우, 전반적인 계수 값의 변화를 보면 인사고과변수가 포함되지 않을 때보다 계수 값들이 낮아져 임금결정 요인으로서 인사고과변수가 일정 정도 인적자본변수의 영향력을 약화시키는 역할을 담당하고 있다고 볼 수 있다.

않는 3등급을 기준으로 삼았다.

이제 인사고과변수가 임금함수 추정에 반영되었을 때의 추정결과를 살펴보자. 우선 상·하반기 업적고과와 역량고과의 포인트 점수를 설명변수로 추가한 추정결과는 다음 <표 4-7>과 같다.[52] 추정결과를 보면, 1997년의 경우 상·하반기 업적고과는 통계적으로 유의하지 않으며, 역량고과의 경우에만 통계적으로 유의한 것으로 나타났다. 따라서 성과급제 도입 이전인 1997년에는 임금결정 시 인사고과의 영향력이 미미한 수준이라고 볼 수 있다. 그러나 1998년부터는 예상한 대로 인사고과변수들은 모두 통계적으로 유의적인 것으로 추정되었으며, 업적고과나 역량고과 모두 계수 값이 계속 증가하고 있다. 특히 2000년의 경우 예년과 달리 인사고과변수의 계수 값이 크게 증가하는데, 이는 본격적인 인사제도 변화의 효과가 2000년에 비로소 제대로 나타나기 시작했다고 볼 수 있다. 이러한 결과는 성과급제가 실질적인 임금효과를 갖고 있어 성과에 따른 보상이 이루어지고 있다는 것을 보여준다.

특기할 것은 1999년과 2000년 모두 예년과 달리 성별더미변수의 통계적 유의성이 없는 것으로 나타나는데, 이는 성과급제의 도입에 따라 고과결과가 직접 보상과 연결됨으로써 근로자(피평가자)나 부서장(평가자) 모두 평가제도의 중요성을 인식하게 되었기 때문에 동일한 인적자본을 가지고 유사한 업적을 낸 근로자에 대해서는 남녀를 불문하고 동일한 보상을 받게 되었다는 것을 보여준다고 할 수 있다. 특히 이러한 결과를 보여주는 표본이 모두 대졸사원 이상의 직급으로 구성되어 있다는 점에서 주목할 만하다. 이러한 추정결과는 <표 4-4>의 추정결과에서 동일하게 나타나고 있다.

---

52) 전년도 인사고과의 결과가 당해 연도 임금수준에 영향을 미치기 때문에 임금함수 추정은 전년도 인사고과를 확인할 수 있는 근로자를 대상으로 이루어졌다. 따라서 전년도 인사고과정보가 없는 1996년의 자료는 추정에서 제외되었다.

다음 연봉에 직접적인 영향을 미치는 연봉등급 더미변수를 반영한 임금함수 추정결과는 <표 4-8>과 같다. 연봉제가 적용된 시기와 대상의 차이가 있기 때문에 간부와 사원으로 구분하였으며, 그에 따라 표본의 크기가 차이가 난다. <표 4-5>의 추정결과를 보더라도 쉽게 예상할 수 있는 것처럼 상위등급과 하위등급 간에 상당한 차이가 발생한다. 즉 연도와 상관없이 상위등급인 1, 2등급의 추정계수 값은 모두 유의미한 정(+)의 부호를, 그리고 하위등급인 4, 5등급의 추정계수 값은 부(-)의 부호 또는 통계적으로 유의하지 않은 것으로 나타난다.

한편 성과급제 도입 초기에 비해 시간이 지날수록 상위등급 더미변수의 계수 값이 커지고 있음을 알 수 있다.[53] 우선 간부의 경우 1, 2등급의 경우 연봉제가 적용된 1998년에 비해 1999년과 2000년의 계수 값은 각각 약 1.2배, 1.5배로 증가하고 있는데, 이는 상위고과자에 대한 보상차별화가 연봉가급률의 확대에 따라 더욱 심화된 결과라고 볼 수 있다. 또한 1999년에 성과급제가 적용된 사원의 경우에도 1999년과 2000년을 비교할 때, 상위등급의 계수 값이 약 3배 정도 증가했음을 알 수 있다.

특기할 만한 것은 1999년과 2000년의 간부 추정결과에서 하위등급의 영향력은 거의 없는 것으로 나타난다는 것이다. 이를 앞서 지적한 것과 같이 하위등급자에 대한 자극 효과보다는 상위등급자에 대한 동기부여 효과에 초점을 맞추었기 때문이라고 해석할 수 있다. 실제 임금데이터를 확인해 보면 하위등급자의 임금수준이 동일한 직

---

53) 이상의 추정결과는 A기업의 연봉평가 프로세스와 임금체계를 고려해 볼 때, 당연한 결과라고 지적할 수 있다. 즉 성과급제의 제도설계가 그렇게 되어 있기 때문에 쉽게 예측할 수 있고 따라서 당연히 그렇게 추정결과가 나올 수 있다고 생각할 수 있는 것이다. 그러나 본 연구에서 강조하는 것은 임금함수 추정에서 근로자의 인적자본과 직급이나 직군더미와 같은 제도요인들을 통제하여 인사고과변수가 임금에 미치는 영향, 즉 순수한 임금효과를 확인하였다는 점에서 의미를 갖는다.

급의 3등급과 크게 다르지 않아 하위등급을 받는다고 하더라도 실제
로 감급률을 적용하여 임금감소가 이루어지지 않았다는 것을 보여준
다. 또한 인사고과변수의 영향력 추정결과와 동일하게 성별더미변수
의 계수 값이 간부나 사원 모두 통계적으로 유의하지 않은 것으로
나타나고 있으며, 더불어 간부의 경우 결혼 여부를 나타내는 기혼더
미변수도 유의하지 않은 것으로 나타나 주목할 만하다.[54]

요약하면 인사고과나 연봉등급과 같은 근로자 개인의 업적과 능력
에 대한 평가가 임금에 어떠한 영향을 미치는지를 임금함수 추정을
통해 확인한 결과, A기업에서 성과급제 도입으로 성과에 따른 보상이
성공적으로 이루어졌음을 알 수 있다. 특히 연봉가급률 확대와 같이
업적과 능력에 따른 개인별 보상차별화가 더욱 심화되면서 상위등급
자의 임금수준이 더욱 증가하고 있다는 것도 발견할 수 있었다.

<표 4-7> 인사고과변수의 영향력 추정

	1997	1998	1999	2000
상수항	16.6722*** (0.0255)	16.5424*** (0.0179)	16.6345*** (0.0320)	16.6307*** (0.0261)
상반기 업적고과	0.0004 (0.0007)	0.0024*** (0.0007)	0.0037*** (0.0009)	0.0055*** (0.0008)
하반기 업적고과	0.0011 (0.0008)	0.0024*** (0.0007)	0.0045*** (0.0009)	0.0047*** (0.0008)
역량고과	0.0023*** (0.0008)	0.0039*** (0.0007)	0.0036*** (0.0009)	0.0067*** (0.0008)
교육연수	0.0032** (0.0015)	0.0113*** (0.0014)	0.0111*** (0.0017)	0.0178*** (0.0014)

---

54) 왜 이런 추정결과가 나타나는 것일까? 본 연구에서 자세하게 다루지는 못하지만, 간부만
을 표본으로 삼아 <표 4-4>와 동일한 방식으로 추정한 결과와 비교하면 인사고과나
연봉등급에 대한 변수를 추가하는 것과는 상관없이 성별더미변수와 기혼더미변수가 유
의적이지 않은 것으로 나타나고 있어 간부계층에서는 일반사원계층의 근로자와 다른
임금결정방식이 적용되고 있다는 것을 시사하고 있다.

	1997	1998	1999	2000
근속연수	0.0024* (0.0013)	0.0188*** (0.0013)	0.0201*** (0.0017)	0.0237*** (0.0014)
근속연수 2 / 100	0.0118* (0.0063)	−0.0360*** (0.0055)	−0.0360*** (0.0066)	−0.0415*** (0.0055)
경력연수	0.0054*** (0.0010)	0.0020** (0.0010)	0.0032*** (0.0013)	0.0066*** (0.0011)
경력연수 2 / 100	0.0209*** (0.0059)	0.0370*** (0.0063)	0.0353*** (0.0075)	0.0285 (0.0061)
성별(여성 = 1)	−0.0936*** (0.0069)	−0.0530*** (0.0062)	0.0229 (0.0170)	−0.0054 (0.0148)
결혼 여부 (기혼 = 1)	0.0342*** (0.0046)	0.0279*** (0.0042)	0.0297*** (0.0063)	0.0282*** (0.0053)
영업직군더미	−0.0086	0.0025	−0.0194	−0.0267***
생산기술직군더미	0.0538***	0.0672***	0.0304***	0.0170***
연구개발직군더미	0.0175***	0.0242***	0.0264***	−0.0217***
직급더미(L2)	−	−	−	−
직급더미(L3)	0.0981***	0.0484***	−	−
직급더미(L4)	0.1632***	0.0778***	0.0370***	0.0392***
직급더미(L5)	0.3005***	0.2231***	0.1855***	0.1401***
직급더미(L6)	0.4242***	0.3370***	0.2765***	0.2400***
직급더미(L7)	0.5182***	0.4221***	0.3608***	0.3369***
직급더미(L8)	0.5576***	0.4718***	0.3992***	0.3784***
직급더미(L9)	0.6393***	0.5454***	0.4861***	0.4141***
직급더미(L10)	0.7650***	0.6442***	0.5655***	0.5293***
직급더미(L11)	0.8124***	0.6979***	6634***	0.5819***
표본 수	4,001	3,710	2,895	3,453
F	1026.98	1184.22	568.05	844.38
Adjusted R^2	0.8495	0.8753	0.8045	0.8369

주: ( )안은 표준오차이며, ***는 1%, **는 5%, *는 10% 수준에서 통계적으로 유의함. 종속변수에서 〈표 4 - 4〉과 〈표 4 - 5〉와 달리 기타 직군더미가 제외되며, 1997년과 1998년은 L2직급더미가 그리고 1999년과 2000년은 L2 및 L3직급더미가 제외됨. 이는 역량고과에 대한 평가가 이루어지지 않았기 때문임. 따라서 1997년과 1998년의 기준 직급은 L2직급이며, 1999년과 2000년은 L3직급임.

<표 4-8> 연봉등급변수의 영향력 추정

	간부(L6~L11)			사원(L3~L5)	
	1998	1999	2000	1999	2000
상수항	17.0634*** (0.0345)	17.0467*** (0.0736)	17.1765*** (0.0512)	16.8650*** (0.0272)	16.8036*** (0.0277)
5등급	−0.0392*** (0.0119)	−0.0421 (0.0293)	−0.0427 (0.0290)	0.0244** (0.0108)	0.0010 (0.0120)
4등급	−0.0284*** (0.0066)	0.0096 (0.0136)	−0.0120 (0.0125)	−0.0173** (0.0069)	−0.0200*** (0.0071)
2등급	0.0498*** (0.0043)	0.0594*** (0.0091)	0.0669*** (0.0063)	0.0147*** (0.0045)	0.0553*** (0.0042)
1등급	0.1018*** (0.0065)	0.1180*** (0.0136)	0.1575*** (0.0094)	0.0340*** (0.0066)	0.0971*** (0.0061)
교육연수	0.0129*** (0.0015)	0.0149*** (0.0031)	0.0139*** (0.0022)	−0.0014 (0.0015)	0.0092*** (0.0015)
근속연수	0.0027* (0.0014)	0.0028 (0.0029)	0.0032 (0.0021)	0.0141*** (0.0017)	0.0222*** (0.0018)
근속연수^2 / 100	0.0191*** (0.0047)	0.0205** (0.0100)	0.0143** (0.0072)	−0.0249*** (0.0083)	−0.0418*** (0.0079)
경력연수	0.0028*** (0.0011)	0.0069*** (0.0023)	0.0040** (0.0016)	0.0050*** (0.0012)	0.0093*** (0.0013)
경력연수^2 / 100	0.0156*** (0.0053)	0.0089 (0.0102)	0.0099 (0.0074)	0.0316*** (0.0081)	0.0122 (0.0083)
성별(여성=1)	0.0115 (0.0542)	0.0513 (0.1298)	0.0338 (0.0964)	0.0172 (0.0119)	0.0155 (0.0121)
결혼 여부 (기혼=1)	−0.0167* (0.0088)	−0.0017 (0.0199)	0.0126 (0.0144)	0.0297*** (0.0043)	0.0140*** (0.0043)
영업직군더미	−0.0023	−0.0420***	−0.0426***	−0.0034	−0.0161**
생산기술직군더미	0.0019	0.0015	−0.0016	0.0396***	0.0261***
연구개발직군더미	0.0075	0.0196*	0.0127	0.0111*	−0.0515***
기타 직군더미	0.0400	−0.0065	−0.0036	0.1480***	0.0807***
직급더미(L4)	−	−	−	0.0661***	0.0503***
직급더미(L5)	−	−	−	0.2318***	0.1696***

	간부(L6~L11)			사원(L3~L5)	
	1998	1999	2000	1999	2000
직급더미(L7)	0.0650[***]	0.0872[***]	0.0832[***]	–	–
직급더미(L8)	0.1145[***]	0.1077[***]	0.1252[***]	–	–
직급더미(L9)	0.2032[***]	0.2037[***]	0.2086[***]	–	–
직급더미(L10)	0.2991[***]	0.3033[***]	0.3179[***]	–	–
직급더미(L11)	0.3348[***]	0.3600[***]	0.3660[***]	–	–
표본 수	1,069	1,326	1,444	2,489	2,428
F	300.58	78.04	170.68	412.40	304.32
Adjusted R^2	0.8487	0.5376	0.7016	0.7376	0.6800

주: ( )안은 표준오차이고, 연봉등급더미는 3등급 기준이며, ***는 1%, **는 5%, *는 10% 수준에서 통계적으로 유의함. 종속변수에서 〈표 4-4〉과 〈표 4-5〉와 달리 간부의 기준 직급은 L6직급이며, 사원은 L3직급임.

제4절 결 론

본 연구는 성과급제 도입에 따른 효과를 분석하기 위해 임금함수 추정을 실시하였다. 분석자료는 1996~2000년까지 5개년 간 우리나라 특정 대기업의 인사데이터를 사용하였는데, 성과급제를 도입한 시기가 1998년이기 때문에 이 시기를 전후로 한 OLS 추정결과를 비교하여 성과급제 도입효과를 분석한 것이다. A기업의 성과급제 도입 추진과정을 살펴보기 위해 A기업의 임금체계가 어떻게 변하였고, 도입한 성과급제의 구체적인 내용과 평가 프로세스를 자세히 살펴보았다. 본 연구에서 사용한 임금함수 추정방식은 인적자본변수를 기본으로 하면서, 내부노동시장이라는 특성을 반영하여 근로자의 직급과 직군더미를 포함하여 실시한 것이다.

본 연구의 실증분석결과를 요약하면 다음과 같다.

첫째, 성과급제 도입 이전과 이후를 비교할 때, 연령 - 임금 프로파일과 근속연수 - 임금 프로파일을 보면 연령의 경우 성과급제 도입 이후 기울기나 임금격차가 줄어들어 연공임금성이 약화되었으나, 근속연수의 경우 1998년부터 다시 임금 프로파일이 다시 가파른 형태로 변화하고 있다. 또한 근속연수 외 근로자의 인적자본변수를 통제한 임금함수 추정결과, 추정된 근속연수 계수 값을 활용한 임금 프로파일을 보더라도 연공임금성이 약화되었다고 볼 수 없다.

이를 세부가설 1 - 1과 1 - 2를 통해 확인한 결과, 성과급제 도입 전후의 근속연수나 근속연수 제곱의 계수 값이 오히려 증가했으며, 연봉가급률의 확대효과도 통계적으로 확인되었다. 즉 연공임금성의 약화라는 기업의 의도가 그대로 반영되지 않았고 오히려 연공임금성이 강화된 것이 아닌가 하는 의문을 제기할 수 있는 것이다. 또한 연봉에 대한 임금함수 추정결과를 같이 고려해 보면, 성과급제 도입 이전, 즉 1996년에 비해 교육연수나 근속연수, 경력연수의 증가에 따른 임금상승효과가 더욱 커지는 경향이 높아지고 있어 기업이 의도한 바 연공임금성의 약화가 제대로 이루어졌다고 보기 어렵다.[55]

이와 같이 성과급제 도입 이전과 이후를 비교할 때 연공임금성 측면에서 큰 차이가 없는 이유는 크게 두 가지로 정리할 수 있다. 먼저 조직운영상 개인의 임금하락을 초래하는 연봉평가의 하위등급을 쉽게 부여하기 어렵다는 현실적인 문제를 들 수 있다. 또한 호봉제 폐지 이후에서 정기승급과 유사한 구조를 갖는 기본급 제도가 지속

---

[55] 본 연구의 추정결과는 안정적(robust)인 것이라고 보기에는 한계가 있다. 즉 추정된 계수 값들이 연도별 특성에 따라 상당한 차이가 발생한다는 것이다. 따라서 연공임금성의 변화에 대해 확정적으로 언급하기 어렵다. 그러나 적어도 연공임금성의 약화를 꾀한 기업의 의도가 관철되기에는 아직 어려움이 많다는 것을 보여주는 데는 큰 무리가 없다고 판단된다.

적으로 운영되고 있어 의도한 만큼 연공임금성 약화가 쉽게 이루어 지기 어렵다는 제도적 한계점이 있다는 것이다.

둘째, 성과에 따른 보상은 기업이 의도했던 것대로 이루어졌다고 판단된다. 임금함수의 기존 변수, 즉 인적자본변수에 인사고과 포인트와 연봉등급을 설명변수로 포함하여 추정한 결과, 성과급제 이전에는 인사고과변수 중 역량고과만 유의미한 계수 값을 갖지만, 성과급제 이후에는 업적고과나 역량고과 모두 유의미한 계수 값을 가지면서 시간이 지남에 따라 점차 증가하고 있다는 점이 확인되었다. 또한 성과급제가 도입된 이후 연봉등급의 차이가 실제 임금에 어떻게 영향을 미치고 있는지를 동일한 임금함수 추정방법을 통해 확인하였는데, 성과급제에서 설계된 대로 3등급을 기준으로 할 때, 상위등급은 정(+)의 임금효과를 보이고 있고, 하위등급은 부(−)의 임금효과가 있거나 통계적으로 유의하지 않다는 것을 보여주고 있다. 더구나 연봉등급에 따른 보상차별화가 심화되면서 그 영향력의 크기(계수 값)가 증가하고 있다.

이상의 결과들은 인적자본변수를 통제한 임금함수 추정결과이기 때문에 추정된 계수는 각각 성과급제 도입의 순수한 임금효과라고 할 수 있으며, 성과에 따른 보상 여부를 가늠하는 기준이 된다. 따라서 본 연구의 분석대상인 A기업에서는 성과에 따른 보상이 기업이 의도한 대로 어느 정도 그 목적을 달성했다고 판단할 수 있다.[56]

---

56) 향후 보다 명확한 분석을 위해서는 보다 심층적인 연구가 필요할 것으로 보인다. 순수한 성과급제 도입의 임금효과를 추정하기 위해서는 임금제도의 변화뿐만 아니라 기업의 인사제도 전반에 대한 종합적인 검토가 필요하다. 가령 성과급제 도입과 더불어 교육훈련, 승진·승격, 채용, 평가 등 다른 인사제도의 변화가 어떤 영향을 미쳤는지도 같이 살펴보는 것이다. 한편 실증분석에 있어서 본 연구에서 임금결정요인으로 상정하고 있는 인적자본변수와 제도변수(직급과 직군) 그리고 인사고과변수 등 관련 변수 간의 독립성 문제, 인력구성의 변화에 따른 영향 등에 대한 추가적인 분석이 필요하다. 이 점에 대해서는 추후 연구과제로 남겨 놓는다.

　제4장은 실제 우리나라 대기업의 인사데이터를 활용함으로써 기업 내부노동시장에서의 임금이 어떻게 결정되는가에 대해 초점을 맞추었다. 그러나 본 연구의 분석결과들이 우리나라 내부노동시장의 일반적인 특성이라고 속단하기는 어렵다. 그 이유는 그 결과들이 특정 시기의 특정 기업의 인사데이터에 의존한 실증분석결과이기 때문이다. 특히 기업마다의 고유한 특성들, 가령 해당 기업만의 독특한 인사제도나 임금체계가 존재하여 기업 간 차이가 클 경우, 본 연구에서 활용한 기업 인사데이터의 실증분석결과를 놓고 일반적인 현상이라고 확대 해석하기 어렵다.

　일부 기업체 패널데이터를 활용한 연구결과들을 보더라도 기업마다의 경영환경이나 인력구조 등에 따른 기업 인사제도나 관행의 차별성이 강조되고 있어 본 연구가 갖는 한계가 상당한 수준이라는 사실을 부정할 수 없다. 하지만 본 연구는 내부노동시장을 살펴보는 데 있어 새로운 시도이며 현 단계에서는 의미가 있는 작업이라고 확신한다. 특히 기업의 성과주의 인사제도가 확산되고 있는 시점에서 앞서 제1장에서 강조한 것처럼 기업의 이러한 노력들이 과연 지속적인 국가경제의 발전을 뒷받침할 것이라는 기대를 전제로 한다면, 과연 기업이 의도한 대로 임금유연성을 확보하는 데 실제로 성공하고 있는지를 검토하고 평가하는 작업의 일환으로서 의미가 있다고 하겠다.

　또한 최근 패널데이터를 이용한 다양한 미시계량분석기법들이 발전하고 있는 과정에서 기업 인사데이터를 통한 내부노동시장 분석은 앞으로도 많은 연구과제를 함축하고 있다.[57] 일본이나 구미권에서는

---

[57] 본 연구의 분석자료인 기업 인사데이터는 그 속성상 5개년의 패널자료로 구성되어 있어 패널분석모형을 적용할 수 있다. 패널자료를 사용하면 근로자의 관찰되지 않는 이질성(unobserved individual heterogeneity)을 효과적으로 통제할 수 있을 뿐만 아니라 그 자체로서 효율적인 추정이 가능하며, 특히 경제변수의 시간에 걸친 조정과정, 즉 동태적 조정과정을 연구할 수 있다. 그러나 본 연구는 성과급제 도입효과에 초점을 맞추어 도입 전후의 임금함수 추정결과를 비교하기 위해 OLS 추정방식을 사용하였다. 패널데

이러한 분석경향을 반영하여 전국 단위의 경제단체를 중심으로 기업 인사데이터의 통합데이터베이스를 구축하는 사례가 등장하고 있어 주목할 만하다. 최근 기업 내부 데이터의 확보가 더더욱 어려운 사정이지만, 적어도 시기적으로 민감하지 않은 과거 데이터를 확보하고 분석함으로써 우리나라의 고유한 내부노동시장의 형성과 발전과정을 이해하게 되어 노동시장의 유연성 확보라는 이슈에 대해서도 능동적으로 대응할 수 있는 정책대안들을 모색할 수 있을 것이라 기대된다. 또한, 기업 내부적으로도 이러한 연구성과를 반영하여 효과적인 인사제도를 설계할 수 있는 계기가 되기를 기대한다.

이터 분석를 활용한 연구는 추후 과제로 남겨둔다.

제 5 장

결 론

제1절 연구결과 요약

이 책은 IMF 외환위기를 전후로 우리나라 내부노동시장에서의 임금과 승진의 결정구조가 어떻게 변화하였는지를 살펴보았다. 이를 위해서 필자는 우리나라 대기업(A기업)의 인사데이터(1996~2000년)를 실증분석에 활용하였다. 이 기업 인사데이터는 패널자료를 구성할 수 있어 패널데이터 분석에 활용할 수 있을 뿐만 아니라 근로자 개인별 승진 여부나 인사고과결과 등을 파악할 수 있어 기업 내부노동시장을 심층 분석할 수 있는 연구대상이라고 할 수 있다.

제2장에서는 내부노동시장에서의 임금결정요인으로서 직급변수에 주목하여 그 유효성을 검증하였다. 기존의 임금함수 추정은 주로 인적자본변수를 중심으로 이루어지고 있는데, 본 연구는 기업의 인사제도가 반영되고 기업 내 위계구조를 대표하는 근로자의 직급이 중요한 임금결정요인이라는 점을 확인하기 위하여 직급더미변수를 임금함수 추정에 포함시켰다. A기업의 인사데이터에서 구분 가능한 월급여, 보너스 그리고 연봉을 종속변수로 한 임금함수 추정을 실시하였으며, 패널데이터인 인사데이터를 활용하여 패널데이터 분석의 고정효과모형을 적용한 임금함수도 추정하였다. 추정결과를 보면, 인적자본변수의 통계적 유의성이 재확인되는 동시에 직급더미변수의 유의성도 발견되었다. 이러한 직급변수가 내생성의 문제를 야기하지만, 근로자의 직급이 근로자의 관찰되지 않는 능력에 대한 적절한 대변수 역할을 한다고 판단하였다. 따라서 우리나라 내부노동시장에서는 소위 한계생산성에 따라 임금이 결정된다는 신고전학파의 노동시장이론보다 내부노동시장이론이 설명하는 것처럼 기업 고유의 인사제도 또는 전략이 임금결정요인으로서 그 역할을 담당하고 있음을

확인하였다.

제3장에서는 내부노동시장에서 특유의 인센티브 수단인 승진의 결정요인을 분석하였다. 기존 연구가 직급구분(간부여부)에 의한 승진개념을 적용하여 논의를 전개하고 있는 것과 달리 본 연구에서는 기업 인사데이터의 패널자료를 활용하여 보다 정확한 승진변수(직급변동에 의한 승진개념)를 정의하였고, 이를 활용하여 프로빗(Probit) 모형의 승진확률함수를 추정하였다. A기업의 인사데이터에 대한 추정결과를 보면, 인적자본변수들의 영향력이 통계적으로 유의미하게 나타나지만, 분석기간 전체적으로 매년 상이한 패턴이 발견되었다. 그럼에도 불구하고 본 연구에서 승진의 결정요소로서 주목한 인사고과의 영향력은 IMF 외환위기 이후 점차 강화되고 있는 점을 확인할 수 있었다. 이러한 실증분석결과로 비추어 볼 때, 기업 내부노동시장에서 연공서열형 승진체계에서 성과주의형 승진체계로의 전환이 진행되고 있다고 판단하였다.

제4장은 기업의 인사제도 변화가 과연 소기의 목적을 달성하였는지를 분석하였다. 특히 본 연구는 IMF 외환위기 이후 한국 대기업을 중심으로 광범위하게 확산된 성과급제 도입에 초점을 맞추었다. 핵심적인 관심사는 기업이 과연 성과급제 도입을 통해 의도한 대로 연공임금성을 완화시키고 성과에 따른 보상을 구현했는가이다. 이를 확인하기 위해서 본 연구는 A기업의 임금체계와 성과급제를 중심으로 연봉평가의 프로세스를 간략히 살펴보았으며, A기업에서 성과급제 도입 전후의 임금구조와 임금결정방식이 어떻게 변화되었는지를 비교하였다. 그 결과 연공임금성 약화는 의도한 대로 이루어지지 않았지만, 성과에 따른 보상이 인사고과에 따른 임금격차로 반영되어 지속적으로 확대되고 있다는 점을 발견하였다.

이상의 연구를 통해 필자가 도출한 결론과 시사점은 다음과 같이 요약할 수 있다. 먼저, 승진의 결정요인과 임금체계의 변화(성과급제 도입)에 따른 임금효과를 살펴볼 때, IMF 외환위기 이후 성과주의 인사제도가 도입된 이후 인사고과의 영향력이 강화됨에 따라 기업이 의도한 대로 일정한 효과가 나타났다는 사실을 보여주고 있다. 그러나 이러한 효과에도 불구하고, 내부노동시장에서의 임금결정구조 측면에서는 아직도 기업이 연공임금체계에서 완전히 탈피했다고 판단할 수 없다. 이는 기업 인사제도, 특히 임금제도의 기본이 되는 직급별 임금구조의 차이가 성과주의 인사제도의 도입에도 불구하고 여전히 유효하게 작동하고 있다는 사실에서도 확인할 수 있다.

직급별 임금구조의 변화를 살펴본 결과, 인사제도의 변화가 근로자 개개인에게 항상 동일하게 적용된 것이 아니라 근로자의 직급에 따라서 영향을 받기 때문에 한 기업이 어떠한 인사제도를 가지고 근로자에게 적용하느냐에 대한 이해가 필요하다는 것이다.

따라서 필자는 IMF 외환위기 이후 우리나라 노동시장의 임금유연성 확보를 위해 대기업을 중심으로 성과주의 인사제도가 도입되었지만, 그다지 효과적이지 않았다고 판단한다. 이는 아직까지 우리나라 기업 대부분이 직무(job)가 아닌 연공(seniority)에 기반을 둔 직급구조를 유지하고 있으며, 성과주의 인사제도를 도입한다고 하더라도 제한적으로 활용되고 있기 때문이다. 이러한 결과를 종합해 보면, 우리나라 내부노동시장에서의 임금결정구조는 아직까지 과거와 같은 연공임금체계를 기반으로 하되, 성과에 따른 보상이라는 임금차별화가 일부 반영되고 있다고 판단할 수 있다.

제2절 연구의 한계와 향후 과제

본 연구는 실제 우리나라 대기업의 인사데이터를 활용함으로써 그간 횡단면 분석을 통해서만 이루어지던 임금함수 추정에 있어서 해결하기 어려웠던 계량경제학적 문제점들을 해결하고 기업의 실제 인사데이터를 통해 기업 내부노동시장에서의 임금과 승진이 어떻게 결정되는가에 대해 초점을 맞추었다. 패널데이터 분석의 이점을 살려 근로자 개개인의 고유한 속성을 통제함으로써 보다 효율적인 임금함수 추정을 할 수 있었고 임금결정요인들의 영향력을 논의할 수 있었다. 한편으로는 기업 내부노동시장 특유의 제도라고 할 수 있는 승진이 어떤 메커니즘으로 결정되는지를 살펴보기 위해서 기업 인사데이터를 활용하였다. 특히 IMF 외환위기 전후 우리나라 기업에서 일반화되기 시작했던 성과급제 도입이 임금결정요인 측면에서 어떤 영향을 미쳤는지를 살펴봄으로써 필자가 관심을 갖고 있는 인사경제학의 논리가 어떤 식으로 기업 현장에 적용될 수 있는지를 탐색해 보았다.

그러나 본 연구의 분석결과들이 우리나라 내부노동시장의 일반적인 특성이라고 속단하기는 어렵다. 그 이유는 그 결과들이 특정 시기의 특정 기업의 인사데이터에 의존한 실증분석결과이기 때문이다. 특히 기업마다의 고유한 특성들, 가령 해당 기업만의 독특한 인사제도나 임금체계가 존재하여 기업 간 차이가 클 경우, 본 연구에서 활용한 기업 인사데이터의 실증분석결과를 놓고 일반적인 현상이라고 확대 해석하기 어렵다.

일부 기업체 패널데이터를 활용한 연구결과들을 보더라도 기업마다의 경영환경이나 인력구조 등에 따른 기업 인사제도나 관행의 차별성이 강조되고 있어 본 연구가 갖는 한계가 상당한 수준이라는 사실을 부정할 수 없다. 하지만 본 연구는 내부노동시장을 살펴보는 데 있어 새로운 시도이며 현 단계에서는 의미가 있는 작업이라고 확신한다.

　최근 패널데이터를 이용한 다양한 패널분석기법들이 발전하고 있는 과정에서 기업 인사데이터를 통한 내부노동시장 분석은 앞으로도 많은 연구과제를 함축하고 있다. 일본이나 구미권에서는 이러한 분석경향을 반영하여 전국 단위의 경제단체를 중심으로 기업 인사데이터의 통합데이터베이스를 구축하는 사례가 등장하고 있어 주목할 만하다. 최근 기업 내부 데이터의 확보가 더더욱 어려운 사정이지만, 적어도 시기적으로 민감하지 않은 과거 데이터를 확보하고 분석함으로써 우리나라의 고유한 내부노동시장의 형성과 발전과정을 이해하게 되어 노동시장의 유연성 확보라는 이슈에 대해서도 능동적으로 대응할 수 있는 정책대안들을 모색할 수 있을 것이라 기대된다. 또한, 기업 내부적으로도 이러한 연구성과를 반영하여 효과적인 인사제도를 설계할 수 있는 계기가 되기를 기대한다.

참고문헌

1. 국내 문헌

곽상경(2003), 『계량경제학』, 서울: 다산출판사.

권재현(2002), "승진제도와 임금동학−BGH 발견을 중심으로", 서울대학교 대학원 경제학과 석사학위논문.

금재호(2002), "기업내부노동시장의 승진과 임금: 성별 차이를 중심으로", 「한국인구학」, 제2권 제1호, pp.181−211.

______(2003), "사업체 실태조사 결과", 정인수 외 공저, 『기업 내부노동시장의 변화』, 서울: 한국노동연구원, pp.24−103.

김경묵(2005), "직급 간 임금 격차(Pay Dispersion) 결정 요인에 관한 연구: 토너먼트 이론(Tournament Theory)의 검증", 「인사관리연구」, 제29집 제2권, pp.177−218.

김동배 · 박우성 · 박호환 · 이영면(2004), 『임금체계와 결정방식』, 서울: 한국노동연구원.

김상욱 · 서영준(2003), "기업내부노동시장(FILM)과 직업내부노동시장(OILM)의 직장이동과 직업이동 성향", 「한국사회학」, 제37집 제4호, pp.1−30.

김성수(2003), 『한국기업의 성과급제도 현황, 효과 및 개선방안』, 아산재단 연구총서 제130집, 서울: 집문당.

김용민(2000), "한국 대기업 임원의 승진결정요인에 관한 실증적 연구", 「북악경영연구」, 제6호, pp.413−440.

김진배 · 변동헌 · 신준용(2004), "임금구조와 성과급 제도가 기업가치 요소에 미치는 영향", 「회계학연구」, 제29권 제3호, pp.115 - 144.

김형기(1988), 『한국의 독점노동과 임노동 - 예속독점자본주의하 임노동의 이론과 현상분석 - 』, 서울: 까치.

노동부 근로기준국 임금정책과(2004), 「연봉제 · 성과배분제 실태조사 결과」, 노동부.

노동부 근로기준국 임금근로시간정책팀(2005), 「연봉제 · 성과배분제 실태조사 결과」, 노동부.

노동시장 선진화 기획단 편(2004), 『노동시장의 유연안정성 제고방안』, 서울: 한국노동연구원.

박광배(2003), 『변량분석과 회귀분석』, 서울: 학지사.

박우성 · 노용진(2001), 『경제위기 이후 인적자원관리 및 노사관계의 변화』, 서울: 한국노동연구원.

박준성(2004), 『임금관리: 이론과 실제』, 서울: 명경사.

박훤구 · 박세일(1984), 『한국의 임금구조』, 서울: 한국개발연구원.

서진교(2001), "패널자료분석방법", 「농촌경제」, 제24권 제2호, pp.93 - 101.

송호근(1991), 『한국의 노동정치와 시장』, 서울: 나남.

신영수(2003), "한국기업의 승진결정요인과 1980~90년대 변화분석", 「산업관계연구」, 제13권 제2호, pp.27 - 40.

양혁승(2003), "성과주의 급여제도에 대한 수용도 결정요인의 탐색과 그 수용도가 개인의 의욕제고에 미치는 영향: 가치적합성이 급여제도 수용도에 미치는 영향을 중심으로", 「인사 · 조직연구」, 제11권 제2호, pp.109 - 32.

어수봉(1992), 『한국의 노동이동』, 서울: 한국노동연구원.

엄동욱(2006a), 「내부노동시장, 인센티브 및 임금결정 - 1990년대 한국 대기업의 인사데이터를 중심으로 - 」, 연세대학교 대학원 경제학과 박사학위논문.

______(2006b), "우리나라 기업의 성과급제 도입효과", 「노동경제논집」, 제29권 제2호, pp.26 - 56.

______(2007a), "기업에서의 승진 결정요인 변화", 「노동정책연구」, 제7권 제1호, pp.173 – 201

______(2007b), "기업 내부노동시장에서의 임금결정 – 한국 대기업 인사데이터를 이용한 실증분석 –," 『한국경제학보』 제14권 제1호, pp.83 – 127.

유규창 · 박우성(2001), 『21세기형 성과주의 임금제도 – 보상체계 혁신의 이론과 사례』, 서울: 명경사.

윤석범(1987), 『계량경제학』, 서울: 법문사.

이건준(1990), 「대리인 이론에 기초한 최적 보상체계에 관한 연구 – 토너먼트식 보상체계를 중심으로 – 」, 서울대학교 대학원 경영학과 석사학위논문.

이경원 · 이인찬 · 권지인(2003), 『한국 벤처부문의 보상체계에 관한 연구』, 과천: 정보통신정책연구원.

이민희(1996), 「승진확률과 경력 – 임금곡선의 관계분석」. 서울여자대학교 대학원 경제학과 석사학위논문.

이승렬(2000), 「일본 노동시장의 임금 결정에 관한 실증 분석」, 연세대학교 대학원 경제학과 박사학위논문.

______(2003), "내부노동시장", 이원덕 편, 『한국의 노동 1987~2002』, 서울: 한국노동연구원, pp.304 – 322.

이승철(1996), "내부노동시장의 활성화를 통한 기업의 경쟁력 제고 방안에 관한 연구: 사내자격제도의 도입", *POSRI Working Paper*, No.96131.

이성우 · 민성희 · 박지영 · 윤성도(2005), 『로짓 · 프라빗모형 응용』, 서울: 박영사.

이영훈(2001), "선형패널자료모형에 관한 문헌연구", 「계량경제학보」, 제15권 제1호, pp.105 – 138.

이원덕(1990), "대기업 내부노동시장에 관한 실증적 연구", 「한국노동연구」, 제1권 제1호, pp.73 – 92.

______(편, 2003), 『한국의 노동 1987~2002』, 서울: 한국노동연구원.

______ · 정진호(1999), "임금결정과 기업의 역할", 「노동경제논집」, 제22권 제2호, pp.61 – 75.

이주호(1992), "한국의 이중노동시장에 관한 실증분석", 「노동경제논집」, 제15권 제1호, pp.37 - 75.

이진규(2001), 『전략적 · 윤리적 인사관리』, 서울: 박영사.

이학종(1995), 『인적자원관리』, 서울: 세경사.

이해영 · 박찬정(1990), 『대리모형이론 - 계약과 통제 - 』, 청주: 청주대학교출판부.

이효수(1983), "한국노동시장의 계층구조분석", 서울대학교 대학원 경제학과 박사학위논문.

______(1984), 『노동시장구조론 - 한국노동시장의 이론과 실제』, 서울: 법문사.

______ · 류재술(1990), "단층별 승격확률의 추정", 「노동경제논집」, 제13권, pp.21 - 50.

전성훈(2000), "대리인문제와 최적계약이론", 「서강경제논집」, 제29권 제2호, pp.27 - 49.

전승훈 · 강성호 · 임병인(2004), "선형패널자료 분석방법에 관한 비교연구", 「통계연구」, 제9권 제2호, pp.1 - 24.

정이환(1992), "제조업 내부노동시장의 변화와 노사관계", 서울대학교 대학원 사회학과 박사학위논문.

______(2002), "한국은 장기근속과 연공임금의 나라인가: 미국과의 비교", 「경제와 사회」, 봄호 통권 제53호, pp.262 - 288.

______ · 이병훈(1999), "경제위기와 고용관계의 변화: 대기업 사례를 중심으로", 「산업노동연구」, 제6권 제1호, pp.27 - 58.

______ · 전병유(2001), "1990년대 한국 임금구조의 변화 - 내부노동시장은 약화되고 있는가?" 「경제와 사회」, 겨울호 통권 제52호, pp.156 - 183.

______(2004), "동아시아 고용체제의 특성과 변화: 한국, 일본, 대만의 고용안정성, 임금구조, 노동시장의 분절성의 비교", 「산업노동연구」, 제10권 제2호, pp.215 - 252.

정인수 · 금재호 · 조준모 · 김동배(2003), 『기업 내부노동시장의 변화』, 서울: 한국노동연구원.

정인수(2005), "기업환경의 변화와 내부노동시장", 「한국경제연구」, 제14권,

pp.135 – 165.

조준모 · 김기호(2002), "경제위기 이후 노동계약 연성화에 관한 연구", 「경제학연구」, 제50집 제4호, pp.293 – 328.

최강식(2002), "교육투자의 경제적 수익률 분석", 「응용경제」, 제4권 제2호, pp.5 – 30.

______(2004), "숙련편향적 기술진보와 임금", 「계량경제학보」, 제15권 제1호, pp.25 – 50.

최효철(1983), "연령 – 수입단면에 대한 연구", 「노동경제논집」, 제6권, pp.163 – 183.

황수경(2003), "내부자(Insiders) 노동시장과 외부자(Outsiders) 노동시장의 구조 분석을 위한 탐색적 연구", 「노동정책연구」, 제3권 제3호, pp.49 – 87.

______ · 정진호 · 김승택 · 남자량(2004), 『한국의 임금과 노동시장 연구』, 서울: 한국노동연구원.

허윤식(1990), "PANEL DATA를 이용한 회귀모형의 추정방법에 관한 연구", 성균관대학교 대학원 통계학과 석사학위논문.

2. 일문 문헌

阿部正浩(2005), "「成果主義」成功のポイント-人事データによる成果主義の檢證から-", 「ビジネス・レーバー・トレンド研究會」報告書, 日本勞働政策研究・研修機構.

________(2006), "成果主義導入の背景とその功罪", 「日本勞働研究雜誌」, No.554, pp.18-35.

井川静恵(2004), "制度改定による賃金構造の変化-企業内人事マイクロデータによるパネル分析", 「日本勞働研究雜誌」, No.534, pp.54-64.

________・中嶋哲夫(2004), "成果主義の導入による賃金構造の変化-企業内マイクロデータによるパネル分析-", *OSIPP(Osaka School of International Public Policy) Discussion Paper*, DP-2004-J-003.

伊藤秀史(1997), "組織のエージェンシー・モデル-集団ネットワークの視点-", 「組織科学」, 第31卷 第1号, pp.51-59.

________(2000), "人事の歴史制度分析に向かって-経済理論の視点", 「日本勞働研究雜誌」, No.482, pp.44-51.

________(2002), 『契約の経済分析』, 東京: 有斐閣.

________(2004), "組織とインセンティブ設計の経済分析を豊かものとするために", 「経済セミナー」, No.590, pp.26-29.

________・小佐野広(編, 2003), 『インセンティブ設計の経済学』, 東京: 勁草書房.

猪木武徳・大竹文雄(編, 2001), 『雇用政策の経済分析』, 東京: 東京大学出版会.

元鍾鶴(2001), 「賃金構造, 転職行動と内部勞働市場-韓國の勞働市場に關する實證分析を中心に-」一橋大學 大學院經濟學研究科 博士學位論文.

________(2002), "勞働組合の賃金に及ぼす效果-韓国の職種別賃金実態調査を用いた分析-", 「経済研究」, 第53卷 第2号, pp.162-172.

大竹文雄(1995), "査定と勤続年数が昇格に与える影響　-エレベーター保守サービス会社のケース-”,「経済研究」, 第46巻 第3号, pp.241-248.

______・唐渡広志(2003), “成果主義的賃金制度と勞働意慾”,「経済研究」, 第54巻 第3号, pp.193-205.

大阪大学大學院國際公共政策研究科 人事統計解析センター(2006),『Excelで簡單やさしい人事統計學』, 東京: 日本經團連出版.

小野旭(1997), “生え抜き登用の後退と内部勞働市場の変質 -マイクロ・データによる検証”, 中馬宏之・駿河輝和 編,『雇用慣行の変化と女性勞働』, 東京: 東京大学出版会, pp.83-113.

北沢良継(2001), “パネルデータ計量經濟學の最近の動向”,「エコノミクス」(九州産業大學經濟學會), 第6巻 第1号, pp.89-99.

北村行伸(2005),『パネルデータ分析』, 東京: 岩波書店.

熊谷礼子(2004), “成果主義賃金はうまく機能するか?”「経済セミナー」, No.590, pp.37-41.

玄田有史(1999), “ホワイトカラーの処遇変化と団塊世代の影響”,「社会科学研究」(東京大社会科学研究所紀要), 第50巻 第3号, pp.35-54.

_______(2001),『仕事のなかの曖昧な不安-?なる若年の現在』, 東京: 中央公論新社.

小池和男(2005),『仕事の經濟學』, 東京: 東洋経済新報社.

佐藤博樹(1999), “成果主義と評価制度そして人的資源開発”,「社会科学研究」(東京大社会科学研究所紀要), 第50巻 第3号, pp.101-116.

崔康植(1997),「企業システムにる組織の比較分析: 契約, インセンティヴ, 情報, 競争」, 東都大学大学院 経済学研究科 経済学博士学位論文.

中馬宏之(1987), “日本的雇用慣行の経済合理性論再検討-1920年代の日米比較の視点から-”,「経済研究」, Vol.38, No.4, pp.307-320.

都留康・守島基博・奥西好夫(1999), “日本企業の人事制度-インセンティブ・メカニズムとその改革を中心に-”,「経済研究」, 第50巻 第3号, pp.259-263.

______・阿部正浩・久保克行(2003), “日本企業の報酬構造-企業内人事データによる資格, 査定, 賃金の実証分析-”,「経済研究」, 第54巻

　　　　　　　第3号, pp.264 - 285.

　　　　　　　　　　　　　　(2005), 『日本企業の人事改革: 人事データによる成
　　果主義の檢證』, 東京: 東洋經濟新報社.

冨田安信(1992), 「昇進のしくみ査定と勤続年数の影響」, 橘木俊詔編 『査定・
　　昇進・賃金決定』, 第3章, 東京: 有斐閣, pp.49 - 65.

中嶋哲夫・松繁寿和・梅崎修(2001), "賃金と査定に見られる成果主義
　　導入の効果: 企業內マイクロデータによる分析", DP - 01 - 11, 大阪大
　　学経済学研究科.

中村二朗・大橋勇雄(1999), "景気変動と企業內勞働市場における賃金
　　決定", 中村二朗・中村恵 編, 『日本経済の構造調整と勞働市場』,
　　東京: 日本評論社, pp.125 - 148.

　　　　　　　　　　　　(2002), "日本の賃金制度と勞働市場", 「経済研究」, 第53卷
　　第2号, pp.97 - 116.

　　　　　　　　　　　　(2003), "日本の賃金制度と勞働市場 - 展望 - ", 高山宏
　　之 編, 『日本の経済制度・経済政策』, 東京: 東洋經濟新報社, pp.167
　　 - 201.

野村正実(2003), 『日本の勞働研究 - その負の遺産 - 』, 東京: ミネルヴァ書房.

花田光世(1987), "人事制度における競爭原理の實態 - 昇進・昇格のシステム
　　かみた日本企業の人事戰略 - ", 「組織科學」, 第21卷 第2号, pp.44 - 53.

樋口美雄(1996), 『勞働経済学』, 東京: 東洋經濟新報社.

　　　　　(2001), 『人事經濟學』, 東京: 生産性出版.

　　　　・太田淸・新保一成(2006), 『入門パネルデータによる經濟分析』, 東
　　京: 日本評論社.

　　　　・八代尙宏・日本經濟研究センター(2006), 『人事經濟學と成果
　　主義』, 東京: 日本評論社.

馬駿(1997), "技能形成のためのインティブシステム - 日本の電機　企業M
　　社の事例研究を通して", 「日本勞働研究雜誌」, No.450, pp.48 - 61.

　　　(1998), "ある電機メーカーの昇格昇給管理に關する實證分析", 「經濟
　　論集」(京都大學), 第161卷 第4号, pp.31 - 56.

____(2004), "日本企業の昇進昇給システムにおける「年功」", 「日本勞働研究雑誌」, No.524, pp.45－56.

松繁寿和・梅崎修・中嶋哲夫(2005), 『人事の經濟分析－人事制度改革と人材マネジメント－』, 京都: ミネルヴァ書房.

三谷直紀(1997), 『企業内賃金構造と勞働市場』, 東京: 勁草書房.

守島基博(1999), "ホワイトカラー・インセンティブ・システムの変化と過程の公平性", 「社会科学研究」(東京大社会科学研究所紀要), 第50巻 第3号, pp.81－100.

八代充史(2002), 『管理職層の人的資源管理: 勞動市場的アプローチ』, 東京: 有斐閣.

脇田成(2003), 『日本の勞働経済システム』, 東京: 東洋経済新報社.

3. 영문 문헌

Abraham, Katharine G. and Henry S. Farber(1987), "Job Duration, Seniority, and Earnings", *American Economic Review*, Vol.77, No.3, pp.278 − 297.

Altonji, Joseph G. and Robert A. Shakotko(1987), "Do Wages Rise with Job Seniority?" *Review of Economic Studies*, Vol.54, No.3, pp.437 − 459.

______________ and Nicholas Williams(1997), "Do Wages Rise with Job Seniority? A reassessment", *Review of Economic Studies*, Vol.64, No.179, pp.437 − 460.

Arellano, Mauel(2003), *Panel Data Econometrics*, Oxford: Oxford University Press.

______________ and Bo Honore(2001), "Panel Data Models: Some Recent Developments", in J. J. Heckman and E. Leamer(eds.), *Handbook of Econometrics*, Vol.5, chapter 53, Amsterdam: North − Hollan, pp.3229 − 3296.

Ariga, Kenn, Giorgio Brunello and Yasushi Ohkusa(2000), *Internal Labour Markets in Japan*, Cambridge: Cambridge University Press.

Baker, George(1992), "Incentive Contracts and Performance Measurement", *Journal of Political Economy*, Vol.100, No.3, pp.598 − 614.

______________ and Bengt Holmstrom(1995), "Internal Labor Markets: Too Many Theories, Too Few Facts", *American Economic Review*, Vol.85, No.2, pp.255 − 259.

______________, Michael Gibbs and Bengt Holmstrom(1994a), "The Internal Economics of the Firm: Evidence from Personnel Data", *Quarterly Journal of Economics*, Vol.109, No.4, pp.881 − 919.

______________(1994b), "The Wage Policy of a Firm", *Quarterly Journal of Economics*, Vol.109, No.4, pp.921 − 955.

Baker, George, Robert Gibbons and Kevin J. Murphy(1994), "Subjective Performance

Measures in Optimal Incentive Contracts." *Quarterly Journal of Economics,* Vol.109, No.4, pp.1125 – 1156

____(1997), "Implicit Contracts and the Theory of the Firm", *NBER Working Paper,* No.6177.

Baltagi, Badi H.(2005), *Econometric Analysis of Panel Data,* 3rd ed., Chichester: John Wiley.

Baum, Christopher F.(2006), *An Introduction to Modern Econometrics Using Stata,* College Station, Texas: Stata Press.

Becker, Gery S.(1964), *Human Capital: A Theorectical and Empirical Analysis, with Special Reference to Education,* NBER: New York.

__________________ and George Stigler(1974), "Law enforcement, malfeasance and compensation of enforces", *Journal of Legal Studies,* Vol.3, pp.1 – 18.

Ben – Porath, Yoram(1967), "The Production of Human Capital and the Life Cycle of Earnings", *Journal of Political Economy,* Vol.75, No.4, Part 1, pp.352 – 365.

Bernhardt, Dan(1995), "Strategic Promotion and Compensation", *Review of Economic Studies,* Vol.62, No.2, pp.315 – 339.

__________________ and David Scoones(1993), "Promotion, turnover, and preemptive wage offers", *American Economic Review,* Vol.83, No.4, pp.771 – 791.

Blinder, Alan S.(ed., 1989), *Paying for Productivity: A Look at the Evidence,* Washington, D.C.: The Brookings Institution.(장현준(역, 1995), 『경영성과와 보상체계』, 서울: 한국경영자총협회)

Bogdan, Savych(2005), "Toward Incentives for Military Transformation: A Review of Economic Model of Compensation", *Technical Report,* National Defense Research Institute, RAND Corporation.

Booth, Alison L., Marco Francesconi and Jeff Frank(2003), "A Sticky Floors Model of Promotion, Pay, and Gender", *European Economic Review,* Vol.47, No.2, pp.295 – 322

Borjas, George J.(2004), *Labor Economics,* 3rd ed., Boston: McGraw – Hill.

Bull, Clive(1987), "The Existence of Self - Enforcing Implicit Contracts", *Quarterly Journal of Economics*, Vol.102, No.1, pp.147 - 160.

Bulow, Jeremy I. and Lawrence H. Summers(1986), "A theory of dual labor markets with application to industrial policy, discrimination and Keynesian unemployment", *Journal of Labor Economics*, Vol.4, No.3, Part.1, pp.376 - 414.

Cahuc, Pierre and André Zylberberg(2004), *Labor Economics*, Cambridge, Massachusetts: The MIT Press.

Calvo, Guillermo(1979), "Quasi - Walrasian theories of unemployment", *American Economic Review*, Vol.69, No.2, pp.102 - 107.

______________(1985), "The Inefficiency of Unemployment: the Supervision Perspective", *Quarterly Journal of Economics*, Vol.100, No.2, pp.373 - 387.

Cameron, A. Colin and Pravin K. Trivedi(2005), *Microeconometrics: Methods and Applications*, Cambridge: Cambridge University Press.

Carmichael, H. Lorne(1983), "Firm specific human capital and promotion ladder", *Bell Journal of Economics*, Vol.14, No.1, pp.251 - 258.

______________(1985), "Can unemployment be involuntary? Comment", *American Economic Review*, Vol.75, No.5, pp.1213 - 1214.

______________(1989), "Self - Enforcing Contracts, Shirking, and Life Cycle Incentives", *Journal of Economic Perspectives*, Vol.3, No.4, pp.65 - 83.

Chang, Chun and Yijiang Wang(1996), "Human capital investment under asymmetric information: the Pigovian conjecture revisited", *Journal of Labor Economics*, Vol.14, No.3, pp.505 - 519.

Cobb - Clark, Deborah A.(2001), "Getting Ahead: The Determinants of and Payoffs to Internal Promotion for Young U.S. Men and Women", *Working Wellbeing in a Changing Labor Market, Research in Labor Econornics* Vol.20, pp.339 - 372.

DeVaro, Jed(2006), "Strategic Promotion Tournaments and Worker Performance", *Strategic Management Journal*, Vol.27, Issue.8, pp.721 - 740.

Dickens, William T., Lawrence F. Katz, Kevin Lang and Lawrence H. Summers(1989), "Employee crime and the monitoring puzzle", *Journal of Labor Economics*, Vol.7, No.3, pp.331 − 347.

Doeringer, Peter B. and Michael J. Piore(1971), *Internal Labor Markets and Manpower Analysis*, Lexington, Massachusetts: Health Lexington Books.

_______________________________________(1985), "A Second Look", *Internal Labor Markets and Manpower Analysis*, 2nd ed., Armonk, New York: M.E. Sharpe, pp.ix − xxxv.

Dohmen, Thomas J.(2004), "Performance, Seniority and Wages: Formal Salary Systems and Individual Earnings Profiles", *Labour Economics*, Vol.11, Issue.6, pp.741 − 763.

_________________, Ben Kriechel and Gerard A. Pfann(2004), "Monkey bars and ladders: The importance of lateral and vertical job mobility in internal labor market careers", *Journal of Population Economics*, Vol.17, No.2, pp.193 − 228.

Ehrenberg, Ronald G.(ed., 1990), *Do Compensation Policies Matter?* Ithaca, New York: Cornell University ILR Press.

Fairburn, James A. and James M. Malcomson(2001), "Performance, promotion, and the Peter principle", *Review of Economic Studies*, Vol.68, No.1, pp.45 − 66.

Flabbi, Luca and Andrea Ichino(2001), "Productivity, seniority and wages: new evidence from personnel data", *Labour Economics*, Vol.8, No.3, pp.359 − 387.

Freeman, Smith(1977), "Wage trends as performance displays productive potential: a model and application to academic early retirement", *Bell Journal of Economics*, Vol.8, No.2, pp.419 − 443.

Garibaldi, Pietro(2006), *Personnel Economics in Imperfect Labour Markets*, Oxford: Oxford University Press.

Gerhart, Barry A. and Sara L. Rynes(2003), *Compensation: Theory, evidence, and strategic implications*, Thousand Oaks, California: Sage Publications, Inc.

Gibbons, Robert(1997), "Incentives and Careers in Organizations", in D. Keeps and K. Wallis(eds.), *Advanced in Economics and Economics: Theory and Applications*, Vol. Ⅱ, Cambridge: Cambridge University Press, pp.1−37

___________(1998), "Incentives in Organizations", *Journal of Economic Perspectives*, Vol.12, No.4, pp.115−132.

___________ and Larry Katz(1992), "Does Unmeasured Ability Explain Inter−Industry Wage Differentials?" *Review of Economic Studies*, Vol.59, No.3, pp.515−535.

___________ and Michael Waldman(1999a), "A Theory of Wage and Promotion Dynamics Inside Firms", *Quarterly Journal of Economics*, Vol.114, No.4, pp.1321−1358.

___________(1999b), "Careers in Organizations: Theory and Evidence", in O. Ashenfelter and D. Card(eds.), *Handbook of Labor Economics*, Vol.3B, Amsterdam: Elsevier Science B.V., pp.2373−2437.

___________(2004), "Task−Specific Human Capital", *American Economic Review*, Vol.94, No.2, pp.203−207.

___________(2006), "Enriching a Theory of Wage and Promotion Dynamics inside Firms", *Journal of Labor Economics*, Vol.24, No.1, pp.59−107.

Gibbs, Michael(1995), "Incentive Compensation in a Corporate Hierarchy", *Journal of Accounting and Economics*, Vol.19, No.2, pp.247−277.

___________(2001), *Pay Competitiveness and the Quality of Department of Defense Scientists and Engineers*, Santa Monica, CA: Rand.

___________ and Alec Levenson(2002), "The Economic Approach to Personnel Approach", in S. Grossbard−Shechtman and C. Clague (eds.), *The Expansion of Economics: Toward a More Inclusive Social Science*, New York: M.E. Sharpe, pp.99−139.

___________ and Wallace Hendricks(2004), "Do Formal Salary Systems

Really Matter?" *Industrial and Labor Relations Review*, Vol.58, No.1, pp.71 − 93.

Groshen, Erica L.(1991a), "Five reasons why wages vary among employers", *Industrial Relations*, Vol.30, No.3, pp.350 − 381.

_______________(1991b), "Sources of Intra − Industry Wage Dispersion: How Much Do Employers Matter?" *Quarterly Journal of Economics*, Vol.106, No.3, pp.869 − 884.

Grund, Christina(2005), "The wage policy of firms: comparative evidence for the US and Germany from personnel data", *International Journal of Human Resource Management*, Vol.16, No.1, pp.104 − 119.

Grunderson, Morely(2001), "Economics of personnel and human resource management", *Human Resource Management Review*, Vol.11, No.1, pp.431 − 452.

Hashimoto, Masanori(1981), "Firm − Specific Human Capital as a Shared Investment", *American Economic Review*, Vol.71, No.3, pp.475 − 484.

Higuchi, Junpe(2004), "The Change of Promotion, Pay, and Appraisal Systems in Japanese Firms: Preliminary Findings from Case Studies of Automobile and Electronics", *ITEC Research Paper Series*, 04 − 09.

Holmstrom, Bengt R.(1979), "Moral Hazard and Observability", *Bell Journal of Economics*, Vol.10, No.1, pp.74 − 91.

_______________(1982), "Moral Hazard in Teams", *Bell Journal of Economics*, Vol.13, No.2, pp.324 − 340.

_______________ and Paul R. Milgrom(1991), "Multitask Principal − Agent Analyses: Incentive Contracts, Asset Ownership, and Job Design", *Journal of Law, Economics, and Organization*, Vol.7, pp.24 − 52.

Hsiao, Cheng(2003), *Analysis of Panel Data*, 2nd ed., Cambridge: Cambridge University Press.

Jovanovic, Boyan(1979a), "Job Matching and the Theory of Turnover", *Journal of Political Economy*, Vol.87, No.5, Part.1, pp.972 − 990.

___________(1979b), "Turnover and Firm − Specific Human Capital", *Journal of Political Economy*, Vol.87, No.6, pp.1246 − 1260.

Kahn, Charles and Gur Huberman(1988), "Two − sided uncertainty and 'up − or − out' contracts", *Journal of Labor Economics*, Vol.6, No.4, pp.423 − 444.

Kanemoto, Yoshitsugu and W. Bentley MacLeod(1989), "Optimal Labor Contracts with Non − contractable Human Capital", *Journal of the Japanese and International Economies*, Vol.3, No.4, pp.385 − 402.

Kwon, Illoong(2006), "Incentives, Wages, and Promotions: Theory and Evidence", *Rand Journal of Economics*, Vol.29, No.2, pp.29 − 66.

Lambert, Richard A, David F. Larcker, and Keith Weigelt(1993), "The Structure of Organizational Incentives", *Administrative Science Quarterly*, Vol.38, No.3, pp.438 − 461.

Lazear, Edward P.(1979), "Why is There Mandatory Retirement?" *Journal of Political Economy*, Vol.87, No.6, pp.1261 − 1284.

___________(1981), "Agency, Earnings Profiles, Productivity, and Hours Restrictions", *American Economic Review*, Vol.71, No.4, pp.606 − 620.

___________(1986), "Salaries and Piece Rates", *Journal of Business,* Vol.59, No.3, pp.1346 − 1361.

___________(1989), "Pay Equality and Industrial Politics", *Journal of Political Economy*, Vol.97, No.3, pp.561 − 580.

___________(1992), "The Job as a Concept", in W. Burns(ed.), *Performance Measurement, Evaluations, and Incentives*, Boston, M.A.: Harvard University Press, pp.183 − 215.

___________(1993), "The New Economics of Personnel", *Labour*, Vol.7, No.1, pp.3 − 23.

___________(1995), *Personnel Economics*, Cambridge, Massachusetts: The MIT Press.

___________(1998), *Personnel Economics for Managers*, New York: John Wiley

      & Sons, Inc.

      __________(1999), "Personnel Economics: Past Lessons and Future Directions", *Journal of Labor Economics*, Vol.17, No.2, pp.199－236.

      __________(2000), "The Future of Personnel Economics", *Economic Journal*, Vol.110, Issue.467, pp.F611－F639.

      __________(2000), "Performance Pay and Productivity", *American Economic Review*, Vol.90, No.5, pp.1346－1361.

      __________and Michael Gibbs(2009), *Personnel Economics in Practice*, 2nd ed., New Jersey: John Wiley & Sons

      __________ and Paul Oyer(2004), "Internal and external labor markets: a personnel economics approach", *Labour Economics*, Vol.11, Issue.5, pp.527－554.

      __________ and Sherwin Rosen(1981), "Rank－order Tournaments as Optimum Labor Contracts", *Journal of Political Economy*, Vol.89, No.5, pp.841－864.

Lee, Myoung－jae(2002), *Panel Data Econometrics: Methods －of－Moments and Limited Dependent Variables*, San Diego: Academic Press.

Lee, Won－Duck(1987), "Earnings Distribution and the Role of Enterprise in Korea", *Unpublished Ph.D. Dissertation*, Boston University.

Levin, Jonathan David(2002), "Multilateral Contracting and the Employment Relationship", *Quarterly Journal of Economics*, Vol.117, No.3, pp.1075－1103.

        (2003), "Relational Incentive Contracts", *American Economic Review*, Vol.93, No.3, pp.835－857.

Levine, David I., Dale Belman, Gary Charness, Erica L. Groshen and K.C. O'Shaughnessy(2002), *How New Is the "New Employment Contract?" Evidence from North American Pay Practices*, Kalamazoo, Michigan: W.E. Upjohn Institute for Employment Research.

Lima, Francisco and Pedro Telhado Fereira(2003), "Career and wages within large firms: evidence from a matched employer－employee data set",

International Journal of Manpower, Vol.24, No.7, pp.812−835.

Lin, Ming−Jen(2005), "Opening the Black Box: The Internal Labor Markets of Company X", *Industrial Relations*, Vol.44, Issue.4, pp.659−706.

__________(2006), "Wages and Learning in Internal Labor Markets: Evidence From a Taiwanese Company", *Contributions to Economic Analysis & Policy*, Vol.5, Issue.1, pp.1−27.

Long, J. Scott and Jeremy Freese(2001), *Regression Models for Categorical Dependent Variables Using Stata*, College Station, Texas: Sata Corporation.

MacLeod, W. Bentley and James M. Malcomson(1989), "Implicit Contracts, Incentive Compatibility, and Involuntary Unemployment", *Econometrica*, Vol.57, No.2, pp.447−480.

__________(1998), "Motivation and Markets", *American Economic Review*, Vol.88, No.3, pp.388−411.

MacLeod, W. Bentley, and Daniel Parent(1999), "Job Characteristics and the Form of Compensation", *Research in Labor Economics*, Vol.18, pp.177−242.

Malcomson, James M.(1984), "Work Incentives, Hierarchy, and Internal Labor Markets", *Journal of Political Economy*, Vol.92, No.3, pp.486−507.

__________(1999), "Individual Employment Contracts", in O. Ashenfelter and D. Card(eds.), *Handbook of Labor Economics*, Vol.3B, Amsterdam: Elsevier Science B.V., pp.2291−2372.

Mátyás, László and Patrick Sevestre(eds., 1992), *The Econometrics of Panel Data: Handbook of Theory and Applications*, London: Kluwer Academic Publishers.

McCue, Kristin(1996), "Promotions and Wage Growth", *Journal of Labor Economics*, Vol.14, No.2, pp.175−209.

Medoff, James L. and Katharine G. Abraham(1980), "Experience, Performance, and Earnings", *Quarterly Journal of Economics*, Vol.95, No.4, pp.703−736.

__________(1981), "Are Those Paid More Really More Productive? The Case of Experience", *Journal of Human*

Resources, Vol.16, No.2, pp.186−216.

Mincer, Jacob A.(1974), *Schooling, Experience and Earnings*, New York: Columbia University Press.

Milgrom, Paul R. and Sharon Oster(1987), "Job Discrimination, Market Forces, and the Invisibility Hypotheses", *Quarterly Journal of Economics*, Vol.102, No.3, pp.453−476.

_______________. and John Roberts(1992), *Economics, Organization and Management*, Englewood Cliffs, New Jersey: Prentice−Hall.

Mitchell, Daniel J.B., David Lewin and Edward E. Lawler Ⅲ(1989), "Alternative Pay Systems, Firm Performance, and Productivity", in Alan S. Blinder(ed.), *Paying for Productivity: A Look at the Evidence*, Washington, D.C.: The Brookings Institution, pp.15−94.

Mitchell, Michael(2004), *A Visual Guide to Stata Graphics*, College Station, Texas: Stata Press.

Murphy, Kevin J.(1986), "Incentives, Learning, and Compensation: A Theoretical and Empirical Investigation of Managerial Labor Contracts", *Rand Journal of Economics*, Vol.17, No.1, pp.59−76.

Osterman, Paul(ed., 1984), *Internal Labor Markets*, Cambridge, Massachusetts: The MIT Press.

Paarsch, Harry J., and Bruce Shearer(1999), "The Response of Worker Effect to Piece Rates−Evidence From the British Columbia Tree−Planting Industry", *Journal of Human Resources*, Vol.36, No.4, pp.643−667.

Prendergast, Canice(1989), "Theories of internal labor markets", *Unpublished Ph.D. Dissertation*, Yale University.

_______________(1993a), "The Role of Promotion in Inducing Specific Human Capital Acquisition", *Quarterly Journal of Economics*, Vol.108, No.2, pp.523−534.

_______________(1993b), "A Theory of 'Yes Men' ", *American Economic Review*, Vol.83, No.4, pp.757−770.

__________________(1999), "The Provision of Incentives in Firms", *Journal of Economic Literature*, Vol.37, No.1, pp.7 - 63.

Rosen, Sherwin(1982), "Authority, Control and the Distribution of Earnings", *Bell Journal of Economics*, Vol.13, No.4, pp.311 - 323.

__________________(1986), "Prizes and Incentives in Elimination Tournaments", *American Economic Review*, Vol.76, No.4, pp.701 - 715.

Salop, Joanne and Steven Salop(1976), "Self - Selection and Turnover in the Labor Market", *Quarterly Journal of Economics*, Vol.90, No.4, pp.619 - 627.

Seltzer, Andrew, and David Merrett(2000), "Personnel Policies at the Union Bank of Australia: Evidence from the 1888~1900 Entry Cohort", *Journal of Labor Economics*, Vol.18, No.4, pp.573 - 613.

Shapiro, Carl and Joseph E. Stiglitz(1984), "Equilibrium Unemployment as a Worker Discipline Device", *American Economic Review*, Vol.74, No.3, pp.433 - 444.

Shaw, Jason D., Nina Gupta and John E. Delery(2002), "Pay dispersion and workforce performance: Moderating effects of incentive and interdependence", *Strategic Management Journal*, Vol.23, Issue.6, pp.491 - 512.

Stata Corporation(2003a), *Stata Base Reference Manual, Release 8*, Vol.1 - 3, College Station, Texas: Stata Corporation.

__________________(2003b), *Stata Cross - Sectional Time - Series, Reference Manual, Release 8*, College Station, Texas: Stata Corporation.

__________________(2003c), *Stata Graphic Reference Manual, Release 8*, College Station, Texas: Stata Corporation.

Tachibanaki, Toshiaki and Tetsuya Maruyama(2001), "Promotion, Incentives, and Wages", in Seiritsu Ogura, Toshiaki Tachibanaki and David A. Wise(eds.), *Aging Issues in the United Staes and Japan*, Chicago: The University of Chicago, pp.335 - 359.

Topel, Robert H.(1991), "Specific Capital, Mobility, and Wages: Wages Rise with Job Seniority", *Journal of Political Economy*, Vol.99, No.1, pp.145 - 176.

Treble, John, Edwin van Gameren, Sarah Bridges, and Tim Barmby(2001), "The internal economics of the firm: further evidence from personnel data", *Labour Economics*, Vol.8, Issue.5, pp.531−552.

__________(2002), "Erratum to "The internal economics of the firm: further evidence from personnel data"," *Labour Economics*, Vol.9, pp.133−135.

Waldman, Michael(1984), "Job Assignments, Signalling, and Efficiency", *Rand Journal of Economics*, Vol.15, No.2, pp.255−267.

__________(1990), "Up−or−out contracts: a signaling perspective", *Journal of Labor Economics*, Vol.8, No.2, pp.230−250.

Williamson, Oliver, Michael Wachter, and Jeffrey E. Harris(1975), "Understanding the Employment Relation: the Analysis of Idiosyncratic Exchange", *Bell Journal of Economics*, Vol.6, No.1, pp.250−278.

Wooldridge, Jeffrey M.(2002), *Econometric Analysis of Cross Section and Panel Data*, Cambridge, Massachusetts: MIT Press.

__________(2006), *Introductory Econometrics: A Modern Approach*, 3rd ed., Mason, Ohio: Thomson South−Western.

엄동욱(嚴東郁) ───

▌약력

2006 연세대학교 대학원(경제학 박사)
1991 연세대학교 대학원(경제학 석사)
1989 연세대학교 상경대학(경제학사)

2001~ 삼성경제연구소 인사조직실 수석연구원
1995~2000 삼성경제연구소 인사조직실 연구원

▌주요논문 및 저서

2008 「임금과 인사고과」, 『노동경제논집』 제31권 제3호
2008 「패널자료를 이용한 연공임금 분석」, 『POSRI경영연구』 제8권 제2호
2008 「인구고령화와 한국기업의 HRM」, 『중고령자 인적자원관리』(공저)
2008 「중고령자의 취업결정요인」, 『노동정책연구』 제8권 제3호
2008 「대졸 신입사원의 조기퇴사의 실태와 원인」, 『직업능력개발연구』 제11권 제2호
2008 「인구 고령화와 임금구조」, 『한국인구학』 제31권 제1호
2007 「기업 내부노동시장에서의 임금결정」, 『한국경제학보』 제14권 제1호
2007 「기업에서의 승진의 결정요인 변화」, 『노동정책연구』 제7권 제1호
2006 「우리나라 기업의 성과급제 도입효과」, 『노동경제논집』 제29권 제2호
2006 『내부노동시장, 인센티브 및 임금결정』, 박사학위논문
2005 「고령화시대 진전과 기업의 대응 -기업 인적자원관리를 중심으로」,
      『고령화의 경제적 파급효과와 대응과제Ⅱ』, 한국경제연구원(공저)
2005 『고령화·저성장시대의 기업 인적자원관리방안』, 삼성경제연구소(공저)
2002 『고령화시대 도래의 경제적 의미와 대응방안』, 삼성경제연구소(공저)
1998 『무한경쟁시대의 화이트칼라 능력개발』, 삼성경제연구소(공저)
1998 『IMF와 실업』, 삼성경제연구소(공저)
1997 「교육개혁안에 따른 산업체의 진로지도와 학교와의 협력방안」,
      『진로교육연구』 제5호(공저)
1991 『한국의 개인별 근로소득 결정요인에 대한 연구』, 석사학위논문

임금과 승진

– IMF 외환위기 전후 한국 대기업의 인사경제학 –

초판인쇄 | 2009년 6월 25일
초판발행 | 2009년 6월 25일

지은이 | 엄동욱
펴낸이 | 채종준
펴낸곳 | 한국학술정보㈜
주　소 | 경기도 파주시 교하읍 문발리 파주출판문화정보산업단지 513-5
전　화 | 031) 908-3181(대표)
팩　스 | 031) 908-3189
홈페이지 | http://www.kstudy.com
E-mail | 출판사업부　publish@kstudy.com

등　록 | 제일사-115호(2000. 6. 19)
가　격　25,000원

ISBN　978-89-268-0083-6　93320 (Paper Book)
　　　　978-89-268-0084-3　98320 (e-Book)

한국학술정보㈜ 은 시대와 시대의 지식을 이어 갑니다.